面向次生灾害的应急物流网络规划研究

张江华　李玉晨　著

科学出版社
北　京

内 容 简 介

本书以面向次生灾害的应急物流网络规划为主要内容，面向灾害特别是次生灾害的突发性和不确定性，深入探讨了如何建立一个高效的应急物流网络：分析大规模突发事件的特点，提出应急物流网络构建过程中不确定因素（如物资运输时间、需求量等）的处理和建模方法；根据实际问题建立应急物流网络模型，探究不确定因素的动态变化性，从静态决策模型扩展到动态多阶段决策模型，做出基于时间的设施选址及物资分配决策，选取如 Benders 分解、滚动时域及逐步对冲等算法求解模型，并提出相应的加速求解策略进一步提高求解效率。

本书可供从事应急管理特别是应急物流管理的研究人员与实践人员参考使用，也可作为物流管理专业师生的教材，为教学实践活动提供指导。

图书在版编目(CIP)数据

面向次生灾害的应急物流网络规划研究 /张江华，李玉晨著.—北京：科学出版社，2021.10

ISBN 978-7-03-067143-1

Ⅰ. ①面… Ⅱ. ①张… ②李… Ⅲ. ①突发事件–物流管理–研究
Ⅳ. ①F252.1

中国版本图书馆 CIP 数据核字(2020)第 243871 号

责任编辑：陶 璇 / 责任校对：张亚丹
责任印制：张 伟 / 封面设计：无极书装

科 学 出 版 社 出版
北京东黄城根北街 16 号
邮政编码：100717
http://www.sciencep.com
北京虎彩文化传播有限公司 印刷
科学出版社发行 各地新华书店经销
*
2021 年 10 月第 一 版 开本：720 × 1000 1/16
2021 年 10 月第一次印刷 印张：11 1/4
字数：236 000

定价：128.00 元

(如有印装质量问题，我社负责调换)

序　言

近年来重特大自然灾害和公共卫生灾难频繁发生，灾害事件引发的次生灾害（如地震、台风等大规模、高强度灾害事件往往引发滑坡、泥石流、暴雨、洪水等次生灾害）对人民生命财产安全构成的威胁无形加剧。物流活动是应急救援工作的重要组成部分，一个高效的应急物流网络能够加速物流过程，减少救援时间，减轻灾民痛苦。应急物流网络设计由于在应急管理中的关键作用和重要地位，近年来一直是管理者与学者的关注点。面对灾后应急救援的时间紧迫性、需求突发性、环境不确定性等问题，为了提高灾害发生后的响应速度，提高灾民需求满足率，本书从以下几个方面展开，探讨了如何建立一个高效的应急物流网络：分析大规模突发事件的特点，提出应急物流网络构建过程中不确定因素（如物资运输时间、需求量等）的处理和建模方法；根据实际问题建立应急物流网络模型，探究不确定因素的动态变化性，从静态决策模型扩展到动态多阶段决策模型，做出基于时间的设施选址及物资分配决策；分析模型特点，选取如 Benders 分解（Benders decomposition，BD）、滚动时域（rolling horizon，RH）及逐步对冲（progressive hedging，PH）等算法求解模型，并提出相应的加速求解策略进一步提高求解效率。

本书首先介绍了大规模突发事件下应急物流的特点及次生灾害对应急物流网络规划的影响，通过对国内外现有文献的分析，提取出本书的研究内容。其次，根据决策过程中不确定参数的分布信息掌握情况，运用随机优化、鲁棒优化以及分布式鲁棒优化等建模方法，考虑到次生灾害对应急物流网络设计的影响，从单周期应急物流网络扩展到多周期应急物流网络优化问题，并针对所建立模型提出相应的求解算法以提高模型求解效率。本书共包括八章，第 4~7 章都基于现实案例的数值实验分析与验证了模型和算法的有效性，且给出了相应的管理启示。

第 1 章为绪论。首先对本书的研究背景进行阐述，从近年来自然灾害及公共卫生事件下的应急管理所面临的问题入手，突出次生灾害对应急物流网络救援能力的影响，突出应急物流网络优化对灾后应急响应的重要作用。其次通过分析目前应急物流网络优化中所面临的问题，凸显出应急物流网络设计与优化的重要意义，并以此为研究重点，引出本书的主要研究内容、研究方法及技术路线，并总结了在应急物流网络优化相关研究中的主要创新点。

第 2 章为应急物流网络规划研究现状。首先对现有应急物流网络优化相关文献进行梳理，重点关注与本书研究内容相关的国内外文献，从应急物流网络优化所面临的关键问题、数学模型构建到求解算法及改进等方面理顺现有研究脉络，然后对相关研究内容进行评述。

第 3 章为预备知识。结合本书的重点研究内容有针对性地从处理不确定参数的不确定性优化方法、应急物流网络联合优化方法以及模型求解方法等方面，分析并探讨应急物流网络优化模型的构建、求解算法及其改进的思路，为后续具体研究奠定基础。

第 4 章为基于多目标优化考虑次生灾害的应急物流网络规划。考虑到次生灾害以及不确定参数对应急物流网络优化的影响，建立基于条件概率场景树的随机优化模型。在经典 BD 算法的基础上，结合有效不等式、最优割平面等加速策略进一步提高算法的效率。在单目标优化模型的基础上，建立多目标随机优化模型，运用模糊多目标线性规划方法优化求解，以均衡应急物流网络设计中的多个相互冲突的优化目标。

第 5 章为基于随机优化考虑次生灾害的应急物流网络规划。首先提出了考虑次生灾害的应急物流网络设计与优化问题，通过建立混合整数规划模型并结合启发式求解算法验证了考虑次生灾害能够提高灾后物资需求满足率等。其次，考虑到不确定参数的动态变化，对优化模型进行扩展，建立多周期随机优化模型，并制定出不同决策周期内的设施选址、物资分配等决策，以提高物流网络的响应速度和资源利用率。

第 6 章为基于鲁棒优化考虑次生灾害的应急物流网络规划。考虑到灾后不确定参数分布信息不完备的情形，建立考虑次生灾害的基于随机场景的鲁棒优化模型，对人员疏散和物资分配进行联合优化。提出基于拉格朗日松弛的 PH 算法并结合加速求解策略提高其求解效率。进一步地，考虑到需求的动态不确定性，建立了多周期应急物流网络鲁棒优化模型，并根据模型特点，利用 RH 的求解方法简化求解过程，提高求解效率。

第 7 章为基于分布式鲁棒优化考虑次生灾害的应急物流网络规划。首先从相关数据中提取不确定需求量的概率分布信息以构建模糊集合，然后建立应急物流网络分布式鲁棒优化模型，并对模型进行近似转化以提高求解效率。将单周期优化模型扩展为基于信息更新的多周期分布式鲁棒优化模型，根据累积数据动态修正模糊集合，制定多周期的应急设施选址及物资分配决策，以提高应急物流网络的响应速度和稳定性。

第 8 章为总结与展望。首先对本书的研究工作进行全面的总结，并指出现有工作的不足之处，其次探讨了未来可能的研究方向。

最后，感谢张玮对本书的全面校正，期待本书内容能抛砖引玉，引起社会各界的关注和共鸣，共同推进我国应急管理理论和实践的发展。由于作者水平所限，书中不足之处敬请读者批评指正。

张江华 李玉晨

2021 年 9 月

目　　录

第 1 章　绪　　论

1.1　本书写作背景与问题提出

1.1.1　本书写作背景

近年来，世界各地发生的重特大自然灾害和公共卫生灾难严重影响人类社会的生活秩序，造成了巨大的生命财产损失。2004 年发生的印度洋地震及其引发的海啸导致至少 21.6 万人死亡或失踪，直接经济损失达 44.52 亿美元。2014 年 2 月开始暴发于西非的埃博拉病毒疫情，截至 2014 年 12 月 17 日致使利比里亚、塞拉利昂和几内亚等西非三国的感染病例（包括疑似病例）已达 19 031 人，其中死亡人数达到 7373 人①。2018 年 11 月发生的美国加利福尼亚州山火，过火面积超过 620 平方公里，导致至少 84 人死亡②。2019 年新型冠状病毒肺炎（简称新冠肺炎）疫情暴发，截至 2020 年 11 月 26 日，全球死亡病例超过 175 万例，确诊病例超过 8019 万例③，且疫情仍在全球范围内蔓延。

我国是世界上灾害频发地之一，自然灾害等对国民经济和生活造成了巨大损失（图 1.1）。2008 年我国四川省汶川地震造成近 7 万人遇难，17 923 人失踪，受灾总人口数达 4625.6 万人，造成直接经济损失 8451 亿元④。2010 年青海省玉树发生 7.1 级地震，截至 2010 年 5 月 30 日造成 2698 人遇难，270 人失踪⑤。2013 年雅安 7.0 级地震造成 189 人遇难，12 211 人受伤，累计受灾人数达 199 余万人，倒塌房屋 2.4 万余户、7.24 万余间⑥。截至 2019 年 8 月 14 日从浙江省登陆的台风“利奇马”共造成 1402.4 万人受灾，57 人死亡，209.7 万人紧急转移安置，直

---

① 《世卫组织称埃博拉病毒已致全球 7388 人死亡》，https://www.chinanews.com.cn/gj/2014/12-21/6896750.shtml，2021 年 9 月 20 日。

② 《美国加州北部山火基本熄灭 84 人死亡 600 多人失踪》，http://news.haiwainet.cn/n/2018/1124/c3541083-31444979.html?baike，2021 年 9 月 20 日。

③ 《2020 年 12 月 26 日全球新冠肺炎（COVID-19）疫情简报，确诊超 8019 万，疫情趋势趋缓，但新突变引发第三波感染凶猛》，http://www.medsci.cn/article/show_article.do?id=c0f4204885c4，2021 年 9 月 20 日。

④ 《2008 年全国国民经济和社会发展统计公报》，http://www.stats.gov.cn/tjsj/zxfb/200902/t20090226_12542.html，2021 年 9 月 20 日。

⑤ 《青海省政府确认玉树地震最终死亡人数为 2698 人》，http://www.chinanews.com.cn/gn/news/2010/05-31/2314359.shtml，2021 年 9 月 20 日。

⑥ 《四川芦山地震已造成 189 人遇难 199 余万人受灾》，http://www.chinanews.com/gn/2013/04-22/4754182.shtml，2021 年 9 月 20 日。

接经济损失 537.2 亿元人民币①。

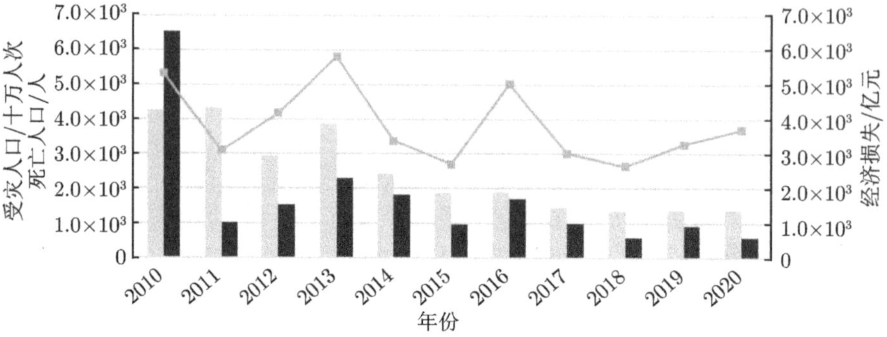

图 1.1 中国 2010～2020 年自然灾害情况统计

资料来源：国家统计局

与此同时，由于经济社会发展、生态环境恶化等因素，灾害事件引发的次生灾害对人民生命财产安全构成的威胁不可忽视。所谓次生灾害，指的是强度较大的灾害发生以后所诱发出一连串的其他灾害，而这种现象叫灾害链。灾害链中最早发生的起作用的灾害称为原生灾害，而由原生灾害所诱导出来的灾害则称为次生灾害。例如，地震等大规模、高强度灾害事件往往引发余震、火灾、洪水等次生灾害，使得灾区环境进一步恶化，救援难度增加，现实中诸多案例表明，次生灾害所带来的巨大损失和影响，甚至会超过原生灾害，如 2008 年汶川地震发生后造成了 1701 处滑坡，1844 处岩石崩塌[1,2]，进一步加剧了灾民的损失；2011 年 3 月 11 日发生于日本东北部的里氏 9.0 级地震，造成了 1.6 万余人死亡，6 千余人受伤，所引发的海啸和核泄漏事故造成了数百亿元的损失[3]。

就目前人类的科技水平来看，自然灾害、公共卫生事件的发生依然是不可避免的，因此面对灾害的发生，最主要的工作是减小其所带来的进一步损失。目前针对灾后应急响应问题，世界各国都采取了积极的应对措施，如美国为了应对震灾，出台了以美国联邦应急管理局为核心的一体化救灾体系，日本由于地理位置的特殊性，在抗震相关技术及标准上都处于国际领先水平。我国“十三五”规划中强调提升防灾减灾救灾能力、健全救灾物资储备体系、提高资源统筹利用水平等。在此指导思想下，目前我国在灾后响应计划、实施等方面日趋完善。但目前来看，我国在灾后应急响应工作中仍存在诸多问题，如应急救援能力不足，应急物资保障体系不充分、不协调及应急响应机制不健全等。具体体现在应急设施选址规划、医疗物资储备及分配、伤员疏散等亟须解决的问题上。

① 《台风利奇马》，https://baike.baidu.com/item/台风利奇马，2021 年 9 月 20 日。

这些灾难发生后如果不及时地采取应急救援行动，将会导致更大规模的人员伤亡和经济损失。而应急救援过程中 80%的工作是物流活动[4]，其是连接灾前准备、灾后反应和恢复的桥梁，并直接影响应急救援工作的响应速度和救援效果。面对突发性的灾害，一个高效的应急物流网络（emergency logistics network，ELN）能够加速应急物资交付、伤员疏散，缩短救援时间，进而减轻灾民痛苦。因此，有必要对应急物流网络优化（emergency logistics network optimization，ELNO）问题进行深入研究，以提高灾后救援效率，减少人们的生命财产损失。

1.1.2　问题提出

应急物流与其他类型的物流活动有显著不同：任务要求时间紧、短时间内需求大规模涌现、各种参数不确定性程度高等，具体如表 1.1 所示。所以不同于商业物流的研究方法，本书以运筹学相关理论为基础，结合现实中的案例着重研究应急物流网络设计与优化问题，以期在灾后救援的紧急情形下，能够在短时间内做出优化决策来提高救援效率，保证灾民需求满足率，挽救更多的生命。

表 1.1　应急物流与普通物流的区别

项目	应急物流	普通物流
目标	服务效率最大化、成本最小化，方案的稳健性	成本最小化、利润最大化
货物源	受应急物资聚集位置的影响	提前约定
需求信息	不确定性，动态变化	可预知
决策形式	不确定性决策	有组织、有计划地决策、实施
周期和货物量	随灾情变化，需求具有突发不确定性	货源稳定，周期性强
设施	临时性、动态性	常设
计划周期	随灾情变化	相对稳定的短、中、长期计划

应急物流网络优化由于在应急管理中的关键作用和重要地位，近年来一直受到管理者与学者的关注。面对灾后应急救援时间紧迫性、决策中的不确定性以及次生灾害的影响，如何优化应急物流网络来提高灾后的响应速度和救援能力以减少灾民等待救援的时间、改善灾民需求满足率等问题值得研究和思考。

然而目前应急物流网络还存在许多需要进一步改善和优化的方面，如灾后应急物资库存数量不足、救援储备中心布局不合理、物资分配计划不完善等。一般来说，应急物流网络设计主要包括灾前救援设施（庇护所、医疗中心、物资集散点等）的选址和应急物资库存量决策，物资的分配及人员的疏散计划等。有效的救援网络对提高灾后响应能力、解救更多受灾群众至关重要。灾害的突发性、灾后的各种不确定性（包括灾后应急物资的需求量、受灾点的位置以及灾后交通状况等），使得应急物流网络优化尤为困难。另外，考虑到次生灾害带来的不可忽视的影响，在制订救援计划时必须将其考虑在内。更一般地，面对持续时间较长的灾害时（如飓风、传染病等），考虑到灾情演化导致不确定参数动态变化，需要做出动态的优化决策，这无疑更加剧了物流网络优化的难度。

因此考虑次生灾害的影响以及决策过程中的不确定因素，建立稳健、高效的应急物流网络以保障灾后应急物流活动，维持受灾群众基本生活和医疗救助，维护社会稳定，成为各级政府需要解决的现实问题。

1.2　本书写作目的与写作意义

1.2.1　本书写作目的

我国应急物流的研究起步较晚，在应急物流网络规划与运作方面的研究相对较薄弱。从实际应急救援工作来看，应急物资储备不足、物资调度计划不完善等原因，使得灾民的需求得不到及时满足。因此，为了保证灾后应急救援行动的顺利开展，有必要对应急物流网络设计与优化问题展开深入研究。本书主要写作目的如下。

（1）针对应急物流网络规划中所面临的不确定因素以及应急物流网络的特点，运用运筹学、数学等学科的相关理论和方法建立模型，对应急物流网络规划中的设施选址、人员疏散及物资分配等决策进行联合优化，从整体的角度提高应急物流网络的响应速度。

（2）考虑次生灾害的影响，通过描述原生灾害与次生灾害之间的关系构建应急物流网络优化模型，并在此基础上延伸到不确定参数动态变化的多周期网络规划问题上，提高应急物流网络面对后续灾害的响应速度和救援能力。

（3）应急救援针对大规模问题，在经典算法的基础上，结合具体问题提出加速求解策略以进一步提高决策效率，在灾后紧急的决策环境下，保证短时间内得到满意的解决方案。

1.2.2　本书写作意义

1. 理论意义

应急物流网络优化设计是灾后应急管理中的重要组成部分，本书在深入分析大规模突发事件下应急物流网络规划关键问题的基础上，形成了一定的研究成果，丰富了应急管理相关的方法和理论，主要包括以下几点。

（1）为了提升应急物流网络的整体性能，对设施选址、人员疏散及物资分配等关键决策进行联合优化。考虑到次生灾害的危害，提出考虑次生灾害的应急物流网络优化模型，有利于实现次生灾害发生后的快速响应，提高应急救援能力。

（2）根据对应急物流网络优化中的不确定参数分布信息的掌握程度，运用了随机优化、鲁棒优化以及分布式鲁棒优化等建模方法。针对动态变化的不确定参数，建立多周期应急物流网络优化模型，实时调整资源分配策略以提高应急物流网络的响应速度，对提高应急救援效率的方法进行了补充和拓展。

（3）在模型求解方面，运用 BD、PH 及 RH 等方法进行求解，并根据问题特点引入有效不等式减小可行域、调整算法参数减少迭代次数等加速求解策略，为提高应急救援环境下的决策效率提供了思路与方法。

总之，本书通过建立数学模型的方式，从系统的角度优化应急物流网络，实现灾后的快速响应，最大化有限资源的利用率。这既是运筹优化理论与相关数学方法在具体应用场景中的结合，也有助于丰富应急物流网络规划研究。

2. 实践意义

本书的研究成果以大规模突发事件下的应急物流网络优化为应用背景，探究应急响应中最关键的应急物流网络设计问题，关注考虑次生灾害的物流网络规划，并通过案例验证了所提出的解决方法的有效性。

（1）有助于解决考虑次生灾害的应急响应物流网络规划问题。提出应急物流网络多周期优化决策方法能够有效避免单周期模型所导致的物流网络救援效率低下或物资短缺等情况，以弥补以往物流网络优化模型仅注重原生灾害而忽略次生灾害的不足，提高了应急物流网络设计的科学性与准确性。

（2）有助于提高灾后应急救援效果的现实适用性。通过随机优化和鲁棒优化等方法所建立的考虑次生灾害的应急物流网络优化模型能够保证所得解在大多数情形下具有可行性，有效避免了解决方案在实际实施中不可行的情况。

（3）有助于为应急管理决策者提供参考。本书将所提出的应急物流网络优化方法结合现实案例（如玉树地震、新冠肺炎疫情防控等问题）进行了分析和验证。提出了有针对性的方案，并通过结果分析，提出了具有现实意义的管理启示。

总之，优化考虑次生灾害的应急物流网络，对于改善救援物资配置、提高灾后响应速度等具有至关重要的作用和意义，为建立更加完善的应急网络提供依据，无论是从理论的角度还是实践的角度，都具有重要的研究价值。

1.3 相关概念及研究范围界定

1.3.1 应急物流网络规划的概念

应急物流网络规划是有计划地引导应急物流的一连串活动，是应急救援中最基础、最重要的问题之一，科学规划合理的、稳定的应急物流网络，对于优化设施布局、提高灾后救援的响应速度、优化各类应急资源配置、提升整体应急管理能力等具有重大意义。应急物流网络规划包含空间维度（如设施空间布局）和时间维度（物资交付速度及可得率等），因此本书研究主要包括应急设施的选址、类型和数量，所需物资的类型和数量，以及灾后伤员的疏散及物资分配计划等，目的是通过优化这些决策，提高应急物流网络的响应速度和救援能力，减轻灾民遭受的痛苦。

1.3.2　应急物流网络规划中的不确定因素

应急物流网络是突发事件下应急资源交付到受灾点的基本保障，是提高灾后救援效率、减轻灾民遭受灾害痛苦的关键。突发灾害之所以能造成严重的后果，主要是因为其突发性导致决策者无法全面了解详细信息，如影响范围、严重程度等，给决策制定带来较大挑战。就救援物资到受灾点的运输时间而言，灾后交通道路状况的不确定性导致不确定的运输时间；从应急物资需求量的角度来说，灾后救援的核心问题是为灾民提供所需的应急资源，而灾后由于需求量相关信息的缺乏，导致其不确定性增加，进而影响应急物流网络规划中应急设施的选址、库存以及物资分配等决策。

因此，应急物资的不确定需求量以及物流网络节点间的不确定运输时间作为应急物流网络规划的关键影响因素，是制定应急物流网络规划决策时需要重点考虑的对象。

1.3.3　本书所面向灾害类型的界定

应急物流网络规划问题主要面对的是地震、飓风、传染病等突发事件，而不确定性作为应急物流的一个显著特点，在应急物流网络规划时需要重点关注。基于有限的相关信息，应急物流网络规划过程应包括：① 收集分析灾情相关的历史数据；② 根据相关信息预测、描述物资需求量等不确定参数；③ 建立应急物流网络优化模型并求解得到优化方案。因此面对突发事件下的不确定因素，需要得到相关数据的支撑才能采取相应的方法预测和描述不确定参数。本书所研究的应急物流网络规划问题，重点应用于由有历史数据支撑来进行决策的常见灾害如地震等，以及传染病、飓风等能通过累积更新的相关数据来预测不确定参数的灾害。

具体来说，地震作为常见的自然灾害，由于对往年的相关数据如地震等级、伤亡人数及需求物资等有较详细的记录[5]，因此地震及其所引发的次生灾害往往可以通过相关的数据分析得到不确定参数的相关信息，根据对不确定参数的概率分布信息的掌握程度选取不同的方法构建应急物流网络优化模型。区别于地震灾害，在面对飓风、传染病等持续时间较长的灾害时，由于不确定参数相关信息随时间逐渐累积，因此可以根据不断更新的数据来描述动态变化的不确定参数，进而规划应急物流网络[6]。

在上述几种类型的灾害或突发事件背景下规划应急物流网络所面临的共性问题主要是不确定参数对决策的影响，区别在于如地震等持续时间较短的灾害，适合基于灾前预测的战略决策方法，而面对持续时间较长的灾害，更适合结合累积更新的相关信息进行多周期应急物流网络优化。本书将针对不同的灾害采用不同的建模方法来优化应急物流网络。

另外，由于灾害链是指原生灾害及其引起的一种或多种次生灾害所形成的灾害序列[7]，会造成灾害在时间、空间上的演变，具有动态性，因此后续的次生灾害会对受灾点位置、受灾程度、需求量等造成影响，进而影响应急物流网络的运行效率。本书重点关注的是较为宏观的设施选址与灾后物资分配、人员疏散等问题，因此在规划应急物流网络时考虑后续次生灾害能够提高应急物流网络在面对灾害时的救援能力及响应速度。由于次生灾害类型众多，本书关注更为宏观的面对潜在次生灾害时的设施选址与灾后物资分配、人员疏散等决策制定，重点考虑短期或持续性次生灾害对不确定参数的影响，而未对具体灾害类型进行区分。

1.3.4 多阶段决策与多周期决策概念界定

在本书的建模研究中，分阶段决策的目的是确定整个决策过程中在时间上有先后顺序的一串最优策略，如考虑次生灾害的应急物流网络规划中的灾前准备阶段、原生灾害响应阶段和次生灾害响应阶段。其中，前一阶段决策的选择会直接影响后续的决策，且相比较于各项决策的即时后果，决策者更关注最终的决策表现。而多周期决策主要针对的是不确定参数动态变化下的应急物流网络动态规划问题[8]。分周期决策是一个相对完整的决策过程，根据累积更新的不确定参数相关信息及各周期之间的相互联系动态优化应急物流网络。鉴于对分阶段决策的定义，根据现有的数据和应急物流网络状态，可在每个周期内采用多阶段的方法制定决策。

持续时间较短的灾害（如地震等）适用单周期的多阶段决策方式，如在规划应急物流网络时分为灾前准备阶段、原生灾害响应阶段及次生灾害响应阶段。而对于持续时间较长的灾害（如飓风、传染病等），单周期的决策方法缺乏基于不确定参数随时间变化的决策能力，因此决策者需要随着信息的更新运用多周期的方法动态做出决策。

另外，对于持续时间较短的灾害（如地震等），单周期的应急物流网络优化更关注事前的决策制定，通过相应的建模方法结合历史数据描述不确定参数在将来可能的取值，进而制订出较为准确的优化方案。而对于持续性后续灾害来说，事前决策与灾害演化过程中的事中决策并重，通过动态描述时变的不确定参数，动态制订和调整应急物流网络优化方案。

1.4 研究内容与框架

本书以考虑次生灾害的应急物流网络规划为研究主线，从以下几个方面展开深入研究：① 运用相关建模方法处理不确定参数，设计高效、稳定的应急物流网络助力灾后救援行动。② 在应急物流网络规划中考虑次生灾害的影响，并根据不同灾害的特点将应急物流网络从单周期优化拓展到根据信息动态更新的多周期应急物流网络规划，达到有效降低救援成本，提高救援效率的目的。③ 根据模型特点有针对性地选择求解算法并采取相应的加速策略提高问题求解效率，以在短时间内得到满意解。

具体分为四个主要研究内容，研究一作为本书的研究基础，提出考虑次生灾害的应急物流网络规划问题，建立条件概率场景树表示原生灾害与次生灾害之间的关系，并以单目标随机优化模型为基础，拓展到多目标规划模型，均衡不同优化目标制定决策。研究二考虑到多受灾点、多物资类型、多出救点的灾后应急物流网络构建问题，建立混合整数规划模型并结合启发式求解算法验证了考虑次生灾害能够提高灾后物资需求满足率。在此基础上，为了进一步提高应急物流网络的运行效率，提出多周期资源分配和人员疏散决策联合优化的方法。研究三是在不确定参数概率分布未知的情形下，运用鲁棒优化方法规划考虑次生灾害的应急物流网络，并将模型扩展到多周期的决策形式以应对不确定参数动态变化的情形。研究四是在已知部分不确定参数概率分布信息的情形下，构建模糊集合建立分布式鲁棒优化模型规划考虑次生灾害的应急物流网络，并扩展到多周期的决策形式应对不确定参数的时变性。在此基础上，讨论了模型在对物资分配和人员疏散联合优化时的可扩展性。

其中，四个研究内容之间的关系为：研究一建立考虑次生灾害的应急物流网络优化模型，描述了原生灾害与次生灾害之间的关系，所提出的条件概率场景树的方法为后续研究提供了建模框架，为不确定参数分布信息不同的掌握情况下的应急物流网络设计提供了建模思路。研究二在此建模框架基础上，建立考虑次生灾害的混合整数规划模型，考虑到不确定参数动态变化的情形，基于不确定参数分布信息已知的假设，构建了物资分配和人员疏散联合优化模型，以提高应急网络的整体运行效率。研究三放宽了对不确定参数概率分布已知的要求，运用鲁棒优化中不确定集合的方法来表示不确定参数的取值范围，进而制定集合内最坏情况下的应急物流网络人员疏散和物资分配联合优化决策。研究四结合了之前的研究方法和研究框架，构建模糊集合描述不确定参数概率分布的变化范围，针对集合内最坏情况下的概率分布进行优化决策。并且考虑到该模型的可扩展性，讨论了人员疏散和物资分配分布式鲁棒联合优化模型。

另外，研究二、三、四在研究一的基础上，结合不确定参数动态变化的情况，提出多周期的应急物流网络优化模型，动态调整应急物流网络优化决策，进一步提高其响应速度和灾后救援能力。

研究框架如图 1.2 所示。

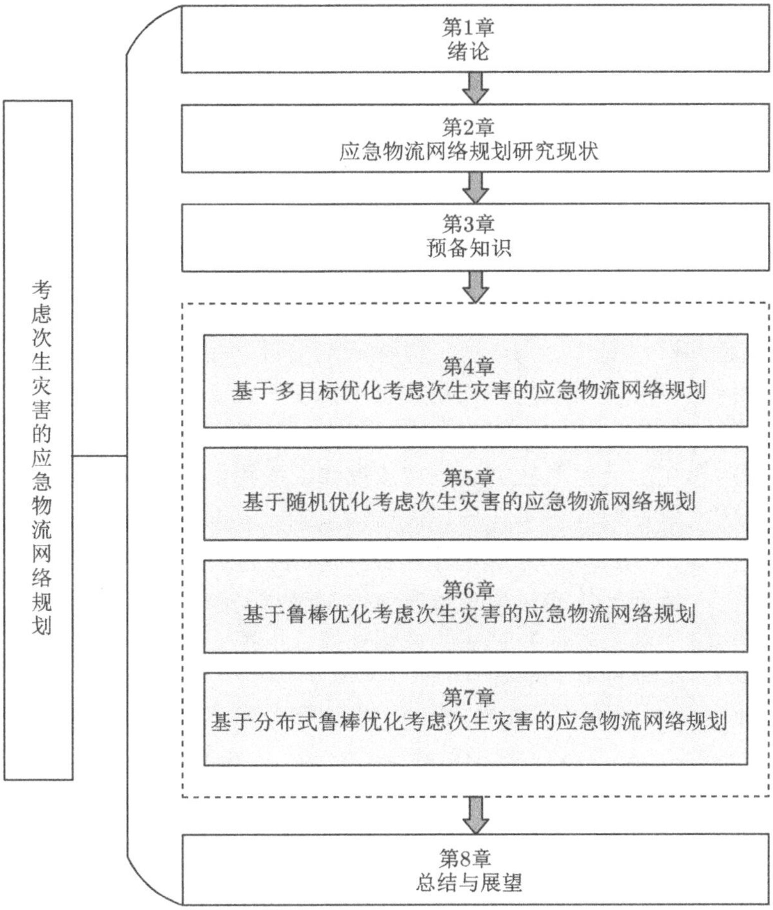

图 1.2 本书结构框架

1.5 研究方法与技术路线

1.5.1 研究方法

考虑次生灾害的应急物流网络规划问题涉及管理学、决策科学、运筹学等多个学科领域。本书综合运用多学科不同理论、方法和模型的交叉融合，对所研究的问题进行了深入探讨，具体研究方法如下。

（1）文献分析的方法。通过查阅与整理国内外应急响应相关文献，分析了国内外应急物流网络优化问题研究的不足之处，分析应急物流网络优化核心问题和关键影响因素，为后文的研究内容奠定基础。

（2）最优化方法。运筹学优化理论与建模方法贯穿本书的始终，针对不确定参数分布信息的情况，分别运用了随机优化模型、鲁棒优化模型、分布式鲁棒优化模型。在描述不确定参数的同时，对应急物流网络中设施选址、物资分配等决策进行优化，并且在模型求解的过程中，结合运筹学相关理论和方法以提高求解的效率。

（3）数值实验法。根据所建立的模型，本书采用真实案例和数据进行数值实验，根据结论分析与验证本书模型及求解方法的有效性，并以此总结出实践当中的管理启示，为制定相关决策提供了有力的参考依据。

1.5.2　技术路线

本书以运筹学相关理论为依据，数学及网络科学相关方法为支撑，采用发现问题—分析问题—解决问题的研究路线对考虑次生灾害的应急物流网络规划问题进行研究，技术路线如图 1.3 所示。通过现实案例及文献归纳总结，发现目前灾后应急救援中存在的问题，如灾后响应速度慢、救援能力弱等，然后分析出现此类问题的原因（如灾前准备不充分、灾后决策制定不准确、决策制定没有考虑次生灾害的影响等)，在此基础上运用应急物流网络建模理论抽象化研究问题，建立数学模型，并运用高效的模型求解方法得到满意的解决方案。最后通过案例分析验证所提出方法的有效性和算法的求解性能，并通过结论分析等给出管理启示，为管理者制定决策提供参考依据。

1.6　主要创新点

本书的主要特色是注重从实践和社会需求中提取科学问题，综合运用多学科方法聚焦应急物流网络规划问题研究，从而使研究成果更具有科学性和实用价值。结合我国“十三五”期间提出的防震减灾中灾害预防、应急救援的指导思想，本书以灾后应急救援中的重要环节——应急物流网络规划问题为主要研究内容，综合运筹学、数学、网络科学等学科，考虑了应急救援的时效性与灾民需求满足率，有针对性地建立了灾前预防–灾后响应的应急资源配置研究框架，较为系统地针对应急物流网络优化问题进行了研究，提出了能够有效提高灾后应急响应速度和救援能力的管理启示，为相关部门在应急管理中进行决策提供有力支撑。本书的具体创新之处有以下几点。

（1）提出了考虑次生灾害的应急物流网络优化模型。不同于以往的研究，本书在关注原生灾害的同时，将次生灾害纳入到应急物流网络优化模型中，建立了灾前准备—原生灾害响应—次生灾害响应的决策框架，对设施选址、物资分配、人员疏散等决策进行优化。数值实验验证了考虑次生灾害能够提高应急物流网络在面对后续灾害时的救援能力，且多周期应急物流网络优化模型根据动态变化的不确定参数制定决策，能够明显减少物资短缺，改善灾民对应急物资的需求满足率。

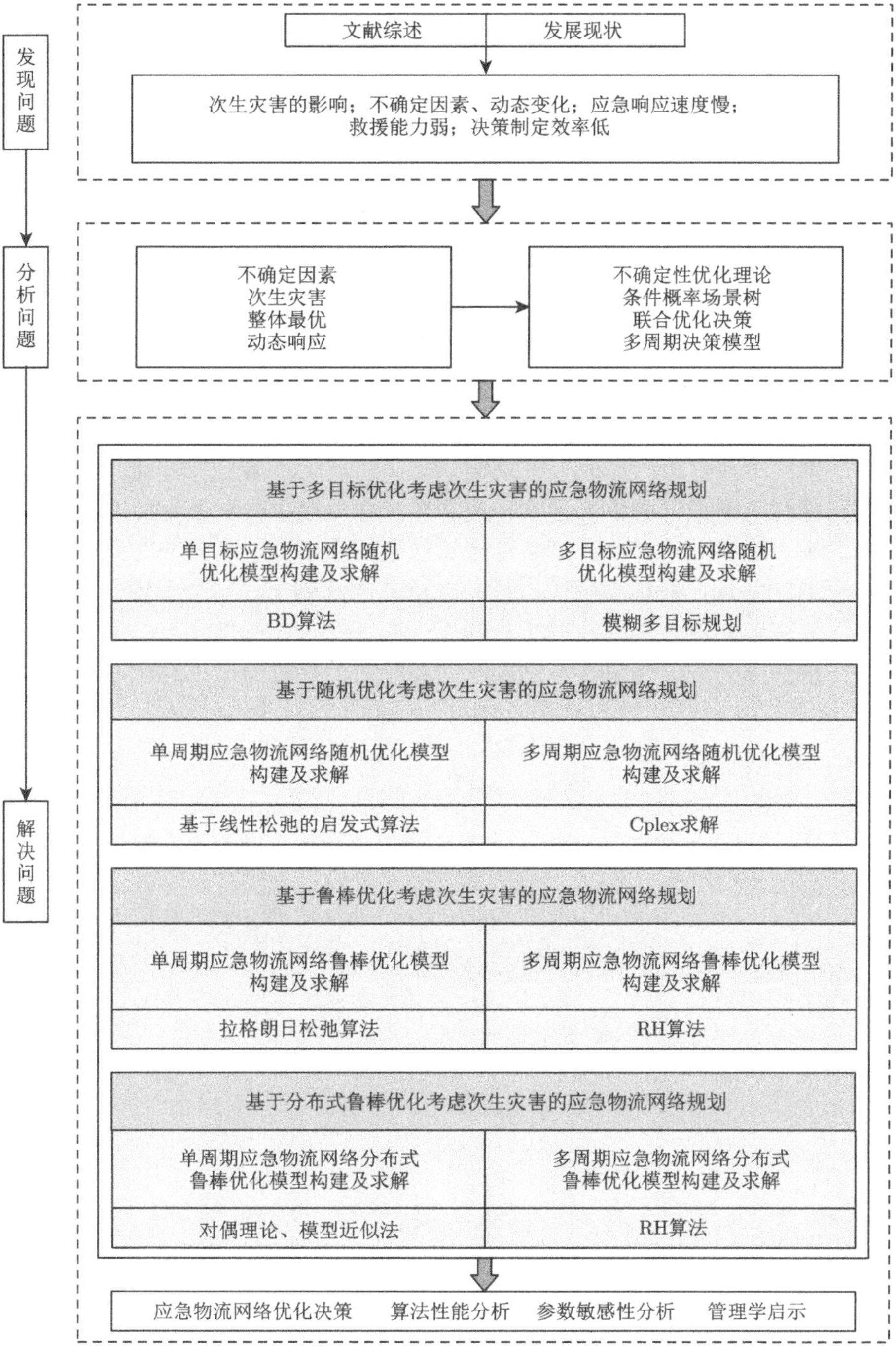
发现问题
文献综述
发展现状
次生灾害的影响；不确定因素、动态变化；应急响应速度慢；救援能力弱；决策制定效率低
分析问题
不确定因素
次生灾害
整体最优
动态响应
不确定性优化理论
条件概率场景树
联合优化决策
多周期决策模型
解决问题
基于多目标优化考虑次生灾害的应急物流网络规划
单目标应急物流网络随机优化模型构建及求解
多目标应急物流网络随机优化模型构建及求解
BD算法
模糊多目标规划
基于随机优化考虑次生灾害的应急物流网络规划
单周期应急物流网络随机优化模型构建及求解
多周期应急物流网络随机优化模型构建及求解
基于线性松弛的启发式算法
Cplex求解
基于鲁棒优化考虑次生灾害的应急物流网络规划
单周期应急物流网络鲁棒优化模型构建及求解
多周期应急物流网络鲁棒优化模型构建及求解
拉格朗日松弛算法
RH算法
基于分布式鲁棒优化考虑次生灾害的应急物流网络规划
单周期应急物流网络分布式鲁棒优化模型构建及求解
多周期应急物流网络分布式鲁棒优化模型构建及求解
对偶理论、模型近似法
RH算法
应急物流网络优化决策
算法性能分析
参数敏感性分析
管理学启示

图 1.3　技术路线

（2）根据对应急物流网络优化决策中不确定参数分布信息的掌握情况，建立相对应的优化模型，比较完整地研究了不确定参数建模处理的方法。对于分布信息已知的情形，采用随机优化方法结合研究问题进行建模；对于不确定参数分布信息部分未知的情况，提出基于随机场景的鲁棒优化方法以更准确地描述不确定参数，在提高解决方案稳健性的同时，减少了总救援成本；在不确定参数分布信息模糊的情况下，建立分布式鲁棒优化模型以充分利用现有数据信息。另外，考虑到不确定参数的时变性，提出应急物流网络多周期优化模型，提高了面对不确定参数信息不断更新时优化决策的可行性。

（3）在模型求解方面，运用模型转化和改进的算法提高了求解效率。对于多目标优化模型，运用模糊多目标规划法将其转化为单目标函数进行求解。针对大规模问题难以直接求解的问题，分别运用 BD 算法、PH 算法、RH 算法求解模型，并根据问题特点提出加速求解策略。如在经典 BD 算法的基础上，添加有效不等式和强化割平面以减小可行域，提高算法收敛速度；对于 PH 算法，在迭代过程中运用算法参数动态修正策略结合算法下界求解方法，提高求解的效率和精度；对于 RH 算法，在模型参数信息动态更新的基础上，结合不确定参数动态调整策略以降低解的保守性。数值实验结果表明，在可接受的精度范围内，所提出的算法在求解速度方面优于其对比方法，并且在大规模问题下的优势尤为显著。

第 2 章　应急物流网络规划研究现状

近年来众多学者对应急物流网络及应急响应问题进行了研究，包括不确定参数的处理方法、设施选址及物资分配、动态调整应急响应决策等。本书的主要工作集中在应急物流网络设计与优化领域，具体来说，将从应急物流网络规划中不确定参数的处理方法、应急物流网络优化模型构建方法以及相应的模型求解方法三个方面进行分析。

2.1　应急物流网络规划中不确定参数的处理方法

2.1.1　基于场景的随机优化相关研究

随机优化主要是针对模型参数中包含已知分布信息的随机变量，且必须在观察到随机变量的观测值之前做出决策。运筹学中，解决这一问题的方法主要是 Dantzig 提出的带补偿的随机优化方法[9]。带补偿的随机优化方法通过引入补偿措施（recourse action）并在目标函数中添加相应的补偿成本来避免出现约束条件无法满足的情况。由于灾害的突发性和不确定性等特点，近年来诸多学者假设不确定参数的分布已知，运用随机优化的方法来处理灾害管理中的不确定性如灾民需求量、物资运输时间。应用最广泛的是基于情景的随机优化方法，在灾害发生前，决策者为了应对突发状况，设置一组带有发生概率的随机场景来描述不确定参数的可能取值，建立随机优化模型制定设施选址及库存等决策，如 Rawls 等[10]、Krasko等[11]、Kınay等[12]的研究。

近年来，两阶段随机优化模型成功地应用于应急物流和灾害管理中，分别在灾前准备阶段和灾后救援阶段进行决策，如第一阶段做出设施选址等决策，根据第二阶段随时间而得到的更可靠的数据来对决策进行调整和优化。Bieniek[13]假设顾客的需求为独立同分布的随机变量，建立了两阶段随机规划（two stage stochastic programming）选址模型。Barbarosoğlu等[14]较早地提出了用两阶段随机规划模型优化灾害救援中的直升机规划问题，通过建立多商品、多模式的随机网络流模型，研究了地震灾害发生后的首次救援行动中，如何在灾情信息不足的情况下平衡救援物资的供需。随后，诸多学者在此基础上进行了相关研究，如利用两阶段随机规划解决应急管理中的设施选址和物资配送联合优化问题[15~19]、物资配送最后一公里问题[15,20]、设施选址和初始库存量问题[21,22]以及配送过程中车辆的容量决策和运输路线问题[18,23,24]。

在此基础上，近年来学者对应急物流网络随机优化方法进行了许多研究，表 2.1 进行了分类总结。

表 2.1 应急响应决策随机优化相关文献

文献	研究问题	不确定因素	模型
Barbarosoğlu等[14]	灾后应急物资运输	运输时间、道路状况	两阶段随机优化模型
Salmerón等[25]	灾前设施选址及库存配置	受灾点位置及严重程度	两阶段随机优化模型
Rennemo等[26]	灾前设施选址、库存及最后一公里问题	设施的状态及需求量	三阶段混合整数随机优化模型
Garrido等[27]	洪灾后设施库存水平和车辆安排	需求量	基于时空网络的随机过程模型
Sheu等[28]	灾后应急设施选址及物资配送问题	需求量	三阶段多目标随机优化模型
Wang等[29]	应急物资选址–分配问题	需求量、道路容量	两阶段随机优化模型
Zhang等[30]	灾前设施选址，灾后物资分配问题	需求量、运输时间	三阶段多目标随机优化模型
Caunhye等[31]	灾前设施选址及灾后伤员分诊	伤员人数及自行撤离人数	三阶段随机优化模型
Hu等[32]	灾前设施选址及灾后车辆分配和物资运输问题	动态不确定的道路容量	多阶段随机优化模型
Li等[33]	考虑次生灾害的设施选址–人员疏散–物资分配问题	需求量、运输时间	三阶段随机–鲁棒混合模型
Zhong等[34]	灾后设施选址、运输车辆规划及运输计划制订问题	需求量	风险规避型双目标混合整数优化模型
詹沙磊等[35]	应急车辆选址、路径选择和物资配送问题	需求量和道路通行情况	两阶段多目标随机优化模型
葛洪磊等[36]	灾前设施选址、物资库存及灾后物资分配问题	需求量、运输时间	两阶段随机优化模型

从上述文献整理分析中可以看出，大多研究集中于不确定需求量下灾前设施选址及灾后物资配送的两阶段随机优化模型，并且大多数三阶段或多阶段模型更多的是关注物资分配决策前提下物资的运输路径规划问题，而对多周期持续性灾害的多阶段随机优化方法少有关注。本书将在现有研究的基础上，通过设置随机场景的方法，将次生灾害对需求量、运输时间等不确定参数纳入到随机优化模型的构建中，以提高面对潜在次生灾害时应急物流网络的救援能力。

2.1.2 基于不确定集合的鲁棒优化相关研究

区别于随机优化对不确定参数概率分布信息已知的假设，在突发事件发生后不确定参数相关信息缺乏的情况下，鲁棒优化方法首先根据现有的历史数据为不确定参数（如运输时间、需求量等）设置不确定集合，进而建立鲁棒优化模型，通过求解不确定集合中参数取值最坏情况下的解决方案来保证解决方案的可行性[37~39]。在现有文献中，鲁棒优化的方法被广泛应用于应急管理决策制定问题中[40~46]。

在应急物流网络优化问题研究中，Erera等[47]提出用两阶段鲁棒优化模型来解决集装箱在时间扩展网络上的重新定位问题。Atamtürk等[48]提出用两阶段鲁棒优化的方法研究需求不确定下的应急物流网络设计问题。Keyvanshokooh等[49]针对闭环供应链网络优化问题中不同类型的不确定性参数，提出了一种混合的鲁棒–随机优化模型，构建了不确定集合并通过减少场景的策略改善模型的求解速度。Alizadeh等[50]提出了考虑伤员受伤程度、不确定伤员数量、不确定运输能力的伤员收集点网络规划问题，建立鲁棒优化模型，制订伤员收集点选址计划、伤员运输计划等决策。Paul等[51]针对灾前应急响应预案制定问题，考虑灾后设施运行状况、伤员数量以及运输时间等不确定因素，建立鲁棒优化模型，以设施选址成本、应急物资未能准时配送导致的灾民心理剥夺成本为优化目标，规划配送中心选址和库存配置。

在鲁棒优化理论基础上，学者提出了用分布式鲁棒优化的方法来处理决策过程中的不确定参数。分布式鲁棒优化方法能够充分利用现有不确定参数的样本数据，在分布信息不完全的情况下给出具有稳健性的决策。由于分布式鲁棒优化在处理不确定参数上的优势，近年来，分布式鲁棒优化方法逐渐应用到不确定条件下的决策制定问题当中，同时也在应急管理领域逐渐受到越来越多学者的关注。根据突发情况下仅有的不确定参数的部分分布信息如矩信息或支撑集合等分布特征，通过构建模糊集合，优化其最坏情况下的决策，得出具有鲁棒性的决策[52~54]。Liu等[55]研究了灾后紧急医疗服务问题，根据矩信息构建模糊集合，提出了一种基于期望总成本最小化的应急设施选址、救护车数量和需求分配的分布式鲁棒优化模型。冉伦等[56]针对车辆调度问题，通过考虑不确定需求量的均值和方差等信息建立模糊集合，并建立分布式鲁棒优化机会约束车辆调度模型，制订停车桩之间车辆的调度计划。陈刚等[57]将受灾点不确定的伤员数量用多面体不确定集合来刻画，建立鲁棒优化模型，并利用对偶理论转化为等价的混合整数规划模型进行求解。

表 2.2 对近年来运用鲁棒优化方法研究应急物流的相关文献进行了分类总结。

表 2.2 鲁棒优化相关文献

文献	研究问题	不确定因素	模型
Ben-Tal等[58]	时变需求量下的动态交通流量分配	需求量	动态交通分配鲁棒优化模型
Najafi等[41]	灾后人员疏散和物资分配	需求量	右端项不确定下的鲁棒优化模型
张玲等[59]	灾后应急救援网络规划问题	需求量	两阶段鲁棒优化模型

续表

文献	研究问题	不确定因素	模型
陈涛等[60]	动态资源调配决策问题	需求量、运输时间	两阶段鲁棒–随机优化模型
Ni等[61]	灾前设施选址及库存，灾后物资分配问题	需求量、灾后道路可用容量	基于自定义不确定集合的鲁棒优化模型
Yahyaei等[62]	灾前设施选址和灾后人员疏散问题	灾民数量	基于箱型不确定集合的鲁棒优化模型
Paul等[51]	灾前设施选址、容量设置及库存决策	设施可用容量、运输时间	随机场景下的鲁棒优化模型
Li等[33]	设施选址–人员疏散–物资分配问题	需求量、运输时间	三阶段随机–鲁棒混合模型
钟慧玲等[63]	危化品运输中应急设施选址问题	应急设施的覆盖范围	α-鲁棒的弧段覆盖模型
Jabbarzadeh等[64]	灾后血液供应网络设计问题	运输成本、运营成本	动态鲁棒优化模型
彭春等[43]	多类应急资源配置的鲁棒选址–路径优化	应急资源成本	多类应急资源鲁棒选址–路径优化模型
陈刚等[57]	考虑伤员分类的医院选址问题	伤员数量	鲁棒选址模型
周愉峰等[65]	血液战略储备库选址–库存问题	需求量	随机p-鲁棒优化模型
彭春等[66]	灾前应急设施选址问题	需求量、运输成本	联合不确定集合的鲁棒优化模型
Salehi等[67]	灾后血液应急物流网络设计问题	需求量	两阶段鲁棒优化模型
孙华丽等[68]	设施选址–路径优化问题	需求量、设施状态	双目标应急物流定位–路径鲁棒优化模型
张梦玲等[69]	灾前物资仓库选址与资源配置问题	需求量	两阶段决策的鲁棒优化模型
Liu等[55]	应急医疗设施选址问题	需求量	分布式鲁棒优化模型
Shang等[70]	参数概率分布不确定下的优化决策	需求量	多周期分布式鲁棒优化模型

鲁棒优化所得到的方案是针对不确定集合中的最坏情况，因此在一定程度上增加了解的保守性。针对此问题，现有文献关注于鲁棒优化中不确定集合的构建，而复杂的不确定集合如椭球不确定集等会明显增加模型求解的难度。本书将根据对不确定参数的概率分布信息掌握情况，通过随机优化与鲁棒优化相结合的方式来改善所得解的保守性的同时，充分利用有限的信息。另外，分布式鲁棒优化中模糊集合的构建聚焦于不确定参数的矩信息，通过对偶理论转化为凸优化或者二阶锥规划的形式，增加了模型求解的难度，本书将引入线性化的模糊集合方法来描述不确定参数概率分布的变化范围，以使模型在转换和求解中更容易处理。

2.2 应急物流网络规划相关研究

应急物流网络是突发事件发生后救援工作开展的基础，它主要包含各类基础应急设施，如避难所、医疗机构、应急物资储备库等，并且此类设施通常是该网络结构的“节点”。此外，受灾点、医疗设施、避难场所等节点设施之间的相互关系（如交通道路、物资供应、人员疏散等）构成了应急响应网络的“边”。正如前文所提到的，一个高效的应急物流网络能够加快灾后应急救援效率，因此近年来诸多学者对应急物流网络优化问题进行了研究。现有研究更多地将应急物流网络规划置于灾害发生之前，实现由被动式响应向主动式预防发展[71]。在上述发展过程中，应急物流网络设计与优化相关研究主要从以下几个方面展开。

2.2.1 应急物流网络规划中设施选址及资源分配相关研究

应急设施作为应急网络优化的重要组成部分，是保证应急物资储存和运输的重要基础设施平台，其数量和空间分布直接影响到应急物流网络的运作成本和服务能力，因此合理的应急设施选址决策至关重要。在应急响应主动式预防方案制订中，合理的设施选址不仅能够缩短应急物流网络的响应时间，为灾民及时提供应急物资、医疗救护等服务，避免更大的损失，还能够降低总体运营成本。

在设施选址方面，衍生出多元选址的模型，即考虑更多其他因素如固定费用、库存费用、物资分配、需求满足率等。基于以上基本模型，学者将其应用范围扩展到供应链以及应急物流等研究领域。而在应急网络规划中，当前所关注的不确定需求下的设施选址问题由确定性覆盖模型发展而来，如建立两层级的设施选址–物资分配和运输路线决策模型[72]，以及建立 p-中心混合整数规划模型对多个层级的应急设施进行选址布局[73]。Noyan等[20]研究了灾后需求及道路通行状况不确定的情况下的应急物流设施选址问题，提出了同时考虑高效性和公平性的两阶段随机规划模型。

在应急设施选址问题的研究基础上，学者将其与灾后的资源分配相结合进行了进一步的研究。Ben-Tal等[58]针对应急响应中的不确定性，提出了鲁棒优化模型来应对需求不确定性随时间变化的应急响应和疏散交通流问题。除此之外，学者在制定决策时还考虑到了不确定的物资运输时间，如 Dalal等[74]、苑盛成等[75]根据突发事件发生频率低、不确定性高等特点，提出了基于数据的应急交通疏散仿真模型，根据数据对灾害的发展态势进行预测，为应急疏散决策的制定提供支持。在不确定道路状况的应急物资运输研究中，詹沙磊等[35]研究了多源点、多物资和多车辆类型的路径选择及物资配送问题，考虑到需求量和道路通行状况的随机性，建立了基于加权贝叶斯的两阶段多目标随机优化模型。阮俊虎等[76]考虑到灾后运输距离远、关键道路损毁的情况，研究了直升机运送应急物资问题，提出基于聚类的两阶段联合运输策略，建立优化模型以进行应急物资运输路径的决策。

在以往的研究基础上，近年来更多学者对应急物流网络中的设施选址、资源分配或车辆路径等决策进行联合优化以提高应急救援的整体效率[25]。如 Ahmadi等[15]提出了考虑运输道路故障、多车辆和有救援时间限制的多设施选址–路径模型，对灾后仓库选址和最后一公里的物资配送计划进行了决策，并在此基础上将模型推广到具有随机运输时间的两阶段随机规划模型来确定配送中心的选址决策。Paul等[51]针对地震灾害后的物资分配问题，对设施的选址和容量决策以及物资分配计划进行了联合优化。Ni等[61]考虑到不确定的需求量、道路状况等，研究了灾前的设施选址及灾后的物资分配问题。针对应急设施选址–运输路径决策问题，如 Boutilier等[77]考虑运输时间的不确定性和需求点的空间分布特征，构建鲁棒优化模型来优化应急车辆的位置和路径决策。Wang等[78]研究了地震灾害发生后应急物资的分配问题，建立非线性整数规划模型对应急设施选址与车辆路径进行联合优化。Pérez-Rodríguez等[79]针对应急物资的分配问题，提出了库存–分配–路径联合优化模型以最大化物资分配的效率。而现有文献大多关注灾后的设施选址及资源分配联合优化，忽略了灾后伤员疏散计划对设施选址、物资分配计划的影响[33]。

2.2.2 不确定条件下伤员疏散和物资分配相关研究

突发事件下的人员疏散和物资运输是应急响应中的一个重要问题，考虑到救援过程中道路网络的不确定性，如何合理规划疏散路线以及物资运输网络引起了诸多学者的关注。

面对道路状况的不确定性，有文献运用随机优化、鲁棒优化等不确定优化方法来建立模型求解[26]。有的学者运用模拟仿真的方法[33,39]，如苑盛成等[75]根据突发事件发生频率低、不确定性高等特点，提出了基于数据的应急交通疏散仿真模型，利用数据对灾害的发展态势进行预测，为应急疏散决策的制定提供支持。在不确定道路状况的应急物资运输研究中，詹沙磊等[35]研究了多源点、多物资和多车辆类型的路径选择及物资配送问题，考虑到需求量和运输时间的随机性，建立了基于加权贝叶斯的多目标随机规划模型。

在伤员疏散研究中，Najafi等[41]研究了地震灾害发生后在资源短缺的情况下，如何建立多周期随机规划模型以进行应急物资分配和伤员疏散的决策。Hu等[80]针对灾后避难所容量不足的问题，通过建立函数描述伤员随时间变化的心理剥夺成本，提出了一个混合整数规划模型对伤员疏散等进行决策。考虑到疏散过程中伤员心理的变化及造成的剥夺成本，有学者研究了其对疏散计划制订的影响。张晨晓等[81]探讨了医疗点的选址及伤员疏散的顺序对救援效果的影响，综合考虑医疗资源及伤员生存概率的动态变化，建立多目标规划模型对设施选址及伤员疏散顺序进行了决策。孙华丽等[82]考虑了灾后救护车和医疗设施可用容量的动态变化以及伤员随时间变化的心理剥夺成本，构建了医疗设施选址–伤员疏散动态规划模型，但未考虑伤员数量不确定下的救援方案。Caunhye等[31]综合考虑灾后伤员分诊和自行疏散救治的情况，建立了一个三阶段随机规划模型，以确定在大规模灾难中医疗设施的选址及伤员疏散计划。

2.2.3 考虑次生灾害的应急物流网络规划相关研究

目前国内外对于次生灾害的研究大多是从地质学的角度展开的[83]，也有学者对次生灾害的演化机理及预测进行了相关的研究。马祖军等[84]运用系统动力学理论及贝叶斯网络的方法，研究了不同地区次生灾害发生的概率。王循庆等[85]等运用 Petri 网理论和马尔可夫链模型对突发事件的演化状态进行了预测，这对开展突发事件下的应急响应工作具有较大参考价值。

近年来，学者开始关注次生灾害影响下的应急物流问题。姜云昭等[86]研究了次生灾害下的人员疏散问题。该文章首先构建了疏散场地分配模型，考虑到地震可能引发火灾、爆炸和有毒气体泄漏等次生灾害，提出了疏散路线的选择算法。Zhang等[87]考虑到潜在的次生灾害对应急响应计划的影响，建立了多资源类型、多受灾点和多应急仓库的资源分配模型以最小化物资分配时间，提高救援效率。Zhang等[88]针对应急物资分配问题，建立了考虑次生灾害的两层级资源分配仿真模型以最小化总救援时间。

上述文献多为单周期的决策形式，而现实中如飓风、传染病等持续时间较长的灾害是动态演化的，需求量、道路状况等不确定因素会随时间变化，因此设施选址、物资分配及伤员疏散等计划需要进行多周期的动态决策[89]。基于以上对应急物流网络优化设计中设施选址–路径规划的研究，学者结合灾害本身的发展和演化规律，将其扩展到多周期的决策形式。学者对动态应急响应问题进行了研究，如 Ekici等[90]研究了传染病背景下的食物分发物流网络构建问题，构建了传染病趋势预测和资源分配相结合的框架，首先根据实时数据对受灾人数及食物需求量进行动态估计，在此基础上建立模型动态分配物资以满足灾民的需求。刘明等[91]针对突发疫情防控问题，从数据驱动的视角，构建了应急物流网络动态调整优化模型，将整个决策周期划分为多个连续的时间段，在每个时间段根据疫情趋势预测、物流网络优化设计、数据收集及参数调整更新四个环节组成的循环递进策略对应急网络进行动态规划。苑盛成等[75]根据突发事件发生频率低、不确定性高等特点，提出了基于数据的应急交通疏散仿真模型，根据数据对灾害的发展态势进行预测，为应急疏散决策的制定提供支持。詹沙磊等[35]研究了基于灾情信息更新的多源点、多物资种类的应急物资车辆运输计划问题。王海军等[92]考虑了不确定供求环境下的应急物资动态分配问题，根据供需之间的关系，采用模糊数法对模型进行转化，得到柔性较高的分配方案。刘舒悦等[93]按照灾情信息获知程度建立鲁棒优化模型，当灾情信息不完整时，根据历史数据建立不确定集合并得出方案，当灾情信息明确后，根据实际需求未满足的情况来决定是否进行再一次的物资配送，进而提高需求满足率。刘长石等[94]考虑多周期应急物流网络规划问题，根据实时更新的需求量、路网损毁与动态恢复以及车辆行驶时间等信息，建立灾后应急物资多周期模糊设施选址–路线规划模型。曲冲冲等[95]考虑多式联运、多时段的动态应急物流网络规划问题，兼顾时效性与公平性建立了配送中心选址–运输路径优化的多目标规划模型。Lu等[96]考虑到灾后应急物资需求量及交付时间的不确定性，提出了基于 RH 的应急物资分配方法。通过预测需求量及交付时间，建立应急物资分配模型，并根据决策者的决策态度制订分配方案。

从研究次生灾害的现有文献来看，大多集中在次生灾害的演化规律、发生概率等方面，而少有文献研究次生灾害下的应急物流网络设计与优化问题。另外，目前相关研究大多采用静态建模或仿真模拟优化应急物流网络，并集中应用于应急救援的规划阶段，对随灾情变化而进行动态响应的研究较少。在实际救援中，静态的决策不适用于灾害的动态性、时变性特点，因此针对灾情状况动态优化应急物流网络才能更好地支持应急响应工作。

2.3　模型求解相关研究

针对随机优化和鲁棒优化两类运筹学领域中处理不确定参数常用的优化手段，以及其所构建的模型的特点，在求解方面，涌现出了一系列的算法。van Slyke 等[97]首先提出了 L-shaped 算法来求解两阶段随机优化模型，其基本原理与 Geoffrion[98]提出的 BD 算法类似。在此基础上，学者根据问题和模型的特征对这两种算法进行了延伸与改进，如求解多阶段问题下的嵌套 BD 算法，基于加速策略的 BD 算法等。BD 算法将问题分解成一个主问题和若干子问题，通过主问题得到的部分解作为子问题的输入，再从子问题生成主问题的割平面加到主问题的约束中，从而减小主问题的可行域[99]。BD 算法作为有效的求解随机规划的方法被广泛应用于设施选址问题，如 Contreras等[100]、Sherali等[101]、Álvarez-Miranda等[102]的研究；灾后应急物资的选址–路径问题，如 Oğuz等[103]、Pearce等[104]的研究。对于基于场景的随机优化模型来说，BD 算法通过场景将问题分解为若干子问题并分别进行求解来提高求解效率。Dalal等[74]针对应急响应网络优化问题，建立随机规划模型，提出 BD 算法进行求解，并通过算法参数调节、强化 BD 割平面等策略加快算法收敛速度，最终得到精确解。Rahmaniani等[105]针对大规模、多商品类型、有通量限制的网络优化问题，提出若干加速求解的策略，包括割平面的应用、问题部分分解、启发式算法寻找初始可行解等对算法进行了改进。Muter等[106]等在 BD 算法的基础上，针对包含大量整数变量的主问题，运用列生成技术提高其求解效率，通过整合 BD 割平面生成与主问题约束的方式提出新的解决线性规划的算法。

总体来说，大多数文献在运用 BD 算法的基础上，针对问题及模型特点提出了诸多加速策略，如引入有效不等式[107]，通过子问题引入更多割平面减小问题可行域[108]，强化的割平面策略[109]，向主问题中加入帕累托最优割平面[110]等方法减小问题的可行域以加快算法的收敛速度。关于 BD 算法在应用和理论上更系统的介绍见 Rahmaniani 等[111]的研究。

针对各阶段都存在整数变量的多阶段随机规划问题，Rockafellar等[112]应用了 PH 算法进行求解，后来的学者在此基础上提出了动态调整模型参数等策略来加快算法求解速度。Poudel等[113]针对原材料供应不确定的供应链网络问题，建立两阶段随机规划模型，并提出了一种基于场景分解的 PH 算法结合 RH 的方法求解模型。Hu等[32]针对灾后救援问题，建立了多阶段随机优化模型，根据问题特点提出了加速的 PH 算法，并通过数值实验验证了 PH 算法在大规模问题下相比于商业求解软件的速度优势。

针对时间离散的动态随机优化问题，Sethi等[114]提出了动态规划模型并用 RH 的方法对其进行求解。Hassan等[115]针对资源管理与规划问题，提出需求预测–市场变化–调整预测的方法，并结合 RH 的方法在修正预测误差的同时调整决策方案。Marufuzzaman等[42]针对有容量限制的动态设施选址问题，提出了 BD 和 RH 相结合的算法，运用 BD 算法求解 RH 方法生成的每个单周期问题，进而提高整体的求解效率。Fattahi等[116]针对供应链网络动态优化问题，考虑到需求的不确定性，建立多阶段随机优化模型，运用数据驱动的 RH 方法并根据需求预测制定出每个周期的优化决策。

针对应急物流网络优化问题，现有研究运用不同的算法结合加速策略对问题进行了求解。表 2.3 对近年来相关文献所采用的算法及其改进策略进行了总结。

表 2.3 模型求解所用算法相关文献

文献	模型	求解方法	算法改进措施
钟慧玲等[63]	路段覆盖鲁棒优化模型	贪婪算法	—
葛洪磊等[36]	两阶段随机优化模型	自适应免疫克隆选择文化算法	势能抵消算法
Zhong等[34]	双目标混合整数规划	启发式算法	遗传算法与 Cplex 结合求解
Garrido等[27]	基于时空网络的随机过程模型	样本平均近似	上下界近似逼近
Caunhye等[31]	三阶段随机优化模型	BD 算法	添加有效不等式、近似转化
Elçi等[22]	两阶段随机优化模型	BD 算法	结合分支割平面
Muter 等[106]	线性规划模型	BD 算法	结合列生成技术
Rahmaniani等[105]	混合整数规划模型	BD 算法	启发式算法、强化割平面

续表

文献	模型	求解方法	算法改进措施
Hu等[32]	多阶段随机优化模型	PH 算法	模型参数动态调节
Li等[33]	三阶段随机–鲁棒混合模型	PH 算法	模型转换、算法参数动态调整
Hassan等[115]	基于时间序列的资源优化模型	RH 方法	—
Marufuzzaman等[42]	动态设施选址模型	RH 方法	结合 BD 算法
Tang等[110]	混合整数线性规划模型	BD 算法	添加有效不等式、帕累托最优割平面
Kabli等[117]	两阶段随机优化模型	PH 算法	结合启发式算法、模型参数动态调整
Lei等[118]	两阶段随机优化模型	L-shaped 算法	添加下界提升不等式、松弛最优间隙
Dalal等[74]	随机优化模型	BD 算法	参数调整、割平面增强
Üster等[109]	混合整数规划模型	BD 算法	求解器回调和参数调优、割平面增强

现有文献根据应急物流网络优化模型的特点选择了不同的求解算法。当面对大规模问题时，启发式算法虽然能够在较短的时间内得到可行解，但无法保证解的质量；经典的精确求解算法会出现收敛速度慢、迭代次数多等问题，尽管学者对此提出了若干改进的策略，但是由于过度追求计算精度，大量计算时间消耗在了最优解的搜索上。然而灾后救援中所面临的求解问题规模大、决策时间要求紧，因此如何选择求解算法并提出相应的加速求解策略，以在可接受的精度范围内尽量提高求解速度是本书的研究重点和难点。

2.4 研究现状评述

通过对现有文献的回顾与分析发现，应急管理领域的应急物流网络规划问题一直是学术界的研究热点。相关研究尝试采用新的理论方法处理应急管理中不确定因素的影响，并取得了较为丰富的成果，但仍存在值得深入研究的方面。

首先，目前对考虑次生灾害和需求量、物流网络基础设施状态等不确定情形下的应急物流网络优化的研究还处在起步阶段，很少有文献考虑可能发生的次生灾害情形下的设施选址、物资分配或伤员疏散问题，因此有必要对次生灾害和不确定因素（如灾区救援物资需求类型和数量、运输时间等）影响下的应急物流设施选址–库存–配送联合优化问题进行深入研究。另外，应急物流网络优化中不确定参数的处理方法单一，优化方案的保守性导致方案的经济性较低。本书将在应急物流网络优化中考虑次生灾害的影响，兼顾优化方案的保守性与稳健性，采取不同的建模方法充分利用有限信息优化应急物流网络。

其次，少有文献研究不确定参数动态变化下的多周期应急物流网络优化设计问题。以 2019 年底的新冠肺炎疫情防控为例，单周期的优化决策不足以应对持续时间较长的灾害。因此，如何根据动态变化的相关信息描述不确定参数并以此建立多周期的应急物流网络将是一项重要的研究内容。本书将基于单周期的应急物流网络优化模型，延伸到多周期决策的形式以应对不确定参数动态变化的情形，并引入反馈机制动态调整应急物流网络。

最后，国内外学者在应急设施选址和物资分配问题上做出了积极的探索，针对模型特点选取了相应的求解算法，如启发式算法、精确算法等。而使用精确算法的优势在于可以判断所得解的质量，但其最大的困难在于庞大的可行域导致在实际使用时出现收敛速度慢、迭代次数多、计算时间长的缺点。尽管现有文献对模型求解算法进行了具体应用，但受限于算法本身的缺点，模型求解效率还需针对具体问题进行改善。因此，本书拟根据问题特点采用合适的算法对模型进行求解，通过模型分解、减小可行域等方法加快求解速度的同时保证计算精度在可接受的范围内。

第 3 章 预备知识

与普通物流相比，应急物流的突发性、不确定性及动态性等特点导致应急物流网络规划中面临如下困难。

（1）灾后救援环境不确定性程度高。发生灾害的位置、严重程度等难以准确预测，且不同地区的人口等基础信息不同，导致灾后应急救援物资需求情况及运输时间等具有不确定性。因此，采用何种方法描述和处理决策过程中的不确定性是应急物流网络优化中需要解决的一个问题。

（2）如何提高应急物流网络的整体响应效率及救援能力。一是考虑应急物流响应中的设施选址、灾民疏散及物资分配等计划之间的相互影响，在建模时如何将战略层面与运作层面的决策相结合以提高网络整体的响应速度。二是考虑次生灾害所造成受灾点的扩散和叠加、需求量的增加等对应急物流网络优化造成的影响。在此基础上，考虑到不确定参数动态变化，根据实时、动态的灾情信息进行应急物流网络多周期优化以增强其持续救援能力和响应速度是一个亟待解决的问题。

（3）如何改进所建立数学模型的求解效率。考虑到应急救援所处决策环境的紧迫性，根据问题和模型特点提出加速策略，提高问题求解效率，以在短时间内能够获得满意解是应急物流网络优化设计中需要解决的另一个问题。

本章针对上述问题，有针对性地对处理不确定参数相关的不确定性优化理论，以及基于运筹学与数学的模型求解方法等进行分析并探讨应急物流网络优化模型的构建及求解，为后文不确定环境下应急物流网络设计与优化提供理论支撑和解决思路。

3.1 ELNO 中不确定参数的处理方法

应急物流网络优化问题十分复杂，主要原因在于决策过程中普遍存在不确定因素，如受灾点位置、受灾人数及需求量、物资配送时间等。本书所提出的优化模型基于对不确定参数信息的掌握程度，包括：① 无法确切知道参数在未来的状态，但各种状态的概率分布是已知的；② 参数的概率分布未知，但可以描述参数的变化范围；③ 不确定参数的概率分布信息是模糊的，但可以描述其概率分布的变化范围。据此，可以分别采用随机优化、鲁棒优化和分布式鲁棒优化方法构建模型以优化应急物流网络。下面将结合本书的研究介绍三种不确定参数处理方法，以及其应用思路。

3.1.1 随机优化决策方法

随机优化将不确定参数作为随机变量，在给定的概率分布的基础上，通过生成场景的方式在观察到随机变量的观测值之前做出决策。目前主要应用的是 Dantzig[119] 提出的带补偿的随机规划法，通过引入补偿决策并在目标函数中设置相应的补偿成本来满足约束条件。

下面介绍应急物流网络随机优化的思路。两阶段（two-stage）的随机优化模型是最常见的方式。如模型 (3.1) 所示，其中，第一阶段决策 $\boldsymbol{x}$ 通常以应急设施的选址、容量及库存量为核心，由于要在观察到不确定参数的观测值实现之前做出决策，因此又称 Here-and-Now 决策；第二阶段通常基于不确定参数 $\boldsymbol{\xi}$ 发生的随机场景，构建基于第一阶段决策的补偿决策 $\boldsymbol{y}$，如资源分配决策，因此又称 Wait-and-See 决策。

$$
\begin{aligned}
&\min \ \boldsymbol{c}^{\mathrm{T}}\boldsymbol{x} + \mathbb{E}_{\boldsymbol{\xi}} Q(\boldsymbol{x}, \boldsymbol{\xi}) \\
&\text{s.t.} \quad \boldsymbol{A}\boldsymbol{x} = \boldsymbol{b} \\
&\qquad\quad \boldsymbol{x} \geqslant 0
\end{aligned}
\tag{3.1}
$$

其中，$\boldsymbol{c}$ 为价值向量；$\boldsymbol{A}$ 为系数矩阵；$\boldsymbol{b}$ 为资源向量；$\mathbb{E}_{\boldsymbol{\xi}}$ 为所有随机场景下资源分配决策产生的期望成本；$Q(\boldsymbol{x}, \boldsymbol{\xi})$ 为第二阶段的最优目标函数值，可表示为

$$
\begin{aligned}
&\min \ \boldsymbol{q}^{\mathrm{T}}\boldsymbol{y} \\
&\text{s.t.} \ \boldsymbol{T}(\boldsymbol{\xi})\boldsymbol{x} + \boldsymbol{W}(\boldsymbol{\xi})\boldsymbol{y} = \boldsymbol{h}(\boldsymbol{\xi}) \\
&\qquad \boldsymbol{y} \geqslant 0
\end{aligned}
\tag{3.2}
$$

其中，$\boldsymbol{q}$ 为成本向量；$\boldsymbol{T}(\boldsymbol{\xi})$、$\boldsymbol{W}(\boldsymbol{\xi})$、$\boldsymbol{h}(\boldsymbol{\xi})$ 为基于场景的随机变量向量。约束式 (3.2) 可表示为应急物流网络中与需求相关的流量平衡约束等。

从上述模型可知，采用基于场景的随机优化方法需要对不确定参数取值的概率分布有较为清晰的认识，而目标函数中以场景发生概率取得的第二阶段的期望成本表明了该随机优化方法适用于风险中性的决策态度。基于此基本模型，可将其扩展为多周期随机优化模型以应对不确定参数动态变化对应急物流网络规划的影响。

3.1.2 鲁棒优化决策方法

鲁棒优化方法适用于现实中难以获得不确定参数准确概率分布的情况，在灾后响应决策中能够避免小概率事件带来较大损失的情形。通过定义不确定参数的变化范围，构建不确定集合进行优化决策，保证不确定参数在集合内变化时都能

够满足约束条件。针对应急物流网络优化问题，可构建如下两阶段鲁棒优化模型：

$$
\begin{aligned}
&\min_{\boldsymbol{y}} \boldsymbol{c}^{\mathrm{T}}\boldsymbol{y} + \max_{\boldsymbol{\xi}\in\mathcal{U}} \ \boldsymbol{b}^{\mathrm{T}}\boldsymbol{x} \\
&\text{s.t.} \ \ \boldsymbol{A}\boldsymbol{y} \geqslant \boldsymbol{d}, \quad \boldsymbol{y} \in \boldsymbol{S}_{\boldsymbol{y}}
\end{aligned}
\tag{3.3}
$$

其中，$\boldsymbol{x} \in F(\boldsymbol{y},\boldsymbol{\xi})$，$F(\boldsymbol{y},\boldsymbol{\xi}) = \{\boldsymbol{x} \in \boldsymbol{S}_{\boldsymbol{x}} : \boldsymbol{G}\boldsymbol{x} \geqslant \boldsymbol{h} - \boldsymbol{E}\boldsymbol{y} - \boldsymbol{M}\boldsymbol{\xi}\}$，$\boldsymbol{S}_{\boldsymbol{y}} \subseteq \boldsymbol{R}_{+}^{n}$，$\boldsymbol{S}_{\boldsymbol{x}} \subseteq \boldsymbol{R}_{+}^{m}$，且向量 $\boldsymbol{c},\boldsymbol{b},\boldsymbol{d},\boldsymbol{h}$ 和矩阵 $\boldsymbol{A},\boldsymbol{G},\boldsymbol{E},\boldsymbol{M}$ 为确定值，$\boldsymbol{\xi}$ 为不确定参数向量。模型通过求解第二阶段不确定参数在不确定集合 $\mathcal{U}$ 内的最坏情况，保证了求解方案的鲁棒性。

鲁棒优化模型的首要问题就是构建不确定集合，如何选取合适的不确定集合描述不确定参数，直接影响了模型的优化结果。现有文献多采用 Soyster（盒子）不确定集合、Ben-Tal & Nemirovski（椭球）不确定集合和 Bersimas & Sim（多面体）不确定集合。根据对不确定需求量、运输时间的描述，可采用多面体不确定集合的方式描述不确定参数的变化范围。以多面体不确定集合描述不确定需求量为例，引入不确定水平 $z \in [0,1]$ 表示不确定需求量 ξ 偏离其均值 $\bar{\xi}$ 的程度，则 ξ 处于多面体不确定集合 $\mathcal{U} = \left[\xi : \xi + z\hat{\xi} \,|\, \|z\|_1 \leqslant \varGamma\right]$ 中，且 $\hat{\xi}$ 表示需求量距离均值的最大偏差，$\varGamma$ 表示允许出现需求量偏差的受灾点的数量上限。考虑到鲁棒优化模型是半无限优化问题，通常情况下难以直接求解，因此需要将模型转换为多项式时间内可求解的对等形式。本书拟基于对偶理论，参考 Bertsimas等[120]提出的方法转化鲁棒优化模型。

从上述模型可知，由于鲁棒优化针对不确定集合内最坏情况进行优化，因此得到的解相对保守，适用于风险厌恶型的决策者。同样，在此基本模型的基础上，可根据不确定参数相关信息的动态变化来调整不确定集合，进而将其扩展为多周期的应急物流网络优化问题。

3.1.3 分布式鲁棒优化决策方法

分布式鲁棒优化结合了随机优化与鲁棒优化的特点，一方面考虑随机参数概率分布的统计信息，另一方面通过假定参数服从某些可能的概率分布，引入描述这些概率分布的模糊集合，考虑集合内最坏的不确定参数的概率分布得到优化方案。具体以应急物流网络优化设计为例，灾后不确定需求量 $\boldsymbol{\xi}$ 的概率分布函数 $\mathbb{P}$ 属于模糊集合 F，$\boldsymbol{x}$ 为第一阶段的决策变量，$\boldsymbol{y}$ 为第二阶段的决策变量。构建分布式鲁棒优化模型如下所示：

$$
\min_{\boldsymbol{x}\in R^{+}} \left(\boldsymbol{c}^{\mathrm{T}}\boldsymbol{x} + \max_{\mathbb{P}\in F} \mathbb{E}_{\mathbb{P}}\left[Q\left(\boldsymbol{x},\boldsymbol{\xi}\right)\right]\right) \tag{3.4}
$$

其中，$Q(\boldsymbol{x},\boldsymbol{\xi})$ 为第二阶段最优目标函数值：

$$
\begin{aligned}
Q(\boldsymbol{x},\boldsymbol{\xi}) &= \min_{\boldsymbol{y}\in R^{+}} \boldsymbol{f}^{\mathrm{T}}\boldsymbol{y} \\
\text{s.t.}\ \ \boldsymbol{D}\boldsymbol{y} &= \boldsymbol{B}\boldsymbol{x}+\boldsymbol{\xi}
\end{aligned} \tag{3.5}
$$

其中，$\boldsymbol{f}$ 为成本矩阵；$\boldsymbol{D}$ 为补偿矩阵；$\boldsymbol{B}$ 为技术矩阵；$\boldsymbol{\xi}$ 为右端不确定参数向量项。

由于分布式鲁棒优化并不限定随机参数具体的概率分布形式，而是通过定义满足给定条件的、所有可能概率分布的集合来表示不确定量概率分布的不确定性。根据所选取模糊集合的不同，分布式鲁棒优化有不同的处理方法。

针对应急物流网络优化中的不确定参数，根据历史数据 $\boldsymbol{\xi}$ 的矩信息，构建模糊集合为

$$
F=\left\{\mathbb{P}\ \middle|\ \begin{array}{l}\mathbb{P}(\boldsymbol{\xi}\in W)=1\\ \mathbb{E}_{\mathbb{P}}(\boldsymbol{\xi})\leqslant\boldsymbol{\mu}\\ \mathbb{E}_{\mathbb{P}}(\boldsymbol{\xi}^{2})\leqslant\boldsymbol{\eta}\end{array}\right\}
$$

其中，$\boldsymbol{\mu}$ 为不确定参数的均值；$\boldsymbol{\eta}$ 为不确定参数的协方差；W 为已知包含 F 的支持向量的闭凸集。

在现实中，也可利用数据驱动方法，通过从历史数据中提取有效信息，进一步约束不确定参数的概率分布集合，并以此为基础，扩展到多阶段决策制定问题，根据累积更新的数据不断调整基于时间变化的模糊集合（F_t），进而动态制定应急物流网络优化决策，以提高救援效率，这适用于不确定参数信息随时间逐渐揭露的应急物流网络优化问题。

3.2 应急物流网络优化模型构建

应急物流网络是突发事件发生后各项救援工作顺利开展的基础，主要由基础救援设施和受灾点作为节点、交通道路网作为边构成，其结构从根本上决定了救援的效率，因此，在应急物流网络优化中需要重点进行决策的对象主要包括应急设施（物资配送中心、庇护所等）的选址决策、物资分配决策、受灾点到应急设施的伤员分配决策等。在确立应急物流网络优化的目标函数、约束条件时存在相互制约的因素，如：设施选址时中心集成化能够减少建造成本，但需求点在地理上的分散会导致较高的运输成本；设施选址决策既要考虑到人员疏散到医疗设施的运输时间，又要考虑到相应的应急物资运输交付时间。

因此，为了提高物流网络的响应速度和救援能力，一方面综合考虑设施选址、伤员疏散以及物资分配等决策，从系统整体出发进行优化；另一方面，把次生灾

害纳入到应急物流网络优化中，以提高次生灾害发生后物流网络的救援能力。本书将从以下两个方面分析相关的建模方法并提出相关的解决方案。

3.2.1 应急物流网络联合优化基本模型

应急设施作为应急网络规划的重要组成部分，是保证应急物资储存和运输的重要基础设施平台，其数量和空间分布直接影响到应急物流网络的运作成本和服务能力，在此基础上，根据应急设施与受灾点之间的连边来制订人员疏散、物资分配计划，为灾民及时提供应急物资、医疗救护等服务，避免造成更大的损失。这就要求对应急物流网络进行联合优化，缩短响应时间、提高救援效率。

考虑到应急物流网络设计与优化中的主要决策对象，本书将在设施选址–伤员疏散–物资分配联合决策优化的基础上根据具体问题进行扩展。以应急物流网络随机优化模型为例，$\boldsymbol{x}$ 表示设施选址决策，$\boldsymbol{y}$ 表示人员疏散决策，$\boldsymbol{z}$ 表示物资分配计划；$\boldsymbol{c}$ 为开放设施的固定成本，$\boldsymbol{b}$ 为人员疏散单位时间成本，$\boldsymbol{a}$ 为物资运输单位时间成本，建立联合优化模型目标函数如下所示：

$$\min\ \boldsymbol{c}^{\mathrm{T}}\boldsymbol{x}+\mathbb{E}_{\boldsymbol{\xi}}\left[Q_1\left(\boldsymbol{x},\boldsymbol{\xi}\right)\right] \tag{3.6}$$

其中

$$Q_1\left(\boldsymbol{x},\boldsymbol{\xi}\right)=\min\left\{\boldsymbol{b}^{\mathrm{T}}\boldsymbol{y}+\boldsymbol{a}^{\mathrm{T}}\boldsymbol{z}\right\}$$

结合相应的约束条件如设施容量及开放数量上限约束、节点间的流平衡约束等建立模型。考虑到应急物流网络中各要素之间进行决策时的效益背反关系，通过战略层的设施选址决策与运作层的人员疏散、物资分配决策联合优化的形式，能够有效提高网络的整体性能。本书将在此基础上，根据具体问题对基本模型进行扩展和改进。

3.2.2 考虑次生灾害的应急物流网络优化基本模型

针对如何将次生灾害纳入到应急物流网络优化中以提高其持续救援能力的问题，本节提出考虑次生灾害的随机优化模型描述灾前、原生灾害及次生灾害发生后的决策制定，并在此基础上扩展到多阶段决策模型以应对持续性灾害下的应急物流网络优化问题。

在第一阶段，不确定参数取值未知的情况下，做出应急设施选址及容量决策；在第二阶段原生灾害发生后，做出面向第一阶段的补偿决策，如物资分配计划；第三阶段次生灾害发生后，根据不确定参数的发生场景，结合前两阶段的决策，做出补偿决策，并用条件概率的方式描述原生灾害和次生灾害之间的关系。在上述模型 (3.6) 的基础上，建立考虑次生灾害的基本模型目标函数如下：

$$\min\ \boldsymbol{c}^{\mathrm{T}}\boldsymbol{x}+\sum_{\xi\in\boldsymbol{\xi}}p_{\xi}Q_1\left(\boldsymbol{x},\xi\right) \tag{3.7}$$

式 (3.7) 表示第一阶段的固定成本与后续阶段的期望成本的和，p_ξ 为随机场景的发生概率。其中，第二阶段的目标函数包括最小化原生灾害后的救援成本及救援物资剩余持有成本：

$$Q_1(\boldsymbol{x},\boldsymbol{\xi}) = \min\left\{\boldsymbol{b}^{\mathrm{T}}\boldsymbol{y} + \boldsymbol{a}^{\mathrm{T}}\boldsymbol{z} + \sum_{\beta\in\boldsymbol{\beta}} p(\beta|\xi)\, Q_2(\boldsymbol{x},\boldsymbol{\xi},\beta)\right\}$$

其中，$p(\beta|\xi)$ 为次生灾害随机场景的发生概率，第三阶段的目标函数包括次生灾害发生后的救援成本及剩余物资持有成本：

$$Q_2(\boldsymbol{x},\boldsymbol{\xi},\beta) = \min\left\{\boldsymbol{d}^{\mathrm{T}}\boldsymbol{y}' + \boldsymbol{g}^{\mathrm{T}}\boldsymbol{z}'\right\}$$

其中，β 为次生灾害发生的随机场景集合；$\boldsymbol{d}$ 为次生灾害发生后的单位物资运输成本；$\boldsymbol{g}$ 为次生灾害发生后的单位剩余物资持有成本；$\boldsymbol{y}'$ 为物资运输决策；$\boldsymbol{z}'$ 为物资剩余中间变量。同理，根据具体问题添加如设施开放数量、容量上限约束、节点间的流平衡约束等完成整个模型的构建。

针对持续性灾害如飓风、传染病等，灾前的静态决策不能够随灾情变化而进行动态响应，在实际救援中，由于灾害的时变性及扩散性，静态决策的方法往往会降低救援效率甚至使救援方案失效，因此需要针对灾情进行动态决策，如引入随决策周期 t 变化的决策变量和参数，建立多周期应急物流网络优化模型目标函数：

$$\min\sum_t \boldsymbol{c}^t\boldsymbol{x}^t + \sum_t\sum_\xi\prod_t^{\mathcal{T}} P_\xi^t\left[\left(\boldsymbol{b}^t\right)^{\mathrm{T}}\boldsymbol{y}^t + \left(\boldsymbol{a}^t\right)^{\mathrm{T}}\boldsymbol{z}^t\right] \tag{3.8}$$

即随着动态变化的不确定参数相关信息更新，通过改变当前决策点前序场景的发生概率来分周期制定应急物流网络优化决策。

另外也可在基于不确定参数实时预测，运用参数估计–物流网络优化–计划实施–模型修正的策略动态制定应急物流网络优化决策。

3.3 模型优化求解方法

在应急物流网络优化中所建立的数学模型求解难度会随着网络结构如节点和边的数量增多而显著增加，考虑到其应用环境多属于大规模应急物流网络设计与优化问题，本节将根据模型及问题特点，选择有效的求解算法并找出算法中可以进行改进的部分，为后文制定加速策略、提高求解效率奠定基础。

3.3.1 混合整数规划模型求解：BD 算法

前文所引入的应急物流网络选址–分配随机优化模型属于混合整数规划问题，即整数变量（选址决策）与连续变量（资源分配决策）同时出现的最优化问题。当问题规模较大时直接求解难以在短时间内得到满意解。BD 算法是解决此类含有复杂决策变量问题的有效方法，即将复杂决策变量取值（存在于主问题中）固定后，作为常数代入剩余优化问题（也称子问题）中以减小子问题的求解难度。具体地，针对基于场景的随机优化问题，当确定了设施选址决策后，将其看作固定参数，剩余的物资分配问题为一般线性规划问题，且按照随机场景划分为若干个子问题，通过对偶理论求解子问题并生成割平面，迭代地添加到主问题中以缩小上下界之间的间隙。算法流程如图 3.1 所示。

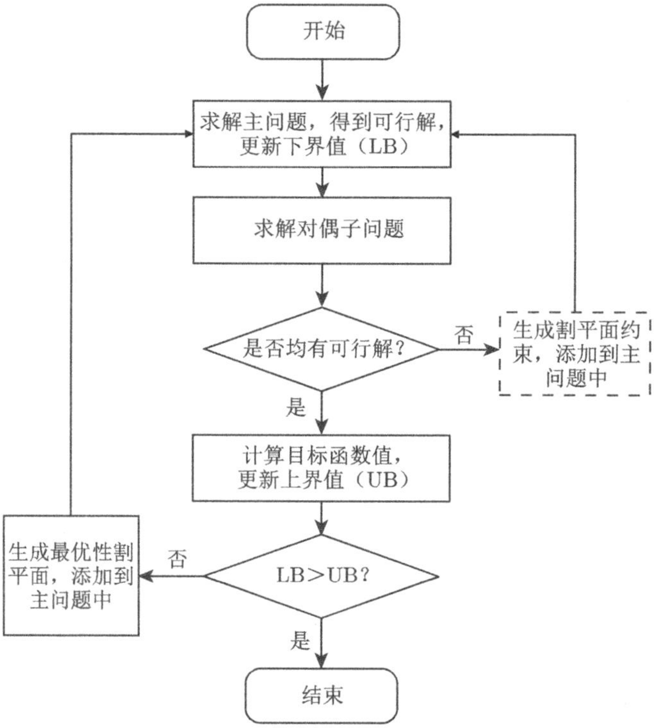

图 3.1　BD 算法流程图

根据以上 BD 算法的基本求解思路，为了进一步提高算法的效率，本书将结合具体模型的特点，试图从图 3.1 中虚线框部分对算法进行改进，并从以下三方面提出加速策略：① 向主问题中添加不等式约束，以减小主问题的可行域，加快求解速度；② 利用子问题设计强化的最优割平面，使得返回主问题的约束更有效；③ 设置解的精确度，调整求解主问题的算法停止准则。

3.3.2　多周期随机规划模型求解：PH 算法

随机优化问题的复杂程度随场景数量的增加而显著增加，除了上述 BD 算法以外，PH 算法也是求解随机优化模型的一种有效算法，更适合于本书中多周期随机混合整数规划模型。具体来说，首先基于随机场景将模型分解为独立的子问题，单独求解每个子问题，这保证了求解时间随场景数量的增加保持线性增加。为了保持“不同场景下同属于一个父节点的决策变量相等”这一限制，向模型添加非预期性约束（non-anticipativity constraint），并通过拉格朗日松弛方法将其加入模型，以保证所有子问题都满足非预期约束，算法流程如图 3.2 所示。

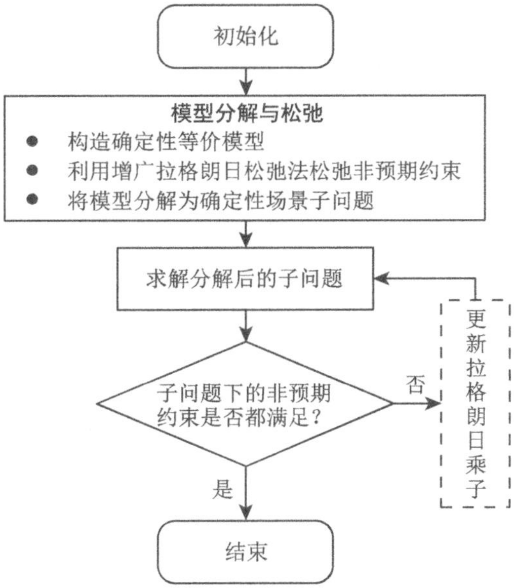

图 3.2 PH 算法流程

基于以上所示的基本 PH 算法，为了进一步加快算法的收敛速度，本书将根据具体模型采用动态调整算法参数等策略，减少迭代次数，加快收敛速度，即对图 3.2 中的虚线框部分进行改进，提高 PH 算法的求解效率。

3.3.3 参数动态更新的模型求解：RH 方法

针对多周期应急物流网络优化模型，在网络节点和边数量增多的基础上，问题的求解难度会随着决策周期的增加而增加。另外，多周期应急物流网络优化决策根据逐渐清晰的不确定参数信息制定，具有动态优化中无后效性的特点，能够明显减小每个周期求解问题的规模。针对多周期优化模型，RH 方法可以通过更新的相关信息解决如持续性灾害下的多周期应急物流网络优化问题。具体流程如图 3.3 所示。

RH 求解方法将整个计划周期分解为若干个决策周期，通过固定之前每个周期所得解并将其输入到模型中，仅优化当前周期的决策来减小问题的规模，进而减

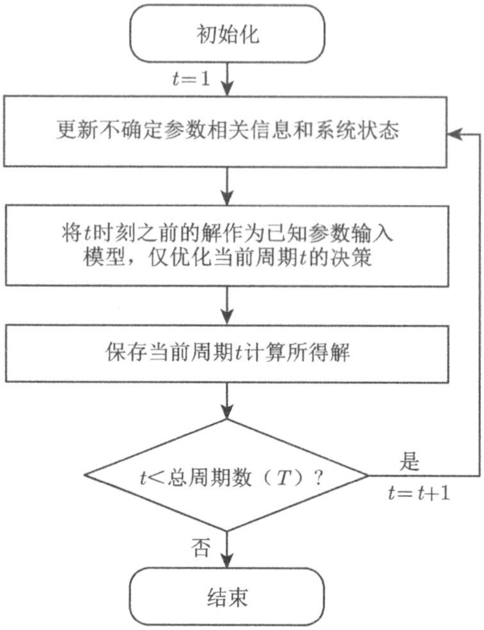

图 3.3 RH 方法求解多周期模型流程

少计算时间，同时也符合现实中动态决策的特点。因此，本书将运用 RH 方法求解多阶段应急物流网络规划问题。

3.4 本 章 小 结

本章首先提出所要研究的大规模突发事件下应急物流网络设计与优化中面临的亟须解决的关键问题，如灾后救援环境不确定性程度高、物流网络灾后响应速度慢及服务能力弱、所建立模型的求解效率低等。其次，针对所提出的问题，提出随机优化、鲁棒优化及分布式鲁棒优化等方法处理不确定性参数的解决方案，并在此基础上，为提高应急物流网络的整体表现及持续救援能力，提出考虑次生灾害的物流网络联合优化方法。最后，针对应急环境下快速制定决策的要求，根据模型特点，提出相应的求解算法和加速策略，为后文模型求解提供思路。总体来说，本章以从分析问题到提出解决方案的方式，突出了本书研究的重点内容以及解决问题的方案和思路，为后文具体的研究奠定了基础。

第 4 章　基于多目标优化考虑次生灾害的应急物流网络规划

4.1　引　　言

灾害的突发性、救援环境的不确定性以及对应急物资类型需求的多样性等加剧了灾后响应的难度。从 20 世纪 70 年代开始，众多学者就进行了一系列的研究，但大多数文献没有涉及面向灾害链的应急物流网络设计与优化问题。大规模的灾害会对经济、社会造成巨大影响，且次生灾害在其中的破坏作用不可小觑。因此，本章将次生灾害纳入到应急物流网络优化设计中。假设灾害发生之前制定决策时，需求量、物资运输时间等不确定参数的分布信息已知，本章据此建立了应急物流网络随机优化模型。主要包括以下几个方面的工作。

（1）根据前文所提出的不确定参数处理方法及本章的假设，建立随机优化模型来描述灾后的需求量、物资运输时间等不确定参数。另外，本章关注如何描述原生灾害与次生灾害之间的关系并将其纳入应急物流网络优化模型中。

（2）在此基础上将时间效率、经济性以及需求满足率等影响应急物流网络运行效率的因素作为优化目标，建立一个多目标的随机规划模型以制订灾后应急物流网络优化方案，为决策者提供参考。

（3）对于多目标、大规模随机优化问题等难以直接进行求解的问题，本章提出基于隶属度模糊辅助变量的单目标模型，并结合近似的两阶段随机优化模型来降低问题求解的难度。另外，通过实际算例来验证考虑次生灾害的必要性以及所建立模型和求解方法的有效性。

针对以上问题，本章首先提出条件概率场景树的方法来表示原生灾害和次生灾害之间的关系，建立基于场景的随机优化模型，通过制定设施选址、容量选择、物资分配等决策来优化考虑次生灾害的应急物流网络。在此基础上，建立多目标随机优化模型，以均衡应急物流网络设计中的多个相互冲突的优化目标。

4.2　单目标应急物流网络随机优化模型构建及求解

4.2.1　问题描述

本章将应急物流网络的决策分为三个阶段：灾前准备阶段、原生灾害响应阶段和次生灾害响应阶段。灾后响应过程如图 4.1 所示。为了提高灾后应急响应速度和灾民需求满足率，在灾前准备阶段应当将适量的物资储备在应急设施中，因此第一阶段的决策主要考虑配送中心（distribution center，DC）的选址、容量决策以及库存量决策。在原生灾害响应阶段和次生灾害响应阶段，提出用条件概率场景树的方法来描述二者之间的关系并采用基于场景发生概率的方式表示不确定参数。建立三阶段随机优化模型，根据开放设施的位置及库存量制订灾后物资分配计划以满足灾民的物资需求。

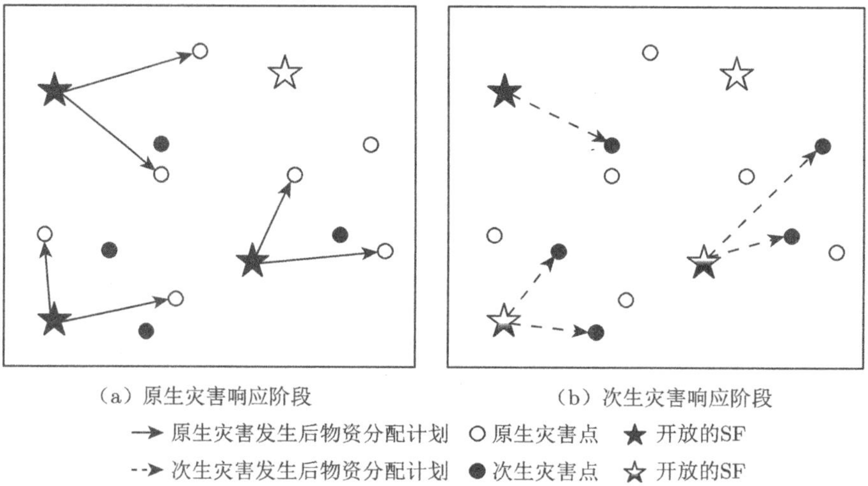

图 4.1　应急资源选址–分配问题描述

根据制定的灾前准备决策（图 4.1），以最小化原生灾害的期望救援成本为目标，针对每个原生灾害随机场景，制订从 DC 到原生灾害点的救援物资分配方案[图 4.1（a）]。考虑到潜在的次生灾害，根据物资储备点剩余可用救灾物资数量制定次生灾害需求点物资分配计划 [图 4.1（b）]。

在整个应急救援计划制订过程中，三个阶段是相互关联的，引入随机规划中常用的概念——补偿决策来解释各个阶段之间的关系。第二阶段依据第一阶段的选址决策进行补偿决策，制订原生灾害应急物资分配计划。同样，第三阶段通过衡量前两阶段决策的未来影响来采取补偿决策。整个决策过程如图 4.2 所示。

基于场景的随机规划假设每个阶段的不确定因素可以通过创建有限的场景来描述未来可能发生的情况。因此本章使用一组场景来表示未来不确定灾害事件的潜在受灾点位置和震级[31]。在每个场景中，从 DC 到受灾点的需求量和运输时间根据相关数据的历史记录和统计信息得出[16,30,121]。

现实中次生灾害是由原生灾害引发的[30]，因此，本章提出条件概率场景树的方

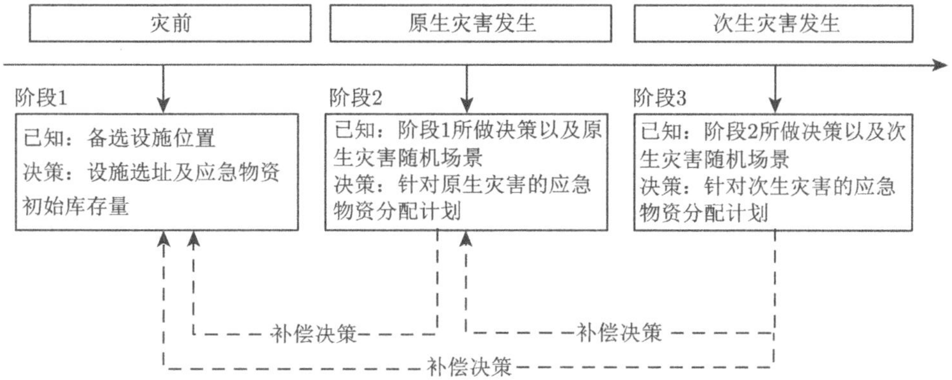

图 4.2 三阶段随机规划

法来描述原生灾害与次生灾害在随机场景发生概率上的关系（图 4.3）。用 $s \in S$ 表示每一个原生灾害随机场景，且由历史数据推断出其发生概率为 p_s，每一个次生灾害场景的发生概率用 $\beta_s \in I_s$ 表示，由于次生灾害是原生灾害引发的，因此每个次生灾害随机场景的发生概率由条件概率 $p(\beta_s|s)$ 来表示[31]。基于此，可以建立三阶段应急物流网络随机优化模型，下文将进行详细介绍。

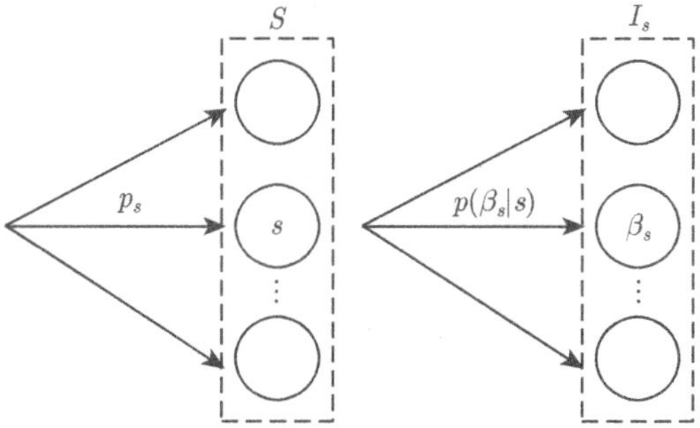

图 4.3 随机场景树

4.2.2 基于场景的三阶段随机优化模型

本章所建立模型的主要变量和参数如表 4.1 所示。

表 4.1 模型所用符号及其含义

符号	描述
集合	
L	DC 开放容量等级集合，$l \in L$
I	备选 DC 位置集合，$i \in I$
J	原生灾害点集合 $j \in J$，次生灾害点集合 $j' \in J$

续表

符号	描述
K	应急救援物资类型集合，$k \in K$（食物、水、医疗包）
S	原生灾害场景集合，$s \in S$
I_s	次生灾害场景集合，$\beta_s \in I_s$
参数	
ϕ	运输单位应急物资的单位时间成本
f_l	以容量 l 开放 DC 的固定成本
d_{ij}	DC i 到需求点 j 的距离
q^k	预置应急物资 k 的单位采购成本
pop_j	受灾点 j 的总人口数
h^k	剩余类型为 k 的应急物资的单位持有成本
Π^k	物资类型 k 在需求点 j 发生短缺时的单位惩罚成本
c_l	以等级 l 开放的 DC 的容量
p_s	原生灾害场景 s 的发生概率
p_{β_s}	次生灾害场景 β_s 的发生概率
t_{ij}^s	原生灾害场景 s 中，从 DC i 到需求点 j 的单位物资运输时间
$t_{ij'}^{\beta_s}$	次生灾害场景 β_s 中，从 DC i 到需求点 j' 的单位物资运输时间
v_j^{ks}	原生灾害场景 s 中，需求点 j 对物资 k 的需求量
$\tilde{v}_{j'}^{k\beta_s}$	次生灾害场景 β_s 中，需求点 j' 对物资 k 的需求量
决策变量	
y_{il}	如果 DC i 以等级 l 开放，则为 1；否则，则为 0
r_i^k	受灾点 i 灾前准备的物资类型为 k 的数量
x_{ij}^{ks}	原生灾害场景 s 下，从 DC i 到需求点 j 分配物资的数量
u_j^{ks}	原生灾害场景 s 下，在需求点 j 的物资类型为 k 的短缺量
z_i^{ks}	原生灾害场景 s 下，在 DC i 中的物资类型为 k 的剩余数量，为中间变量
$\tilde{x}_{ij'}^{k\beta_s}$	次生灾害场景 β_s 中，从 DC i 运往需求点 j' 的物资类型为 k 的数量
$\tilde{u}_{j'}^{k\beta_s}$	次生灾害场景 β_s 中，在需求点 j' 的物资类型为 k 的短缺量
$\tilde{z}_i^{k\beta_s}$	次生灾害场景 β_s 中，在 DC i 中的物资类型为 k 的剩余量

针对前文的问题描述，建立基于场景的三阶段随机优化模型如下：

$$\min\left\{\sum_{i\in I}\sum_{l\in L} f_l y_{il}+\sum_{k\in K}\sum_{i\in I} q^k r_i^k+\sum_{s\in S} p_s Q_1(\boldsymbol{r},\boldsymbol{s})\right\} \tag{4.1}$$

$$\text{s.t.}\ \sum_{l\in L} y_{il}\leqslant 1,\quad \forall i\in I \tag{4.2}$$

$$\sum_{k\in K} r_i^k\leqslant\sum_{l\in L} y_{il}c_l,\quad \forall i\in I \tag{4.3}$$

$$r_i^k\geqslant 0, y_{il}\in\{0,1\},\quad \forall i\in I, l\in L \tag{4.4}$$

其中，$Q_1(\boldsymbol{r},\boldsymbol{s})$ 为基于第一阶段的决策变量 $\boldsymbol{r}$ 和场景 $\boldsymbol{s}$ 下的第二阶段的期望成

本，由计算下列问题得出：

$$Q_1(\boldsymbol{r},\boldsymbol{s}) = \min\left\{\sum_{i\in I}\sum_{j\in J}\sum_{k\in K}\phi t_{ij}^{s}x_{ij}^{ks} + \sum_{j\in J}\sum_{k\in K}\Pi^k u_j^{ks} + \sum_{\beta_s\in I_s} p(\beta_s|s)\,Q_2(\boldsymbol{z},\boldsymbol{s},\boldsymbol{\beta_s})\right\} \tag{4.5}$$

$$\text{s.t.} \sum_{j\in J} x_{ij}^{ks} + z_i^{ks} \leqslant r_i^k, \quad \forall i\in I, k\in K, s\in S \tag{4.6}$$

$$\sum_{i\in I} x_{ij}^{ks} \geqslant v_j^{ks} - u_j^{ks}, \quad \forall j\in J, k\in K, s\in S \tag{4.7}$$

$$x_{ij}^{ks}\geqslant 0, z_i^{ks}\geqslant 0, u_j^{ks}\geqslant 0, \quad \forall i\in I, j\in J, k\in K, s\in S \tag{4.8}$$

其中，$Q_2(\boldsymbol{z},\boldsymbol{s},\boldsymbol{\beta_s})$ 为基于第二阶段决策变量 $\boldsymbol{z}$ 以及变为已知的第二阶段随机场景 $\boldsymbol{s}$ 和第三阶段场景 $\boldsymbol{\beta_s}$ 下的期望成本，由以下问题计算得出：

$$Q_2(\boldsymbol{z},\boldsymbol{s},\boldsymbol{\beta_s}) = \min\left\{\sum_{i\in I}\sum_{j'\in J}\sum_{k\in K}\phi t_{ij'}^{\beta_s}\tilde{x}_{ij'}^{k\beta_s} + \sum_{j'\in J}\sum_{k\in K}\Pi^k \tilde{u}_{j'}^{k\beta_s} + \sum_{i\in I}\sum_{j'\in J}\sum_{k\in K} h^k \tilde{z}_i^{k\beta_s}\right\} \tag{4.9}$$

$$\text{s.t.} \sum_{i\in I} \tilde{x}_{ij'}^{k\beta_s} \geqslant \tilde{v}_{j'}^{k\beta_s} - \tilde{u}_{j'}^{k\beta_s}, \quad \forall j'\in J, k\in K, \beta_s\in I_s \tag{4.10}$$

$$\sum_{j'\in J} \tilde{x}_{ij'}^{k\beta_s} + \tilde{z}_i^{k\beta_s} \leqslant z_i^{ks}, \quad \forall i\in I, k\in K, s\in S, \beta_s\in I_s \tag{4.11}$$

$$\tilde{x}_{ij'}^{k\beta_s}\geqslant 0, \tilde{u}_{j'}^{k\beta_s}\geqslant 0, \tilde{z}_i^{k\beta_s}\geqslant 0, \quad \forall i\in I, j'\in J, k\in K, \beta_s\in I_s \tag{4.12}$$

式 (4.1) 表示最小化总期望救援成本，包括开放 DC 的固定成本、应急物资的预置成本以及灾后救援的期望成本（包括运输成本、剩余物资持有成本以及物资短缺惩罚成本）。式 (4.2) 表示设施只能以一种容量等级开放。式 (4.3) 表示灾前物资准备的数量上限为设施开放的容量。式 (4.4) 表示变量的取值范围。

式 (4.5) 表示第二阶段原生灾害发生后救援成本的期望值，包括原生灾害场景下的期望成本，如物资运输时间成本、物资短缺成本和第三阶段的救援成本的期望。式 (4.6) 表示 DC 已分配的和剩余的库存不超过其预库存数量。式 (4.7) 表示流量平衡约束。式 (4.8) 表示变量的取值范围。

式 (4.9) 表示第三阶段次生灾害发生后的期望救援成本，主要包括所有次生灾害场景下的期望成本，如物资运输时间成本、物资短缺成本。式 (4.10) 和式 (4.11) 表示流量平衡约束。式 (4.12) 表示变量取值范围约束。

根据基于场景的随机优化模型特点，将每个情景的发生概率（p_s，p_{β_s}）视为权重系数，则该模型的目标是最小化所有不确定场景下总救援成本的期望[10]。随着网络节点数量的增加和场景规模的扩大，上述问题规模会急剧扩大以至于用直接求解的方法不能在规定时间内得到可行解。选择有效的求解算法是解决这个问题的关键，接下来将详细介绍如何利用该问题的结构特性来选取和改进现有算法，以在较短的计算时间内得到质量较高的解。

4.2.3 基于场景分解的 BD 算法

本章所建立的随机规划模型属于混合整数线性规划（mixed integer linear programming，MILP）。该模型中存在大量的 0-1 变量和整数变量，这使得在用分支定界或分支割平面等方法处理大规模问题时，求解时间会显著增加。另外，每个原生灾害场景 s 对应若干个次生灾害场景 β_s，最小化期望成本意味着要得到 $|S|\,|I_s|$ 个场景的解。因此，为了减少计算时间，有必要寻找其他方法来代替直接求解的方式。

现有文献中，BD 算法经常被用于求解基于场景的随机规划模型[20,31,105]。本章提出的基于场景的随机规划模型可以被分解为一个主问题（main problem，MP）和一组基于场景的子问题（subproblem，SP）。首先通过松弛约束来求解主问题，然后固定主问题的决策变量，求解子问题并生成割平面加入到主问题中，以此来迭代地求解，直到上下界收敛到可接受的范围内[99]。因此，本章将运用 BD 算法通过模型分解的方法降低问题求解难度。

1. BD 子问题及其对偶问题

如上所述，BD 将整个问题分解为一个主问题和 $|S|$ 个子问题。通过固定第一阶段的决策值如 $(\hat{\boldsymbol{y}},\hat{\boldsymbol{r}})$ 对每个子问题进行求解。在上述模型中，将第一阶段设施选址及库存优化看作主问题，当设施选址及库存优化这些变量固定后，剩下的优化问题即为子问题。因此，参考 Caunhye等[31]对三阶段随机规划模型中子问题的对偶求解方法，针对每个随机场景 $s\in S$，为每个子问题的约束定义相关的对偶变量 $\alpha_{iks},\varphi_{jks},\gamma_{j'ks\beta_s},\mu_{iks\beta_s}$。因此，子问题的对偶问题（dual subproblem，DSP）可以写成如下形式：

$$\max\left\{-\sum_{i\in I}\sum_{k\in K}r_i^k\alpha_{iks}+\sum_{j\in J}\sum_{k\in K}v_j^{ks}\varphi_{jks}+\sum_{j'\in J}\sum_{k\in K}\sum_{\beta_s\in I_s}\tilde{v}_{j'}^{k\beta_s}\gamma_{j'ks\beta_s}\right\}\quad(4.13)$$

$$\text{s.t.}\quad -\alpha_{iks}+\varphi_{jks}\leqslant p_s\phi t_{ij}^s,\quad \forall i\in I,j\in J,k\in K\quad(4.14)$$

$$\varphi_{jks}\leqslant p_s\Pi^k,\quad \forall j\in J,k\in K\quad(4.15)$$

$$-\alpha_{iks}+\mu_{iks\beta_s}\leqslant 0,\quad \forall i\in I,k\in K,\beta_s\in I_s\quad(4.16)$$

$$\gamma_{j'ks\beta_s} - \mu_{iks\beta_s} \leqslant p_s p\left(\beta_s \mid s\right) \phi t_{ij'}^{\beta_s}, \quad \forall j' \in J, k \in K, \beta_s \in I_s \tag{4.17}$$

$$\gamma_{j'ks\beta_s} \leqslant p_s p\left(\beta_s \mid s\right) \Pi^k, \quad \forall j' \in J, k \in K, \beta_s \in I_s \tag{4.18}$$

$$-\mu_{iks\beta_s} \leqslant p_s p\left(\beta_s \mid s\right) h^k, \quad \forall i \in I, k \in K, \beta_s \in I_s \tag{4.19}$$

$$\alpha_{iks}, \varphi_{jks}, \gamma_{j'ks\beta_s}, \mu_{iks\beta_s} \geqslant 0 \tag{4.20}$$

对于从主问题中求得的每个解向量 $(\hat{\boldsymbol{y}}, \hat{\boldsymbol{r}})$，如果子问题的对偶问题是可行的，则可以生成相应的 Benders 割平面，并加入到主问题中：

$$\min \left\{ \sum_{i \in I} \sum_{l \in L} f_l y_{il} + \sum_{k \in K} \sum_{i \in I} q^k r_i^k + \eta \right\} \tag{4.21}$$

s.t. 式 (4.2) ~ 式 (4.4)

$$\eta \geqslant \sum_{s \in S} p_s \left(\sum_{j \in J} \sum_{k \in K} v_j^{ks} \varphi_{jks} - \sum_{i \in I} \sum_{k \in K} r_i^k \alpha_{iks} + \sum_{j' \in J} \sum_{k \in K} \sum_{\beta_s \in I_s} \tilde{v}_{j'}^{k\beta_s} \gamma_{j'ks\beta_s} \right) \tag{4.22}$$

$$\eta \geqslant 0 \tag{4.23}$$

其中，η 为子问题的对偶问题的目标函数。向主问题中添加割平面（分为最优割平面、可行割平面和极射线）。若子问题是可行的，虽然可以从子问题的对偶问题中得到一组可行割平面，但是会增加其迭代求解的次数；若子问题不可行，则向主问题中添加极射线，这也会大大降低其求解效率。导致问题不可行的主要原因在于应急物资可能出现短缺，因此针对短缺的数量 u_j^{ks} 和 $\tilde{u}_{j'}^{k\beta_s}$，通过引入较大的物资短缺惩罚成本 Π^k（表示为提供额外的物资所带来的巨额成本）的方法来避免引入可行割平面和极射线从而影响求解速度。下面将介绍几种加速策略来进一步提高 BD 算法的求解速度。

2. BD 加速求解策略

本节主要介绍 BD 算法的几种加速策略，主要包括：① 通过向主问题中加入有效不等式来减小其可行域；② 每次迭代从子问题的对偶问题中生成多个割平面来提高算法收敛速度；③ 生成优于其他割平面的最优割平面。具体方法描述如下。

1）有效不等式

导致 BD 算法收敛较慢的原因之一是算法初期从松弛问题的主问题中得到的解质量较低[107]。为此本章考虑到高额的物资短缺成本，提出了向主问题中添加两类有效不等式的方法提高主问题解的质量，并通过以下命题进行说明。

命题 4.1 式 (4.24):

$$\sum_{i\in I} r_i^k \geqslant \max_{s\in S,\beta_s\in I_s}\left\{\sum_{j\in J} v_j^{ks} + \sum_{j'\in J}\tilde{v}_{j'}^{k\beta_s}\right\},\quad \forall k\in K \tag{4.24}$$

是一个有效不等式。

证明 4.1 考虑到高额的应急物资短缺惩罚成本，要尽可能地满足每个场景下的物资需求，因此有

$$\sum_{i\in I} r_i^k \geqslant \sum_{j\in J} v_j^{ks} + \sum_{j'\in J}\tilde{v}_{j'}^{k\beta_s},\quad \forall k\in K, s\in S, \beta_s\in I_s$$

对于整个模型来说，当能够为需求量最大的场景提供足够的物资时，说明其他场景中的需求量也会被满足，因此不等式 (4.24) 成立。■

命题 4.2 令 $l_{(I)}$ 表示开放 DC 的最少数量，且 c_i 表示 DC 的最大容量，将 DC 的容量按照递减的方式排序并标号，如 $c_i \geqslant c_{i+1}, i=1,\cdots,|I|$，则有

$$\sum_{i\in I}\sum_{l\in L} y_{il} \geqslant l_{(I)} \tag{4.25}$$

其中

$$l_{(I)} = \max\left\{h\left|\sum_{t=1}^{h} c_t < \max_{s\in S,\beta_s\in I_s}\left\{\sum_{j\in J}\sum_{k\in K} v_j^{ks} + \sum_{j'\in J}\sum_{k\in K}\tilde{v}_{j'}^{k\beta_s}\right\}\right.\right\} + 1$$

则式 (4.25) 是一个有效不等式。

证明 4.2 在算法开始时，可以估计应该开放的 DC 的最小数量。首先计算出需要满足的所有场景中的最大需求量，然后将 DC 的容量按递减的顺序排列，逐个相加，直到 DC 的总容量大于最大需求量，将此不等式加入到模型中提升算法的下界，进而提高算法的求解速度。因此，有效不等式 (4.25) 成立。■

2）多割平面策略

当固定第一阶段的决策变量时，BD 子问题可以分别进行求解[122]。提出一种多割平面的策略从子问题中提取更多有效的信息提高主问题的下界[108]，主问题修改为如下形式：

$$\min\left\{\sum_{i\in I}\sum_{l\in L} f_l y_{il} + \sum_{k\in K}\sum_{i\in I} q^k r_i^k + \sum_{s\in S} p_s \eta_s\right\} \tag{4.26}$$

s.t. 式 (4.2) ~ 式 (4.4), 式 (4.20), 式 (4.24), 式 (4.25)

$$\eta_s \geqslant -\sum_{i\in I}\sum_{k\in K} r_i^k \alpha_{iks} + \sum_{j\in J}\sum_{k\in K} v_j^{ks}\varphi_{jks} + \sum_{j'\in J}\sum_{k\in K}\sum_{\beta_s\in I_s} \tilde{v}_{j'}^{k\beta_s}\gamma_{j'ks\beta_s}, \quad \forall s\in S \tag{4.27}$$

$$\eta_s \geqslant 0, \quad \forall s\in S \tag{4.28}$$

且通过以下命题来说明多割平面的方法可以提高算法的收敛速度。

命题 4.3 令 ub 为当前所得的最优上界，则通过以下不等式：

$$\begin{aligned}&\sum_{i\in I}\sum_{l\in L} f_l y_{il} + \sum_{k\in K}\sum_{i\in I} q^k r_i^k - \sum_{i\in I}\sum_{k\in K}\sum_{s\in S}\alpha_{iks} r_i^k \\ &+ \sum_{j'\in J}\sum_{k\in K}\sum_{\beta_s\in I_s}\sum_{s\in S}\tilde{v}_{j'}^{k\beta_s}\gamma_{j'ks\beta_s} + \sum_{j\in J}\sum_{k\in K}\sum_{s\in S} v_j^{ks}\varphi_{jks} \leqslant \text{ub}\end{aligned} \tag{4.29}$$

可以获得多个割平面并将其加到主问题中，能够有效提升模型的下界，加快算法收敛速度。

证明 4.3 Santoso等[123]和 Zarrinpoor等[124]的研究证实，将以上不等式加入到模型中能够有效提高求解效率。因此结合不等式

$$\text{ub} \geqslant \sum_{i\in I}\sum_{l\in L} f_l y_{il} + \sum_{k\in K}\sum_{i\in I} q^k r_i^k + \sum_{s\in S} p_s\eta_s$$

和最优割平面式 (4.27)，最终得到不等式 (4.29)。 ■

3）帕累托最优割平面

在实际求解过程中，子问题的对偶问题有可能存在多个最优解，且所生成的 Benders 最优割平面的质量不同。Magnanti等[125]提出了生成帕累托最优割平面的方法，即在每次迭代中生成优于其他最优解得到的割平面，通过求解以下辅助模型获得

$$\max\left\{-\sum_{i\in I}\sum_{k\in K} r_{ik}^c \alpha_{iks} + \sum_{j\in J}\sum_{k\in K} v_j^{ks}\varphi_{jks} + \sum_{j'\in J}\sum_{k\in K}\sum_{\beta_s\in I_s}\tilde{v}_{j'}^{k\beta_s}\gamma_{j'ks\beta_s}\right\} \tag{4.30}$$

s.t. 式 (4.14) ~ 式 (4.20)

$$-\sum_{i\in I}\sum_{k\in K}\tilde{r}_i^k \alpha_{iks} + \sum_{j\in J}\sum_{k\in K} v_j^{ks}\varphi_{jks} + \sum_{j'\in J}\sum_{k\in K}\sum_{\beta_s\in I_s}\tilde{v}_{j'}^{k\beta_s}\gamma_{j'ks\beta_s} = Z_{\text{DSP}} \tag{4.31}$$

其中，r_{ik}^c 为在可行域凸包（convex hull）内部的一个核点（core point）；Z_{DSP} 为子问题的对偶问题的最优值。Papadakos[126]提出了一种通过选择不同的核点来简

化约束 (4.31) 的帕累托最优割平面的方法。用主问题所得解的凸组合替换每次迭代时所需产生的核点进而降低求解复杂度：

$$r_{ik}^{c}(t+1)=(1-\lambda)\,r_{ik}^{c}(t)+\lambda r_{ik}(t) \tag{4.32}$$

其中，$r_{ik}(t)$ 为主问题在每次迭代时的最优解，且 λ 取值在 0 到 1 之间，一般取值 $\lambda=0.5$。这样在 $t+1$ 次迭代的时候子问题的对偶问题可以通过更新核点来求解。证明如下。

证明 4.4 为了简化模型，Magnanti-Wong 问题可以写为如下形式：

$$\max\ \boldsymbol{r}^{c}\boldsymbol{u}+\boldsymbol{b}$$

其中，$\boldsymbol{r}^{c}$ 为一个核点；$\boldsymbol{b}$ 为一个常数向量。令 MW_c 表示 Magnanti-Wong 问题，MC_a 表示将 $\boldsymbol{r}^{c}$ 替换为 $\lambda\boldsymbol{r}^{c}+(1-\lambda)\boldsymbol{r}$ 后的模型，且 $\boldsymbol{u}_c$ 和 $\boldsymbol{u}_a$ 分别为 MC_c 和 MC_a 的最优解。如果 $\boldsymbol{u}_a$ 是 MW_c 的最优解，则其是帕累托最优的。现采用反证法，假设 $\boldsymbol{u}_a$ 不是 MW_c 的最优解，则有

$$\begin{aligned}
&\lambda(\boldsymbol{r}^{c}\boldsymbol{u}_a+\boldsymbol{b})+(1-\lambda)(\boldsymbol{r}\boldsymbol{u}_a+\boldsymbol{b})\\
&=[\lambda\boldsymbol{r}^{c}+(1-\lambda)\,\boldsymbol{r}]\,\boldsymbol{u}_a+\boldsymbol{b}\\
&\geqslant[\lambda\boldsymbol{r}^{c}+(1-\lambda)\,\boldsymbol{r}]\,\boldsymbol{u}_c+\boldsymbol{b}\\
&=\lambda(\boldsymbol{r}^{c}\boldsymbol{u}_c+\boldsymbol{b})+(1-\lambda)(\boldsymbol{r}\boldsymbol{u}_c+\boldsymbol{b})\\
&>\lambda(\boldsymbol{r}^{c}\boldsymbol{u}_a+\boldsymbol{b})+(1-\lambda)(\boldsymbol{r}\boldsymbol{u}_c+\boldsymbol{b})
\end{aligned}$$

因此有

$$\boldsymbol{r}\boldsymbol{u}_a+\boldsymbol{b}>\boldsymbol{r}\boldsymbol{u}_c+\boldsymbol{b} \tag{4.33}$$

根据文献 Papadakos[126] 中的定义 1 和定理 3，式 (4.33) 不成立，因为 $\boldsymbol{u}_c$ 在 Magnanti-Wong 问题中是帕累托最优的，且不被其他解所占优，因此式 (4.32) 成立。 ■

综上，在原有 BD 算法的基础上，采用加速策略后的 BD 算法的计算过程如算法 1 所示。

算法 1 改进的 BD 算法

输入: 求解时间上限 T，上下界之间的间隙 ϵ；

输出: 模型最优解；

1: UB $\leftarrow +\infty$, LB $\leftarrow -\infty$ 通过添加有效不等式求解主问题并求得 $\hat{\boldsymbol{y}},\hat{\boldsymbol{r}}$ 的初始值；

2: **while** UB $-$ LB $\leqslant \epsilon$ 且 $t \leqslant T$ **do**

for 对于每一个场景 $s \in S$ **do**

固定由主问题得到的 $(\hat{\boldsymbol{y}}, \hat{\boldsymbol{r}})$ 来求解子问题的对偶问题；

运用帕累托最优割平面策略产生最优割平面添加到主问题中；

更新上界 UB；

end for

通过前文提到的有效不等式、多割平面等加速策略，求解主问题并得到 $(\hat{\boldsymbol{y}}, \hat{\boldsymbol{r}})$ 以进行下一次迭代；

更新下界 LB；

end while

4）大规模问题下的两阶段近似方法

由于前文建立的随机规划模型子问题的求解难度会随着场景数量的增加而显著增加，即使运用 BD 算法也会变得难以处理。为了能及时地得到较好的求解方案，本节提出了一种两阶段近似的方法来进一步提高求解效率。由于第三阶段的救援成本主要是由未满足需求的惩罚成本造成的，因此为了减少第三阶段的救援成本，应当重点关注需求量最大的场景，即

$$\max_{\beta_s \in I_s | s \in S} \left\{ p_{\beta_s} \sum_{k \in K} \tilde{v}_{j'}^{k\beta_s} \,|\forall j' \in J \right\}$$

这样，通过针对最坏场景的优化，第三阶段就简化为包含一个场景的确定性问题，从而可以在大规模的情况下有效地得到近似解决方案。模型可以修改如下：

$$\min \left\{ A + \sum_{s \in S} p_s \left[B + C \right] \right\} \tag{4.34}$$

其中

$$\begin{aligned}
A &= \sum_{i \in I} \sum_{l \in L} f_l y_{il} + \sum_{k \in K} \sum_{i \in I} q^k r_i^k \\
B &= \sum_{i \in I} \sum_{j \in J} \sum_{k \in K} \phi t_{ij}^s x_{ij}^{ks} + \sum_{j \in J} \sum_{k \in K} \varPi^k u_j^{ks} \\
C &= \max_{\beta_s \in I_s} \left\{ p\left(\beta_s | s\right) \left(\sum_{i \in I} \sum_{j' \in J} \sum_{k \in K} \phi t_{ij'}^{\beta_s} \tilde{x}_{ij'}^{k\beta_s} \right.\right. \\
&\quad \left.\left. + \sum_{j' \in J} \sum_{k \in K} \varPi^k \tilde{u}_{j'}^{k\beta_s} + \sum_{i \in I} \sum_{j' \in J} \sum_{k \in K} h^k \tilde{z}_i^{k\beta_s} \right) \right\}
\end{aligned}$$

约束为式 (4.2)~ 式 (4.4)、式 (4.6)~ 式 (4.8)、式 (4.11)、式 (4.12) 和

$$\sum_{i\in I}\tilde{x}_{ij'}^{k\beta_s}\geqslant\max_{\beta_s\in I_s}\tilde{v}_{j'}^{k\beta_s}-\tilde{u}_{j'}^{k\beta_s},\quad\forall j'\in J,k\in K,\beta_s\in I_s \tag{4.35}$$

当灾害发生时，为了挽救更多的生命，两阶段近似的方法可能会过高地预估需求，开放更多的 DC，但这与救灾资源短缺造成的生命损失相比是值得的。当然，在有些情况下，两阶段近似方法通过考虑最坏情况来覆盖所有的次生灾害场景所得到的解可能会过于保守，因此可以利用一种鲁棒优化的方法，通过调整不确定集合大小的方法来改善解的保守性。例如，定义运输时间隶属于不确定集合 $\left[\bar{t}_{ij'}^{\beta_s}\pm\hat{t}_{ij'}^{\beta_s}\right]$，其中 $\hat{t}_{ij'}^{\beta_s}$ 为平均运输时间 $\bar{t}_{ij'}^{\beta_s}$ 的偏差。然后目标函数可以改写为如下形式：

$$\min\left\{\sum_{i\in I}\sum_{j'\in J}\sum_{k\in K}\phi\bar{t}_{ij'}^{\beta_s}\tilde{x}_{ij'}^{k\beta_s}+\max_{\{R:R\in(I,J),|R|\leqslant\Gamma\}}\sum_{(i,j)\in R}\sum_{k\in K}\phi\hat{t}_{ij'}^{\beta_s}\tilde{x}_{ij'}^{k\beta_s}\right.$$
$$\left.+\sum_{j'\in J}\sum_{k\in K}\Pi^k\tilde{u}_{j'}^{k\beta_s}+\sum_{i\in I}\sum_{j'\in J}\sum_{k\in K}h^k\tilde{z}_i^{k\beta_s}\right\}$$

其中，Γ 为不确定预算（uncertainty budget），可以通过调整 Γ 来均衡解的保守性。同理，式 (4.10) 可以改写为

$$\sum_{i\in I}\tilde{x}_{ij'}^{k\beta_s}\geqslant\max\left\{\tilde{v}_{j'}^{k\beta_s}\right\}-\tilde{u}_{j'}^{k\beta_s},\quad\forall j'\in J,k\in K,\beta_s\in I_s,\tilde{v}_{j'}^{k\beta_s}\in\mathcal{U}(v)$$

其中，$\mathcal{U}(v)\in\left\{\tilde{v}_{j'}^{k\beta_s}:\bar{v}_{j'}^{k\beta_s}+\hat{v}_{j'}^{k\beta_s}w_{j'}^{k\beta_s},\forall j'\in J,k\in K,\beta_s\in I_s\right\}$，且 $w_{j'}^{k\beta_s}\in[0,1]$ 表示不确定需求量的变化范围限制。该模型是一个不能直接求解的最小–最大问题，需要运用一些鲁棒优化方法来求解该模型，其应用和求解将在以下章节中进行详细探讨。

4.2.4 数值实验

在基于场景的随机优化模型中，从多个场景中所获得的解比从单一场景中获得的解更具稳健性，但受限于场景数量对求解时间的影响，本章将在设置求解时间上限（14 400 秒）的基础上，尽可能多地设置场景数量来描述不确定参数。本数值实验以玉树地震为案例背景，地震相关数据从中国地震局①和国家统计局②获

① 参见官网：https://www.cea.gov.cn/cea/xwzx/zqsd/index.html。

② 参见官网：http://www.stats.gov.cn。

取。在给定一般情况下的物资需求量和运输时间后，利用灾害的震级、频次等历史记录和统计资料来确定灾害随机场景发生的概率及不确定参数的取值[16]。考虑到次生灾害由原生灾害引起，因此根据统计数据得到灾害状态转移概率如表 4.2 所示。本章算例中随机场景生成的方法参考 Noyan等[20]的研究，灾民的数量估计方法参考 Dalal等[74]的研究。

表 4.2　原生灾害到次生灾害的状态转移概率

灾害等级	M_4	M_5	M_6	M_7	M_8
M_4	0.47	0.15	0.03	0	0
M_5	0.15	0.09	0.03	0	0
M_6	0.03	0.01	0.05	0	0
M_7	0.02	0.01	0.008	0	0
M_8	0.03	0.02	0.005	0.003	0

注：$M_4 \sim M_8$ 代表 4 级到 8 级的灾害

1. 随机场景中不确定需求量的生成

首先给出基本的应急物资估计需求量，如表 4.3 所示，灾害点的需求量可以通过将均值与该地区预计受灾程度有关的偏差因子相乘求得。地震震级为 4~8 级所对应的偏差因子均匀分布在区间 [0.9,1.1]、[1.1,1.3]、[1.3,1.5]、[1.5,1.7]、[1.7,1.9] 上。每种应急物资的采购价格和持有成本参考 Rawls等[10]、Alem等[16]、Ni等[61]研究中的方法，按照能够维持 6 天的需求量进行决策[127]。

表 4.3　物资需求量、采购价格等信息

物资类型	单位/人	价格/元	持有成本/元
食物	1	120	30
水	0.2	300	75
医疗包	0.1	1500	375

2. 随机场景中不确定运输时间的生成

灾后运输时间也与灾害点的破坏程度呈正相关，给定从 DC 到需求点的运输时间基础值 $t_{ij} = \dfrac{d_{ij}}{n_v}$，其中 n_v 为正常速度（平均 60 千米/时）。因此，每一场景下的运输时间可以通过乘以一个在区间 [0.4, 0.5] 内服从正态分布的偏差因子（δ）并结合该场景下的灾害等级（Mag_s）来获得，即 $t_{ij}^s = \dfrac{d_{ij}}{n_v}\delta \text{Mag}_s$。

在每个场景中，采用同样的方法设置次生灾害发生后的随机需求和运输时间，但是当原生灾害和次生灾害发生在同一地点时，其需求量和运输时间将会增加 30%[31]。根据以上方法，表 4.4 通过展示一组包含原生灾害和次生灾害的随机场景进行了示例说明。

表 4.4 场景定义举例说明

场景	概率 (p)	灾害点 (j)	需求量 (v) ($k=1,2,3$)	Mag	δ
s_1	0.011	13	(8 010, 1 600, 81)	8	0.48
		21	(3 000, 600, 30)	3	0.43
		30	(8 012, 1 721, 89)	8	0.46
		40	(6 121, 1 231, 62)	3	0.44
β_{s1}	0.003	17	(5 714, 1 142, 57)	4	0.41
		20	(8 571, 1 714, 85)	6	0.46
		25	(30 011, 6 014, 312)	3	0.43
β_{s2}	0.012	9	(7 142, 1 428, 71)	5	0.45
		40	(17 142, 3 428, 171)	6	0.46

另外，在本算例中不同类型的物资短缺惩罚成本设置为 $\Pi^k=(4000,3000,4000)$（单位：元），开放 DC 的固定成本随开放容量（$c_1=30\,000, c_2=45\,000, c_3=55\,000$）变化。单位时间运输成本 ϕ 的设置根据劳动力成本和油耗成本估计为 120 元，参考 Ni等[61]的研究。最终得到的每个随机场景中包含所有潜在受灾点的灾情相关信息，如受灾点的位置、灾害等级、需求量、由受灾造成的运输时间的增量以及发生概率等。若相应的受灾点不发生灾害，则其需求量等取值为零。

4.2.5 结果分析

1. 随机优化模型有效性分析

验证随机优化模型有效性的方法主要包括完全信息期望值（EVPI，衡量为了获得关于未来的完全信息支付多少成本是合理的）和对随机解的评价（VSS，当输入变量的期望值被随机值取代时，可以得到期望值解的质量[122]）。针对不同算例，通过将期望补偿问题值（RP）、期望问题的期望值（EEV）、静观其变的解（WSS）所计算出的 EVPI 和 VSS 进行对比，结果如表 4.5 所示。可以看出 EVPI 在 1.16%到 9.40%区间内变化，均值为 4.11%，表明随机规划的方法能够以相对较低的救援成本得到接近最优值的解。同时，VSS 值均大于或等于 21.42%，最大值达到 33.72%，这表明求解随机模型比使用确定性模型更能减少总期望成本。

表 4.5 不同算例下的 RP、WSS、EEV、EVPI 和 VSS

算例	RP	WSS	EEV	EVPI	VSS
1	7.25×10^7	7.04×10^7	8.91×10^7	2.98%	22.90%
2	8.74×10^6	7.98×10^6	1.06×10^7	9.40%	21.42%
3	1.22×10^7	1.13×10^7	1.60×10^7	7.96%	31.15%
4	5.82×10^8	5.74×10^8	7.33×10^8	1.39%	25.95%
5	6.11×10^8	6.04×10^8	8.17×10^8	1.16%	33.72%
6	4.61×10^8	4.53×10^8	6.01×10^8	1.77%	30.37%

2. 是否考虑次生灾害对救援效果的影响

本章所提出的模型与其他模型的最大区别在于考虑了潜在的次生灾害对应急响应决策的影响，因此，首先分析是否考虑次生灾害对需求满足率及设施选址决策的影响。其中，模型 1 表示考虑次生灾害，模型 2 表示不考虑次生灾害。图 4.4 显示了两种策略下不同类型物资的需求满足率，可以看出考虑次生灾害时的需求满足率达到 93%，远高于不考虑次生灾害策略的 55%。这说明在制定决策时，考虑潜在的次生灾害的影响能够显著提高灾后的救援能力。另外，考虑次生灾害的灾前准备成本达到了 4.21×10^6 元，高于模型 2 的 2.85×10^6 元，但在应急救援行动中通过提高 47.7%的预算来换取 38%的需求满足率是值得的。

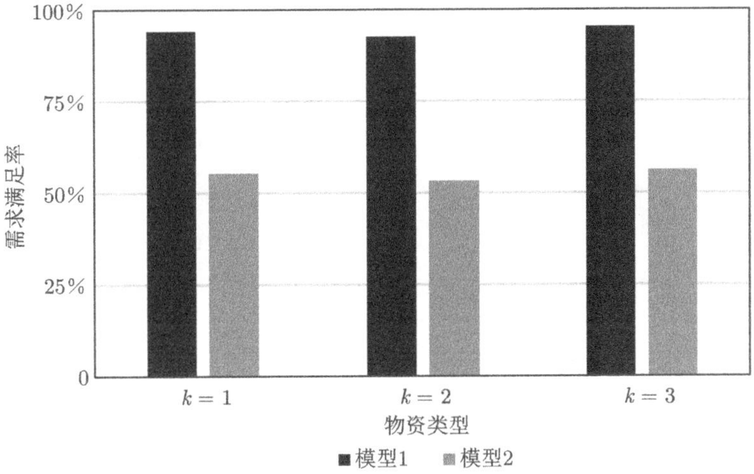

图 4.4 是否考虑次生灾害对需求满足率的影响

考虑次生灾害还会对设施选址及其开放容量决策产生影响，进而影响救援效果。如图 4.5 所示，通过求解模型 1，得到是否考虑次生灾害下的设施选址及容量决策，从图中可以看出，考虑次生灾害时，为了满足灾后需求并能及时地交付应急物资，会开放更多高容量等级的 DC；而不考虑次生灾害时，由于忽略了可能产生的额外需求，开放了较少的应急设施，随之带来的是较高的物资短缺量。

另外，是否考虑次生灾害对灾前应急物资的库存决策以及灾后救援决策有显著影响。从表 4.6 中可以看出，当考虑次生灾害时，应急物资库存量是不考虑次生灾害时的两倍多。为了体现对满足灾民需求的重视，设置了较大的物资短缺惩罚成本，因此，未考虑次生灾害所造成的物资短缺会产生较高的总救援成本。这也凸显了考虑次生灾害对应急救援中保障灾民生命安全的重要意义。

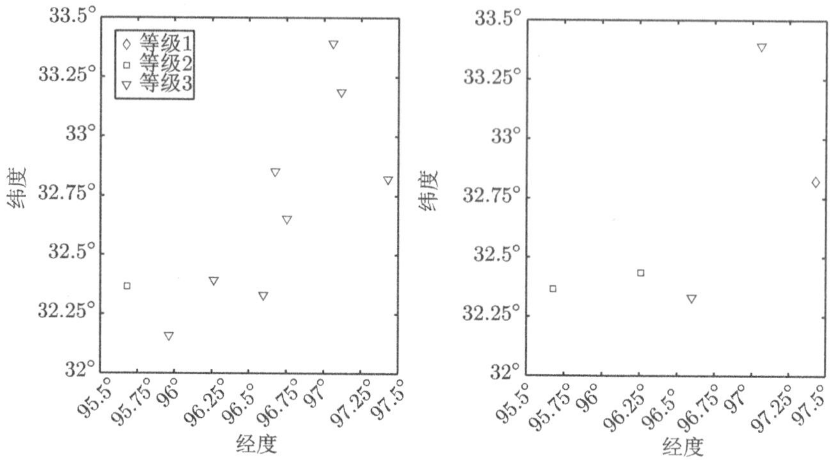

(a) 模型1　　(b) 模型2

图 4.5　是否考虑次生灾害对 DC 选址和容量决策的影响

表 4.6　次生灾害对初始库存及设施选址决策的影响

编号	模型 1		模型 2	
	开放的 DC	初始库存	开放的 DC	初始库存
1	—	—	—	—
2	l_3[a]	(0,52 961,2 038)[b]	—	—
3	l_3	(22 452,0,32 547)	—	—
4	—	—	—	—
5	—	—	l_2	(30 002,5 002,2 101)
6	l_3	(55 000,0,0)	l_1	(25 263,0,2 636)
7	l_3	(55 000,0,0)	—	—
8	—	—	—	—
9	—	—	—	—
10	—	—	—	—
11	—	—	—	—
12	l_3	(55 000,0,0)	l_3	(33 686,14 208,7 104)
13	l_2	(55 000,0,0)	l_2	(40 527,4 472,0)
14	l_3	(55 000,0,0)	l_3	(38 296,9 873,4 936)
15	l_3	(35 471,17 981,1 547)	—	—
16	l_3	(44 089,4 454,1 890)	—	—
17	—	—	—	—
18	—	—	—	—
19	—	—	—	—
20	—	—	—	—
总	(0, 1, 8)[c]	(377 014,75 397,38 022)	(1,2,2)	(167 774,33 555,16 777)
成本	$(6.24\times10^6,\ 6.11\times10^7)$[d]		$(3.05\times10^6,\ 2.61\times10^8)$	

a DC 以容量等级 (l_1, l_2, l_3) 开放

b 类型为 (1,2,3) 的应急物资预置库存量

c 容量等级分别为 (l_1, l_2, l_3) 的 DC 总开放数量

d 表示（灾前准备成本，总救援成本），单位：元

3. 未满足需求惩罚成本敏感性分析

未满足需求的惩罚成本对救援成本有显著影响，因此通过调整惩罚因子 Π 的大小来分析其对目标函数的影响。如图 4.6 所示，当惩罚因子从 0.7Π 增加到 1.5Π 时，平均需求满足率会随之增加，这是因为较高的惩罚成本会迫使增加灾前的物资储备量以减小目标函数值。考虑到需求满足率是衡量应急救援效率的重要标准之一，因此，管理者在优化应急物流网络时应谨慎选择惩罚因子来实现救援效果和预算的均衡。

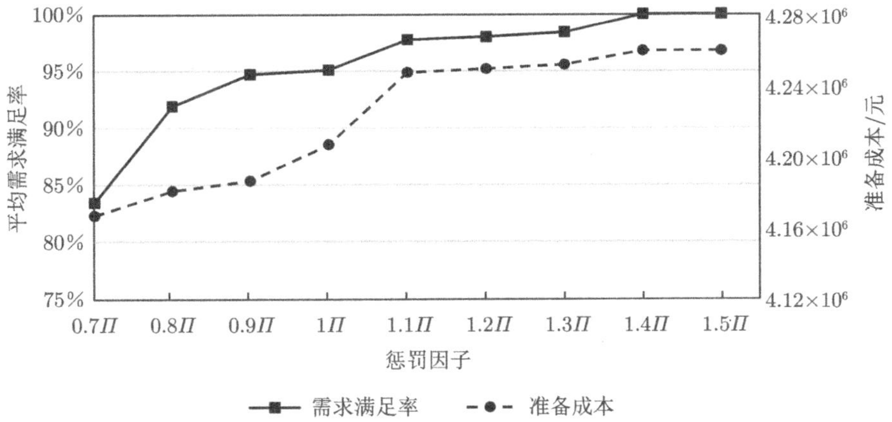

图 4.6 惩罚因子 Π 对需求满足率和灾前准备成本的影响

4. BD 算法求解性能分析

本章中提出的有容量约束的设施选址–分配问题是 P-中值问题的扩展，属于 NP 难问题[128]。另外，基于场景的随机优化模型进一步提高了求解难度，因此在面对大规模算例时直接求解将会变得十分困难，不同问题规模所对应的节点数量、约束数量及变量数量如表 4.7 所示。

表 4.7 不同的算例所对应的问题规模

项目	问题规模		
	小 ($C1$)	中 ($C2$)	大 ($C3$)
节点数量	30	75	300
DC 类型	3	3	10
场景数量	20	200	200
决策变量数量	3 000	413 250	1 591 500
约束数量	10 660	435 400	2 575 800

在以下的表格中 Gap 表示目标函数值上界和下界之间的间隙，且 Gap = (UB−LB)/UB×100%。其中，CBD 表示基本 BD 算法，MC 表示多割平面策略，

PRT 表示帕累托最优割平面策略，VI 表示添加有效不等式策略。规定算法在 100 次迭代或者计算时间超过 14 400 秒后停止。

不同的加速策略相组合所用的求解时间和算法停止时解的质量如表 4.8 所示。不采取加速策略的 CBD 表现最差，不同的加速策略相组合时求解效率有所不同，其中 MC+VI+PRT 的组合策略求解效率最高且迭代次数最少，因此选用此策略进行数值实验。另外，不同问题规模下不同的加速策略的表现如表 4.9 所示，结果验证了 MC+VI+PRT 组合加速策略的有效性，即使在求解大规模问题时，其仍能在规定的时间内得到较高精度的解。

表 4.8 不同加速策略下的算法表现

加速策略	IGap[a]	EGap[b]	CPU[c]	IT[d]
CBD	100%	8.92%	3784	100
VI	98.60%	8.90%	3567	100
MC	99.76%	0	2329	50
PRT	99.96%	7.93%	5834	100
MC+VI	97.57%	0	1977	38
VI+PRT	98.93%	8.20%	4193	100
MC+PRT	98.24%	0	1625	32
MC+VI+PRT	97.36%	0	894	30

a IGap 表示第一次迭代结束时的 Gap

b EGap 表示算法停止时的 Gap

c CPU 表示计算时间，单位：秒

d IT 表示算法停止时的迭代次数，单位：次

表 4.9 不同问题规模下的算法表现

编号	MC			MC+VI			MC+PRT			MC+VI+PRT		
	IT	Gap	CPU	IT	Gap	CPU	IT	Gap	CPU	IT	Gap	CPU
1	50	0	2 329	38	0	1 977	32	0	1 625	30	0	894
2	53	1.1%	14 469	40	0.5%	14 501	26	0	4 333	34	0	3 154
3	36	1.5%	14 492	48	1%	14 590	31	0	8 738	36	0	7 567
4	25	2.3%	14 511	27	1.2%	14 740	23	0.5%	14 413	18	0	9 239
5	—[a]	—	—	31	1.8%	14 462	24	1%	14 510	22	0.6%	14 492
6	—	—	—	33	3.9%	14 489	27	2.9%	14 328	20	1.2%	14 523

a Gap 大于 5%的结果未展示

为了更详细直观地比较不同加速策略在求解效率上的差异，将表 4.7 中 $C1$ 作为测试算例进行比较，结果如图 4.7 所示。可以看到，不采取加速策略的 CBD 收敛速度最慢，采用 MC+VI 组合策略的方法由于有效不等式的引入，提高了主问题解的质量，因此在求解初期收敛速度较快，但在后期随着可行域的减小，有效不等式逐渐失去效力；由于帕累托最优割平面的引入，MC+VI+PRT 的方法虽然在求解前期因为额外的计算导致效率受限制，但在后期通过 PRT 策略产生

的割平面能够有效加快算法的收敛速度。

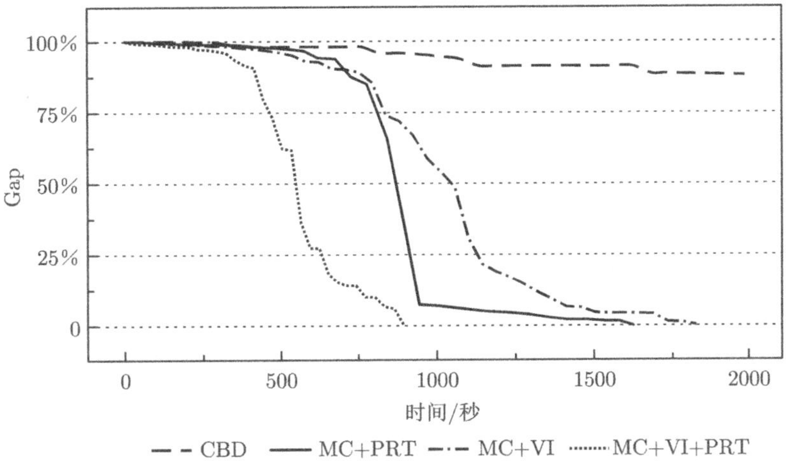

图 4.7 不同加速策略下 Gap 和求解时间的比较

5. 两阶段近似方法的表现分析

本节对原模型和所提出的近似模型的求解结果进行了对比分析，如表 4.10 所示，使用近似模型时的灾前准备阶段的成本（包括 DC 开放设施成本和初始库存采购成本）比原模型平均高出 0.75 倍左右。虽然近似模型所得到的解不是最优解，并且灾前准备成本有明显增加，但是当面对所有场景中的最坏情况时，需求满足率比原模型高 3.27%，且近似模型的总救援成本（包括需求未满足的惩罚成本）平均比原模型低 7.6%，进一步验证了近似方法的有效性。

表 4.10 原模型与近似模型的表现

算例	原模型				近似模型			
	成本	OF[a]	ST[b]	ASR[c]	成本	OF	ST	ASR
1	$(6.24\times10^6, 61.10\times10^6)$[d]	(0,1,8)	894	94.28%	$(8.40\times10^6, 48.60\times10^6)$	(0,1,9)	560	95.12%
2	$(3.25\times10^6, 88.50\times10^6)$	(8,1,0)	3 154	92.98%	$(7.90\times10^6, 57.9\times10^6)$	(7,1,2)	1 710	98.98%
3	$(37.50\times10^6, 229\times10^6)$	(6,0,3)	7 532	95.18%	$(52.01\times10^6, 700\times10^6)$	(6,1,3)	3 223	96.44%
4	$(3.60\times10^6, 350\times10^6)$	(9,1,0)	9 239	90.70%	$(7.45\times10^6, 50.80\times10^6)$	(8,0,3)	4 710	94.88%
5	$(42.10\times10^6, 701\times10^6)$	(6,1,3)	14 492	91.49%	$(88.50\times10^6, 523\times10^6)$	(5,2,4)	6 732	96.38%
6	$(37.50\times10^6, 495\times10^6)$	(6,0,3)	14 523	93.58%	$(64.02\times10^6, 398\times10^6)$	(5,1,4)	7 253	95.29%

a (i, j, k) 表示 DC i、j、k 分别以容量等级 1、2、3 开放

b ST 表示求解时间，单位：秒

c ASR 表示平均需求满足率

d 表示（准备成本，救援成本），单位：元

注意到，本节所提到的需求满足率表示需求点对应急物资的需求量与实际分

配到的物资数量的比值[129,130]，定义为

$$\left(\sum_{i\in I}\sum_{s\in S}x_{ij}^{ks}+\sum_{i\in I}\sum_{\beta_s\in I_s}\tilde{x}_{ij}^{k\beta_s}\right)\Big/\left(\sum_{j\in J}\sum_{s\in S}v_j^{ks}+\sum_{j'\in J}\sum_{\beta_s\in I_s}\tilde{v}_{j'}^{k\beta_s}\right)$$

另外，由于近似方法简化了模型的第三阶段，因此在求解时间上比原模型更有优势，平均减少计算时间达 51.5%。考虑到近似方法的优点，因此当问题规模较大时，可以在 BD 求解算法的基础上运用此方法以进一步提高决策的效率。

6. 模型可扩展性分析

本节所提出的基于场景的三阶段随机规划模型能够扩展到其他类型的应急物流研究中，例如：飓风影响下的应急物流网络优化等具有时间连贯性的决策制定问题[131]，以多阶段的形式解决时变不确定需求量或供给量下的供应链优化问题。其中，设施选址、物资分配及运输等决策需要根据时变的不确定参数进行实时调整[26,31]。针对此类问题，接下来将对以上三阶段随机规划模型进行扩展和应用。

4.3 多目标应急物流网络随机优化模型构建及求解

4.3.1 问题描述

本章考虑灾后应急物资从储备中心运输到受灾点的资源分配问题，如图 4.8 所示。具体来说，由于储备中心的容量限制，因此如何将有限的物资分配给受灾点是本章重点关注的内容。受灾点分为已经发生原生灾害的受灾点和即将发生次生灾害的受灾点。需要注意的是，次生灾害是以原生灾害的发生为前提条件的。为了避免次生灾害发生后可能出现资源短缺的情况，在进行应急资源分配规划时，需要考虑次生灾害可能产生的需求，提前分配部分资源，为后续灾害的发生做好准备。然而，由于次生灾害的不确定性，本章将通过生成一系列随机场景的方式来描述不确定参数（本章重点考虑需求量和运输时间）在将来可能的取值。每个场景发生的概率可由相关专家或决策者根据历史数据进行估计。值得注意的是，在原生灾害点也有可能发生次生灾害。

本章的目标是通过将原生灾害和次生灾害同时纳入分配问题来提高灾后的可持续救援能力。原生灾害的发生概率为 p^{ξ}，每个原生灾害场景对应每个原生灾害点的随机物资需求量、从物资储备中心到受灾点的随机运输时间和运输成本。次生灾害可能引发需求量的改变，同时也会对节点之间的运输时间和运输成本造成影响。次生灾害发生概率为 p^{ω}，由于现实中次生灾害多由原生灾害引发，因此次生灾害的发生概率可表示为条件概率的形式 $p^{\omega}=\Pr(\omega|\xi)$。参考前文对条件概率场景树的设置，具体如图 4.9 所示。考虑次生灾害的应急物资分配问题包含三个

阶段，第一阶段为灾前应急物资的储存设施选址问题，第二阶段为原生灾害发生后的应急物资分配问题，第三阶段为考虑次生灾害对物资分配计划的影响。

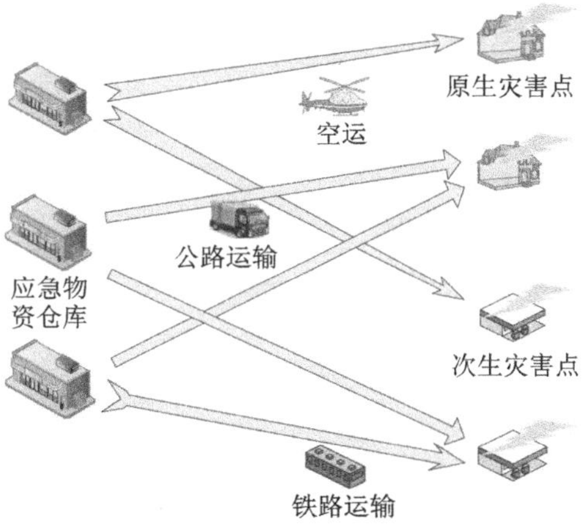

图 4.8 应急物资分配网络

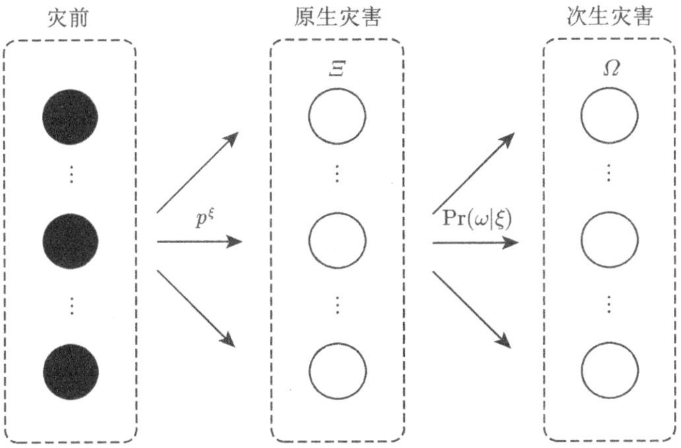

图 4.9 随机场景树

4.3.2 多目标随机优化模型构建

根据前文对本章所研究问题的描述，本节基于条件概率场景树构建三阶段随机优化模型。考虑到应急物流问题中以人为本的决策思想，在制定决策时不仅要关注应急物资分配的成本，还要关注响应速度等多个目标，因此建立多目标随机优化模型来解决这一问题。本章所用符号说明如表 4.11 所示。

表 4.11 模型所用符号及其含义

符号	描述
集合	
I	储备中心集合，$i \in I$
J	原生灾害受灾点集合，$j \in J$
K	潜在次生灾害受灾点集合，$k \in K$
L	应急物资类型集合，$l \in L$
M	运输模式集合，$m \in M$
Ξ	原生灾害随机场景集合，$\xi \in \Xi$
Ω	次生灾害随机场景集合，$\omega \in \Omega$
参数	
c_{il}	物资储备中心 i 储备物资类型 l 的固定成本
p^{ξ}	原生灾害随机场景 ξ 的发生概率
p^{ω}	次生灾害随机场景 ω 的发生概率
d_{jl}^{ξ}	原生灾害随机场景 ξ 下点 i 对物资类型 l 的需求量
d_{jl}^{ω}	次生灾害随机场景 ω 下点 i 对物资类型 l 的需求量
a_i	储备中心 i 的容量
t_{ijm}^{ξ}	原生灾害随机场景 ξ 下通过运输模式 m 从储备中心 i 运输单位应急物资到原生灾害受灾点 j 所需时间
t_{ijm}^{ω}	次生灾害随机场景 ω 下通过运输模式 m 从储备中心 i 运输单位应急物资到次生灾害受灾点 j 所需时间
s_{ijm}^{ξ}	原生灾害随机场景 ξ 下通过运输模式 m 从储备中心 i 运输单位应急物资到原生灾害受灾点 j 所需成本
s_{ijm}^{ω}	次生灾害随机场景 ω 下通过运输模式 m 从储备中心 i 运输单位应急物资到次生灾害受灾点 j 所需成本
q_m	运输模式 m 的容量上限
b_{im}	在储备中心 i 中用于运输模式 m 的车辆数量
w_l	单位应急物资 l 的重量
e_l^{ξ}	原生灾害随机场景 ξ 中，资源 l 的最低需求满足率
e_l^{ω}	次生灾害随机场景 ω 中，资源 l 的最低需求满足率
决策变量	
x_{ijlm}^{ξ}	类型为 l 的应急物资利用运输模式 m 从储备中心 i 分配到原生灾害受灾点 j 的数量
y_{ijlm}^{ω}	类型为 l 的应急物资利用运输模式 m 从储备中心 i 分配到次生灾害受灾点 j 的数量
z_{il}	0-1 变量，表示应急物资储备中心 l 是否开放

本章在物资运输中考虑了三种不同的运输方式：航空运输、公路运输和铁路运输。运输方式的选择与运输距离、运输时间以及运输成本等因素相关。本章针对如何将有限的应急资源更有效地分配到原生灾害点和次生灾害点，建立以下模型。第一阶段的优化目标为最小化总期望救援成本，表示为

$$\min \left\{ \sum_{i \in I} \sum_{l \in L} z_{il} c_{il} + \mathbb{E}[f(Y, \omega)] \right\}$$

其中，$\mathbb{E}[f(Y, \omega)]$ 为第二阶段加权的运输时间、运输成本以及需求未满足率的总期望成本，具体将在下文进行描述。

1. 多目标函数构建

为了在制定应急物资分配决策时考量多方面优化目标，本章提出以下几个优化目标来构建多目标随机优化模型。

第一个目标函数：最小化期望总运输时间 f_1

$$f_1 = \min\left\{\sum_{\xi\in\Xi} p^{\xi}\sum_{i\in I}\sum_{j\in J}\sum_{l\in L}\sum_{m\in M} t^{\xi}_{ijm}x^{\xi}_{ijlm} + \mathbb{E}\left[f_1^2(Y,\omega)\right]\right\} \tag{4.36}$$

其中

$$\mathbb{E}\left[f_1^2(Y,\omega)\right] = \sum_{\omega\in\Omega}\sum_{i\in I}\sum_{j\in J}\sum_{l\in L}\sum_{m\in M}\Pr(\omega\mid\xi)t^{\omega}_{ijm}y^{\omega}_{ijlm}$$

为第三阶段中在场景 ω 下的运输时间补偿函数。

第二个目标函数：最小化期望总运输成本 f_2

$$f_2 = \min\left\{\sum_{\xi\in\Xi} p^{\xi}\sum_{i\in I}\sum_{j\in J}\sum_{l\in L}\sum_{m\in M} s^{\xi}_{ijm}x^{\xi}_{ijlm} + \mathbb{E}\left[f_2^2(Y,\omega)\right]\right\} \tag{4.37}$$

其中

$$\mathbb{E}\left[f_2^2(Y,\omega)\right] = \sum_{\omega\in\Omega}\sum_{i\in I}\sum_{j\in J}\sum_{l\in L}\sum_{m\in M}\Pr(\omega\mid\xi)s^{\omega}_{ijm}y^{\omega}_{ijlm}$$

为第三阶段中在场景 ω 下的运输成本补偿函数。

第三个目标函数：最小化期望总物资短缺惩罚成本 f_3

$$f_3 = \min\left\{\sum_{\xi\in\Xi} p^{\xi}\sum_{j\in J}\sum_{l\in L} W^{\xi}_{jl} + \mathbb{E}\left[f_3^2(Y,\omega)\right]\right\} \tag{4.38}$$

其中

$$\mathbb{E}\left[f_3^2(Y,\omega)\right] = \sum_{\omega\in\Omega}\sum_{i\in I}\sum_{j\in J}\sum_{l\in L}\sum_{m\in M}\Pr(\omega\mid\xi)\sum_{j\in J}\sum_{l\in L} W^{\omega}_{jl}$$

为在场景 ω 下第三阶段的物资短缺成本。W^{ξ}_{jl} 和 W^{ω}_{jl} 分别表示原生灾害和次生灾害响应中物资短缺量。

根据上述目标函数，模型以最小化总运输时间、总运输成本，以及总物资短缺惩罚成本的期望值为目标。以下将详细介绍模型的约束条件。

$$\sum_{l\in L}\left[\sum_{j\in J}\sum_{m\in M} x^{\xi}_{ijlm} + \sum_{j\in J}\sum_{m\in M} y^{\omega}_{ijlm}\right] \leqslant a_i, \quad \forall i\in I,\xi\in\Xi,\omega\in\Omega \tag{4.39}$$

约束 (4.39) 表示原生灾害和次生灾害后分配给受灾点的物资数量受限于储备中心的物资数量。

$$W_{jl}^{\xi}=\max\left(d_{jl}^{\xi}-\sum_{i\in I}\sum_{m\in M}x_{ijlm}^{\xi},0\right),\quad \forall j\in J,l\in L,\xi\in\varXi \tag{4.40}$$

$$W_{jl}^{\omega}=\max\left(d_{jl}^{\omega}-\sum_{i\in I}\sum_{m\in M}y_{ijlm}^{\omega},0\right),\quad \forall j\in J,l\in L,\omega\in\varOmega \tag{4.41}$$

式 (4.40) 和式 (4.41) 分别表示原生灾害和次生灾害下分配给受灾点的应急物资的短缺量。

$$\sum_{i\in I}\sum_{m\in M}x_{ijlm}^{\xi}\geqslant e_l^{\xi}d_{jl}^{\xi},\quad \forall j\in J,l\in L,\xi\in\varXi \tag{4.42}$$

$$\sum_{i\in I}\sum_{m\in M}y_{ijlm}^{\omega}\geqslant e_l^{\omega}d_{jl}^{\omega},\quad \forall j\in J,l\in L,\omega\in\varOmega \tag{4.43}$$

为了保证各个受灾点接收物资的公平性，式 (4.42) 和式 (4.43) 分别表示原生灾害和次生灾害发生后分配给受灾点的物资数量高于最小阈值。

$$\sum_{j\in J}\sum_{l\in L}x_{ijlm}^{\xi}w_l+\sum_{j\in J}\sum_{l\in L}y_{ijlm}^{\omega}w_l\leqslant q_mb_{im},\quad \forall i\in I,m\in M,\xi\in\varXi,\omega\in\varOmega \tag{4.44}$$

约束 (4.44) 表示应急物资运输量不能超过每种运输模式的能力上限。

$$x_{ijlm}^{\xi}\geqslant 0,\quad \forall i\in I,j\in J,l\in L,m\in M,\xi\in\varXi \tag{4.45}$$

$$y_{ijlm}^{\omega}\geqslant 0,\quad \forall i\in I,j\in J,l\in L,m\in M,\omega\in\varOmega \tag{4.46}$$

式 (4.45) 和式 (4.46) 为决策变量的取值范围约束。

最终，得到如下优化问题（O）：

$$\min\left\{\sum_{i\in I}\sum_{l\in L}z_{il}c_{il}+\mathbb{E}[f(Y,\omega)]\right\}$$

$$\text{s.t.}\quad z_{il}\in\{0,1\},\quad \forall i\in I,l\in L$$

其中

$$\mathbb{E}[f(Y,\omega)]\triangleq\min\{f_1,f_2,f_3\}$$

$$f_1=\min\left\{\sum_{\xi\in\varXi}p^{\xi}\sum_{i\in I}\sum_{j\in J}\sum_{l\in L}\sum_{m\in M}t_{ijm}^{\xi}x_{ijlm}^{\xi}+\mathbb{E}\left[f_1^2(Y,\omega)\right]\right\}$$

$$f_2 = \min\left\{\sum_{\xi\in\Xi} p^{\xi} \sum_{i\in I}\sum_{j\in J}\sum_{l\in L}\sum_{m\in M} s^{\xi}_{ijm} x^{\xi}_{ijlm} + \mathbb{E}\left[f_2^2(Y,\omega)\right]\right\}$$

$$f_3 = \min\left\{\sum_{\xi\in\Xi} p^{\xi} \sum_{j\in J}\sum_{l\in L} W^{\xi}_{jl} + \mathbb{E}\left[f_3^2(Y,\omega)\right]\right\}$$

$$\text{s.t.}\ \ W^{\xi}_{jl} = \max\left(d^{\xi}_{jl} - \sum_{i\in I}\sum_{m\in M} x^{\xi}_{ijlm}, 0\right),\quad \forall j\in J, l\in L, \xi\in\Xi$$

$$\sum_{i\in I}\sum_{m\in M} x^{\xi}_{ijlm} \geqslant e^{\xi}_{l} d^{\xi}_{jl},\quad \forall j\in J, l\in L, \xi\in\Xi$$

$$x^{\xi}_{ijlm} \geqslant 0,\quad \forall i\in I, j\in J, l\in L, m\in M, \xi\in\Xi$$

其中

$$\min\left[f_1^2(Y,\omega)\right] = \min\sum_{\omega\in\Omega}\sum_{i\in I}\sum_{j\in J}\sum_{l\in L}\sum_{m\in M} \Pr(\omega\mid\xi) t^{\omega}_{ijm} y^{\omega}_{ijlm}$$

$$\min\left[f_2^2(Y,\omega)\right] = \min\sum_{\omega\in\Omega}\sum_{i\in I}\sum_{j\in J}\sum_{l\in L}\sum_{m\in M} \Pr(\omega\mid\xi) s^{\omega}_{ijm} y^{\omega}_{ijlm}$$

$$\min\mathbb{E}\left[f_3^2(Y,\omega)\right] = \min\sum_{\omega\in\Omega}\sum_{i\in I}\sum_{j\in J}\sum_{l\in L}\sum_{m\in M} \Pr(\omega\mid\xi) \sum_{j\in J}\sum_{l\in L} W^{\omega}_{jl}$$

$$\text{s.t.}\ \ \sum_{l\in L}\left[\sum_{j\in J}\sum_{m\in M} x^{\xi}_{ijlm} + \sum_{j\in J}\sum_{m\in M} y^{\omega}_{ijlm}\right] \leqslant a_i,\quad \forall i\in I, \xi\in\Xi, \omega\in\Omega$$

$$W^{\omega}_{jl} = \max\left(d^{w}_{jl} - \sum_{i\in I}\sum_{m\in M} y^{\omega}_{ijlm}, 0\right),\quad \forall j\in J, l\in L, \omega\in\Omega$$

$$\sum_{i\in I}\sum_{m\in M} y^{\omega}_{ijlm} \geqslant e^{\omega}_{l} d^{\omega}_{jl},\quad \forall j\in J, l\in L, \omega\in\Omega$$

$$\sum_{j\in J}\sum_{l\in L} x^{\xi}_{ijlm} w_l + \sum_{j\in J}\sum_{l\in L} y^{w}_{ijlm} w_l \leqslant q_m b_{im},\quad \forall i\in I, m\in M, \xi\in\Xi, \omega\in\Omega$$

$$y^{\omega}_{ijlm} \geqslant 0,\quad \forall i\in I, j\in J, l\in L, m\in M, \omega\in\Omega$$

考虑到上述模型为多目标函数随机优化模型，直接求解较为困难，下面将介绍模型转化及求解方法。

2. 模型转换

针对上述模型，当问题规模较大时直接求解较为困难。求解难度来源于以下两个方面。一是多目标函数，且不同目标函数之间相互制约，用现有的商业求解软件较难求解。因此，本章将运用模糊多目标线性规划模型的方法将多目标修改为单目标的形式。二是原生灾害和次生灾害下随机场景数量导致的求解难度。为了求解该问题，本章将三阶段随机规划模型近似转化为单阶段的形式以应对大规模问题。

4.3.3　模型求解方法

1. 单目标优化模型转化

常用的多目标函数转化方法包括理想点法、加权和法及功效系数法[132]。多数方法因引入非线性模型而增加求解困难[133]。现有文献中应用最为广泛的方法为权重法[134]，其主要思想为通过为多目标函数中的各个目标函数设置相应的权重系数将其转化为单目标的形式。此方法虽然简单，但是解的质量取决于分配到各个目标函数的权重，而当每个目标函数的重要性尚不清晰时，无法选择有说服力的权重系数。

在本章所研究的问题中，虽然第三个目标函数的重要性高于前两个目标函数，但仍难以确定其权重系数。另外，在灾害初始阶段，相关信息还处于模糊的状态，因此可以运用模糊的方法将多目标函数转化为单目标函数模型。对于每个目标函数 f_n（$n=1,2,3,4$），最优目标函数值（f_n^+）、最差目标函数值（f_n^-）可以通过单独求解每个目标函数获得。进一步地，可得到各目标的柔性指标和模糊目标约束方程：

$$\Delta f_n = f_n^+ - f_n^- \tag{4.47}$$

$$f_n \leqslant f_n^-,\ n=1,2,3 \tag{4.48}$$

将这三个模糊目标集建立为 Q_n，其隶属度函数定义如下[135]：

$$\mu Q_n = U_n(f_n) = \begin{cases} 1, & f_n \leqslant f_n^+ \\ 1-\dfrac{f_n - f_n^+}{f_n^- - f_n^+}, & f_n^+ \leqslant f_n \leqslant f_n^- \\ 0, & f_n \geqslant f_n^- \end{cases} \tag{4.49}$$

然后引入隶属度 λ 且：

$$U_n = \mu Q_n = \frac{f_n - f_n^-}{f_n^+ - f_n^-} \geqslant \lambda$$

当目标函数 f_n 取得其最优值 f_n^+ 时，$U_n=1$；相反地，当目标函数 f_n 取得其最差值 f_n^- 时，$U_n=0$。其线性关系如图 4.10 所示。因此，多目标函数转化为求解隶属度 λ 的最大值。

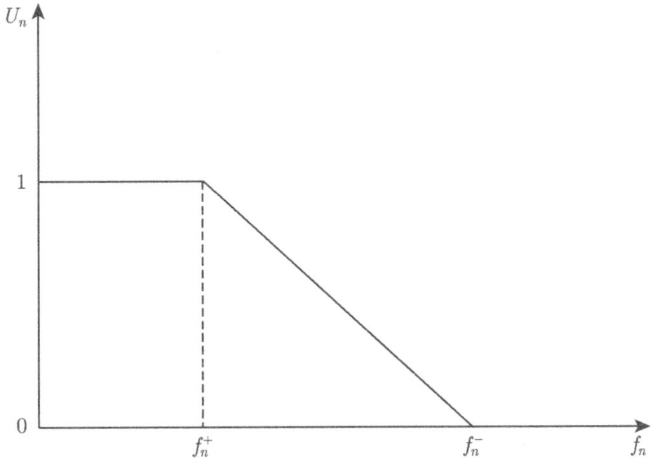

图 4.10 模糊目标的线性隶属度函数

因此，可以得到这些目标函数的模糊约束方程为

$$f_n - f_n^- \leqslant \Delta f_n \lambda \tag{4.50}$$

令 $Q=Q_1\cap Q_2\cap Q_3$，则原问题可写为如下形式：

$$\max \lambda \tag{4.51}$$

$$\text{s.t.}\ \ \frac{f_1-f_1^-}{f_1^+-f_1^-}\geqslant\lambda \tag{4.52}$$

$$\frac{f_2-f_2^-}{f_2^+-f_2^-}\geqslant\lambda \tag{4.53}$$

$$\frac{f_3-f_3^-}{f_3^+-f_3^-}\geqslant\lambda \tag{4.54}$$

令 k_n 表示每个约束方程的剩余变量。优化问题（O）中的目标函数值可以通过式 (4.55) 计算：

$$f_n^* = f_n^- + \lambda \times \varDelta f_n + k_n \tag{4.55}$$

接下来将通过以下命题改写原模型。

命题 4.4 对于优化问题（O）中的每个目标函数 f_n（$n=1,2,3$），假设每个目标函数的上界和下界分别为 f_n^+ 和 f_n^-，令 $\Theta \triangleq (X,Y)$ 表示约束的可行域，然后得到如下模型，将多目标函数模型转化为单目标模型（SO）：

$$\max_{X,Y\in\Theta} \lambda \tag{4.56}$$

$$\text{s.t. 式 (4.40), 式 (4.42), 式 (4.45)}$$

$$\frac{f_1-f_1^-}{f_1^+-f_1^-} \geqslant \lambda \tag{4.57}$$

$$\frac{f_2-f_2^-}{f_2^+-f_2^-} \geqslant \lambda \tag{4.58}$$

$$\frac{f_3-f_3^-}{f_3^+-f_3^-} \geqslant \lambda \tag{4.59}$$

其中

$$\max \theta$$

$$\text{s.t. 式 (4.39), 式 (4.41), 式 (4.43), 式 (4.46)}$$

$$\frac{g_1-g_1^-}{g_1^+-g_1^-} \geqslant \theta \tag{4.60}$$

$$\frac{g_2-g_2^-}{g_2^+-g_2^-} \geqslant \theta \tag{4.61}$$

$$\frac{g_3-g_3^-}{g_3^+-g_3^-} \geqslant \theta \tag{4.62}$$

其中，$g_1=\min\mathbb{E}[f_1^2(Y,\omega)], g_2=\min\mathbb{E}[f_2^2(Y,\omega)], g_3=\min\mathbb{E}[f_3^2(Y,\omega)]$ 且 θ 为隶属度辅助变量。

单目标模型（SO）是一个三阶段随机规划模型，每个阶段只有一个目标函数，与加权和法相比，该方法可以减少求解过程中的主观性，进而体现不同目标的重要性。同时，还可以根据实际情况改变柔性指标来保证该方法的灵活性。

2. 大规模问题下两阶段近似方法

对于小规模案例，如 Cplex 等商业软件可以直接求解单目标模型（SO），但是当问题规模增大时，则需要采取相应的措施来更快地求解模型。因此，本章提出通过估计第三阶段最优解进而将模型近似为两阶段方法来简化模型。

第三阶段的最优值主要受次生灾害随机场景发生概率较高的几个受灾点的影响，这意味着在此情况下得到的解将会适用于其他随机场景。因此，近似模型可写为如下形式：

$$f_1 = \min\left\{\sum_{\xi\in\Xi}p^{\xi}\sum_{i\in I}\sum_{j\in J}\sum_{l\in L}\sum_{m\in M}t^{\xi}_{ijm}x^{\xi}_{ijlm} + \max_{\omega\in\Omega}\sum_{i\in I}\sum_{j\in J}\sum_{l\in L}\sum_{m\in M}t^{\omega}_{ijm}y^{\omega}_{ijlm}\right\} \tag{4.63}$$

$$f_2 = \min\left\{\sum_{\xi\in\Xi}p^{\xi}\sum_{i\in I}\sum_{j\in J}\sum_{l\in L}\sum_{m\in M}s^{\xi}_{ijm}x^{\xi}_{ijlm} + \max_{\omega\in\Omega}\sum_{i\in I}\sum_{j\in J}\sum_{l\in L}\sum_{m\in M}s^{\omega}_{ijm}y^{\omega}_{ijlm}\right\} \tag{4.64}$$

$$f_3 = \min\left\{\sum_{\xi\in\Xi}p^{\xi}\sum_{j\in J}\sum_{l\in L}W^{\xi}_{jl} + \max_{\omega\in\Omega}\sum_{j\in J}\sum_{l\in L}W^{\omega}_{jl}\right\} \tag{4.65}$$

s.t. 式 (4.40), 式 (4.42), 式 (4.45)

$$\sum_{j\in J}\sum_{m\in M}x^{\xi}_{ijlm} + \max_{\omega\in\Omega}\sum_{j\in J}\sum_{m\in M}y^{\omega}_{ijlm} \leqslant a_i, \quad \forall i\in I, l\in L, \xi\in\Xi \tag{4.66}$$

$$W^{\omega}_{jl} = \max_{\omega\in\Omega}\left[\max\left(d^{\omega}_{jl} - \sum_{i\in I}\sum_{m\in M}y^{\omega}_{ijlm}, 0\right)\right], \quad \forall j\in J, l\in L \tag{4.67}$$

$$\max_{\omega\in\Omega}\sum_{i\in I}\sum_{m\in M}y^{\omega}_{ijlm} \geqslant e^{\omega}_{l}d^{\omega}_{jl}, \quad \forall j\in J, l\in L \tag{4.68}$$

$$\sum_{j\in J}\sum_{l\in L}x^{\xi}_{ijlm}w_l + \max_{\omega\in\Omega}\sum_{j\in J}\sum_{l\in L}y^{\omega}_{ijlm}w_l \leqslant q_m b_{im}, \quad \forall i\in I, m\in M, \xi\in\Xi \tag{4.69}$$

$$y^{\omega}_{ijlm} \in R^{+}\cup\{0\}, \quad \forall i\in I, j\in J, l\in L, m\in M \tag{4.70}$$

两阶段近似方法利用最坏的情况来涵盖所有可能的次生灾害。因此，第二阶段的随机问题变成了确定性问题，减少了场景的个数并简化了问题。虽然这种近似可能会高估现实情况，造成过度分配，但对于应急救援来说，它仍然比减少供应更有意义。

4.3.4 数值实验

为了验证本章所提出方法的有效性，运用 2008 年汶川地震数据进行数值实验。2008 年 5 月 12 日，中国四川省汶川县发生 8 级地震，造成近 7 万人死亡，

17 923 人失踪。地震造成了大量滑坡、崩塌等次生灾害。中国地质调查局已确定了 4970 处潜在危险地点、1701 处滑坡、1844 处岩崩、515 处泥石流和 1093 处不稳定斜坡[136]。根据《人民日报》的数据，确定了 25 个受影响地区，其中 18 个位于四川省。本章选取这 18 个城市作为受灾点，假定每个城市都有发生次生灾害的概率。本章所产生的随机场景及发生概率由相关专家或专业从业人员根据历史数据来估计，考虑 50 个场景，灾害发生概率取值范围为 [0.1, 0.25]。基于中国地震局的统计数据，根据受灾人数计算需求量，如表 4.12 和表 4.13 所示（由于篇幅限制，只给出三个场景）。

表 4.12　原生灾害场景参数

受灾点	需求量 a（帐篷, 饮用水）		
	场景 1	场景 2	场景 3
1	(5,13.3)	(4.4,11.7)	(3.8,10)
2	(3.1,8.3)	(2.5,6.7)	(2.3,6)
3	(5,13.3)	(4.4,11.7)	(4.5,12)
4	(5,13.3)	(3.8,10)	(4.4,11.7)
5	(1.9,5)	(1.5,4)	(1.3,3.3)
6	(1.3,3.3)	(1,2.7)	(0.8,2)
7	(8.8,23.3)	(6.3,16.7)	(5.6,15)
8	(1.3,3.3)	(1,2.7)	(0.8,2)
9	(3.1,8.1)	(2.5,6.7)	(2.3,6)
10	(1.7,5.1)	(5,13.3)	(3.8,10)
11	(3.1,8.1)	(2.5,6.7)	(2.3,6)
12	(1.7,4.5)	(5,13.3)	(4.5,12)
13	(2.1,5.5)	(3.8,10)	(4.4,11.7)
14	(3.3,6.6)	(1.9,5)	(1.3,3.3)
15	(4.1,7.6)	(1,2.7)	(0.8,2)
16	(1.3,3.3)	(8.8,23.3)	(5.6,15)
17	(3.2,3.4)	(1,2.7)	(0.8,2)
18	(2.3,4.8)	(3.1,8.3)	(2.3,6)

a 需求量以千为数量级。一个帐篷可容纳 6～8 人，一个饮用水单位包含 24 瓶（每瓶 500 毫升）

表 4.13　次生灾害场景参数

受灾点	需求量（帐篷, 饮用水）		
	场景 1	场景 2	场景 3
1	(0.6,1.7)	(4.4,11.7)	(3.8,10)
2	(0.2,0.4)	(2.5,6.7)	(2.3,6)
3	(0.9,2.3)	(4.4,11.7)	(4.5,12)
4	(0.1,0.2)	(3.8,10)	(4.4,11.7)
5	(0.1,0.1)	(1.5,4)	(1.3,3.3)
6	(1.1,3)	(1,2.7)	(0.8,2)
7	(0.1,0.1)	(6.3,16.7)	(5.6,15)
8	(0.1,0.2)	(1,2.7)	(0.8,2)

续表

受灾点	需求量（帐篷, 饮用水）		
	场景 1	场景 2	场景 3
9	(0.6,1.7)	(2.5,6.7)	(2.3,6)
10	(0.1,0.3)	(5,13.3)	(3.8,10)
11	(0.6,1.7)	(2.5,6.7)	(2.3,6)
12	(0.1,0.1)	(5,13.3)	(4.5,12)
13	(0,0)	(3.8,10)	(4.4,11.7)
14	(1,2.7)	(1.9,5)	(1.3,3.3)
15	(0,0)	(1,2.7)	(0.8,2)
16	(0.1,0.1)	(8.8,23.3)	(5.6,15)
17	(0.6,1.7)	(1,2.7)	(0.8,2)
18	(0.2,0.4)	(3.1,8.3)	(2.3,6)

仓储中心位于受损程度较轻、交通便利的成都和德阳。其中，应急物资包括帐篷和饮用水，其可用数量如表 4.14 所示。每种资源的最低安全需求满足率如表 4.15 所示。

表 4.14 仓储中心参数

仓储中心	可用物资数量 [a]（帐篷, 饮用水）
成都	(16, 40)
德阳	(10, 30)

a 供应数量以千为数量级

表 4.15 每种资源的最低安全需求满足率

物资类型	场景 1	场景 2	场景 3
帐篷	0.6	0.8	0.85
饮用水	0.65	0.85	0.9

考虑到道路受地震影响的实际情况，三种运输方式下各仓储中心到受灾点的最短运输距离和时间如表 4.16 和表 4.17 所示。通过采访部分快递行业从业人员，并根据实际情况估算了各资源的单位运输成本，如表 4.18 所示。每种运输方式的重量分别为 70 公斤、20 公斤和 600 公斤。帐篷的单位重量为 120 公斤/千单位，饮用水的单位重量为 12 公斤/千单位。各仓储中心运输工具数量如表 4.19 所示。

表 4.16 从仓储中心到受灾点的运输距离（单位：公里）

地区	成都			德阳		
	公路	空运	铁路	公路	空运	铁路
汶川	(400,320,180)	(100,100,100)	—	(480,400,220)	(90,90,90)	—
北川	(390,340,250)	(150,150,150)	—	(210,190,150)	(80,80,80)	—
绵竹	(160,97,140)	(75,75,75)	(220,100,180)	(75,32,50)	(30,30,30)	(100,50,75)

续表

地区	成都			德阳		
	公路	空运	铁路	公路	空运	铁路
什邡	(90,65,65)	(53,53,53)	(165,83,83)	(50,27,40)	(22,22,22)	(75,37,55)
青川	(650,480,370)	(245,245,254)	—	(380,320,290)	(180,180,180)	—
茂县	(270,230,180)	(116,116,116)	—	(260,220,200)	(80,80,80)	—
安县	(200,140,130)	(110,110,110)	—	(135,90,60)	(47,47,47)	—
都江堰	(99,75,65)	(56,56,56)	—	(160,130,100)	(76,76,76)	—
平武	(120,95,80)	(60,60,60)	—	(160,140,130)	(82,82,82)	—
江油	(240,160,190)	(140,140,140)	(230,145,200)	(120,93,100)	(80,80,80)	(140,88,120)
彭州	(100,90,50)	(40,40,40)	—	(100,85,60)	(45,45,45)	—
理县	(240,210,190)	(122,122,122)	—	(320,250,250)	(122,122,122)	—
广元	(360,325,350)	(263,263,263)	(330,275,300)	(300,250,270)	(200,200,200)	(300,220,240)
资阳	(110,75,75)	(62,62,62)	—	(40,25,25)	—	—
罗江	(110,100,100)	(83,83,83)	(160,130,130)	(45,31,31)	(23,23,23)	(100,64,64)
崇州	(90,50,75)	(37,37,37)	—	(180,115,135)	(88,88,88)	—
大邑	(90,70,70)	(52,52,52)	—	(150,128,128)	(103,103,103)	—
汉源	(270,230,230)	(200,200,200)	(320,230,230)	(360,320,320)	(260,260,260)	(315,270,270)

注：括号中的数值分别表示场景 1、2、3 的运输距离

表 4.17 从仓储中心到受灾点的运输时间（单位：小时）

地区	成都			德阳		
	公路	空运	铁路	公路	空运	铁路
汶川	(4,3,5)	(0.4,0.4,0.4)	—	(5.3,4.4,2.4)	(0.4,0.4,0.4)	—
北川	(4.2,3.5,28)	(0.6,0.6,0.6)	—	(2.3,2.1,1.7)	(0.3,0.3,0.3)	—
绵竹	(2,1.1,1.5)	(0.3,0.3,0.3)	(3.1,1.3,2.4)	(0.8,0.4,0.5)	(0.1,0.1,0.1)	(1.3,0.7,0.1)
什邡	(1.1,0.7,0.7)	(0.2,0.2,0.2)	(2.2,1.1,1.1)	(0.5,0.3,0.4)	(0.1,0.1,0.1)	(1,0.5,0.7)
青川	(7,5.2,4.1)	(1,1,1)	—	(4.2,3.5,3.2)	(0.7,0.7,0.7)	—
茂县	(3,2.5,2)	(0.5,0.5,0.5)	—	(2.8,2.4,2.2)	(0.3,0.3,0.3)	—
安县	(2,1.5,1.4)	(0.4,0.4,0.4)	—	(1.4,1,0.7)	(0.2,0.2,0.2)	—
都江堰	(1.1,0.8,0.7)	(0.2,0.2,0.2)	—	(1.7,1.4,1.1)	(0.3,0.3,0.3)	—
平武	(1.3,1,0.9)	(0.2,0.2,0.2)	—	(1.8,1.5,1.4)	(0.3,0.3,0.3)	—
江油	(2.5,1.8,2)	(0.6,0.6,0.6)	(3,1.9,2.4)	(1.3,1,1.1)	(0.3,0.3,0.3)	(1.8,1.2,1.4)
彭州	(1.1,0.9,0.6)	(0.2,0.2,0.2)	—	(1.1,0.9,0.7)	(0.2,0.2,0.2)	—
理县	(2.7,2.3,21)	(0.5,0.5,0.5)	—	(3.2,2.8,2.8)	(0.5,0.5,0.5)	—
广元	(4,3.6,3.8)	(1.1,1.1,1.1)	(4.4,3.7,4)	(3.2,2.8,3)	(0.8,0.8,0.8)	(4,2.9,3.2)
资阳	(1.2,0.8,0.8)	(0.2,0.2,0.2)	—	(0.4,0.2,0.2)	—	—
罗江	(1.2,1.1,1.1)	(0.3,0.3,0.3)	(2,1.7,1.7)	(0.5,0.3,0.3)	(0.1,0.1,0.1)	(1.3,0.9,0.9)
崇州	(1,0.6,0.8)	(0.1,0.1,0.1)	—	(1.9,1.3,1.5)	(0.4,0.4,0.4)	—
大邑	(1,0.8,0.8)	(0.2,0.2,0.2)	—	(1.6,1.4,1.4)	(0.4,0.4,0.4)	—
汉源	(3,2.5,2.5)	(0.8,0.8,0.8)	(4.2,3,3)	(4,3.6,3.6)	(1,1,1)	(4.2,3.6,3.6)

注：括号中的数值分别表示场景 1、2、3 的运输时间

表 4.18 单位运输成本参数（单位：千元/（公里 · 千单位））

应急物资	公路	空运	铁路
帐篷	(1.2,1.05,1.1)	(3,3,3)	(0.5,0.5,0.5)
饮用水	(0.8,0.65,0.7)	(1,1,1)	(0.5,0.5,0.5)

注：括号中的数值分别表示场景 1、2、3 的单位运输成本

表 4.19 可用运输工具数量

仓储中心	公路/辆	空运/架	铁路/列
成都	90	30	5
德阳	50	20	3

4.3.5 结论分析

最终结果如表 4.20 所示，其中显示了帕累托最优解的目标值。本章重点关注是否考虑次生灾害所得解的差异。下面将本章提出的方法与经典加权和的方法以及模型近似求解的方进行比较。

表 4.20 帕累托最优解目标函数值

项目	总运输时间	总运输成本	总未满足需求
最优值	580.6	13 515.2	166.2
最差值	781.1	17 328.2	196.3

1. *与加权和方法性能比较*

本节将所提出的模糊多目标线性规划方法与加权和方法进行了比较。各目标函数的最优值和最差值如表 4.20 所示，每个目标函数单独求解时可以获得最优值和最差值：$f_1^+ = 580.6, f_1^- = 781.1, f_2^+ = 13\ 515.2, f_2^- = 17\ 328.2, f_3^+ = 166.2, f_3^- = 196.3$。为了分析不同的权重组合对模型目标函数值的影响，设置了 10 组权重，得到以下结论。

如图 4.11 所示，虽然第三个目标的优化效果比较好，但其他两个目标的函数值波动较大。一个目标函数的优化不仅取决于对其分配的权重，还依赖于其他两个目标函数的权重分配。例如，从前四组数据来看，虽然第二个目标函数的权重是 1/6，但是由于另外两个目标函数的权重不同，所以这个目标的函数值也有较大的变化。变化的趋势很难把握，特别是在灾后的复杂环境中，很难根据个体的主观判断为每个目标函数分配准确的权重。相比之下，模糊多目标线性规划方法可以减少求解方法的主观性，科学识别计算过程中各目标函数的重要性，提供稳定的模糊最优解。

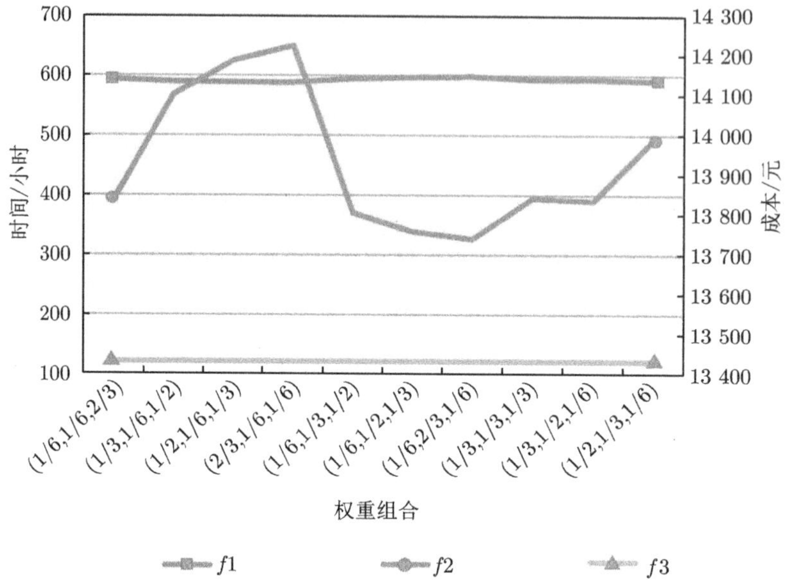

图 4.11 不同权重组合下的目标函数值

$f1 \sim f3$ 分别表示运输时间、运输成本和物资短缺惩罚成本

2. 模型近似方法的表现分析

为了加快求解过程，本章考虑第二阶段中最坏的情况进而将模型近似为单阶段随机规划模型，并且为了观察其性能，对比原模型进行了 10 次测试，结果如表 4.21 所示。

表 4.21 近似模型与原模型的性能比较

模型	运输时间/小时	运输成本/元	未满足需求	求解时间/秒
近似模型	580.6	$13\ 515.2\times10^3$	166.2	171.2
原模型	551.3	$13\ 014.1\times10^3$	187.5	310.3

结果发现，原模型求得的总运输时间和总运输成本优于近似模型，这是因为原模型的数据比近似模型更精确。但与原模型相比，近似模型有助于减少总未满足需求，这是因为考虑了最坏的情况，受灾点的需求量可能比正常情况下更大，近似模型将分配更多的资源。另外，近似模型的求解时间明显小于原模型，因此该模型在应急物流中将会有较好的应用效果。

3. 是否考虑次生灾害的影响

本章所提出的模型的一个重要特点是考虑了次生灾害发生的可能性，这与文献中的模型有所不同。本节将通过对比忽略次生灾害（即只根据原生灾害场景分配资源）和考虑次生灾害两种情形下的最优解决方案，分析该特性的影响。

帐篷与饮用水满意度的对比结果如图 4.12 所示。在模型 1 中，考虑次生灾害，每个受灾点接收到的物资数量均高于设置的最低需求满足率，保证了每个点的公平性。其中，模型 1 为考虑次生灾害，模型 2 为不考虑次生灾害。图 4.12 显示了两种策略下帐篷和饮用水的需求满足率，可以看出考虑次生灾害时的需求满足率分别达到了 82%和 84%，远高于不考虑次生灾害策略的 58%和 64%，这证明了我们的模型在救援中的意义。在实践中，要提供可持续的救援，必须确保有足够的救援资源。考虑次生灾害有助于设计更可靠的分配解决方案。因此，在救灾后勤设计中考虑次生灾害具有重要的现实意义。

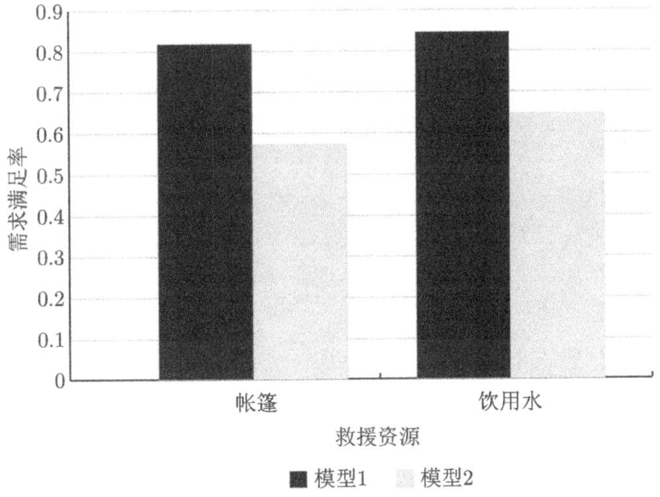

图 4.12 是否考虑次生灾害对需求满足率的影响

4.4 本章小结与管理启示

本章针对突发事件应急物资分配中的种类多、时间紧，以及潜在的次生灾害造成的影响等问题，同时考虑了原生灾害和次生灾害对应急物流网络设计的影响，一方面运用基于场景的随机优化方法描述决策过程中的需求量、运输时间等不确定参数，设置概率场景树表示原生灾害与次生灾害之间的关系；另一方面，根据现实情况，分别设置运输时间、运输成本以及未满足需求量最小为优化目标，建立三阶段多目标随机优化模型。提出基于隶属度模糊辅助变量的方法将多目标模型转化为单目标模型，并在此基础上提出一种近似的两阶段随机优化模型以降低模型求解难度。以汶川地震为背景设置数值实验，验证了考虑次生灾害可以提升持续救援能力，近似优化的方法有助于提高需求满足率，加快模型求解速度。通过本章的研究，得到以下管理学启示。

（1）突发事件具有发生突然、发展速度快、数据难以收集的特点。为了及时、科学、有效地应对各种灾害事故，制订应急资源调度计划是抢险救灾的关键步骤，选择恰当的应急服务点和资源储备能最大限度地减轻灾害事故带来的不利后果，因此在计划制订中充分考虑潜在的次生灾害能够缩短应急物资的交付时间，减轻灾害发生后灾民的痛苦。

（2）在实际中，为了最大限度地降低灾民损失，提高救援效率，最大化有限资源利用率，决策者应当从时间效率、需求满足率以及经济性等方面进行考虑并设置优化目标。结合考虑次生灾害给资源配置计划带来的影响，尽可能提高整体的可持续救援能力。

（3）及时、可持续地提供应急资源是救灾管理的关键。针对所建立的多目标优化模型求解难的问题，决策者需运用复杂度低、可靠性高的方法将其转化为短时间内可解的形式，以应对灾后紧急决策的要求。本章所提出的基于隶属度的模糊辅助变量方法能够有效提高决策的质量和效率。

（4）应急救援是一项持续不断的活动。因此，只研究单周期静态条件下的资源分配问题是不够的。考虑多时段动态应急资源配置是一个可能的研究方向。接下来本书将对应急物流网络多周期动态决策问题进行研究。

第 5 章 基于随机优化考虑次生灾害的应急物流网络规划

5.1 引　　言

本章首先研究了考虑潜在次生灾害的应急物流网络优化问题，针对可能在多个地点发生次生灾害的情形，建立了灾害链中多资源应急调度模型，以提高应急物流网络在灾害发生后的救援能力。本章的主要工作包括以下几个方面。

（1）根据实际中应急物流网络所面临的多资源种类、多应急设施和多受灾点的情形，结合潜在的次生灾害，构建应急物流网络优化模型，并设计基于线性规划和图论中网络优化思想的启发式算法。

（2）考虑到灾害的动态性，单周期应急物流网络优化方案运行效率以及可行性会随时间逐渐降低。本章将在单周期决策的基础上，研究应急物流网络多周期优化设计问题，并对设施选址、人员疏散、物资分配等计划进行动态决策和调整，以提高网络的持续救援能力。

（3）由于本章所研究的应急物流网络设施选址及物资分配问题为经典选址问题的变种，是 NP 难问题，而引入随机变量后模型规模扩大使得求解更加困难，因此本章将基于经典算法结合问题特点提出改进措施，使其在短时间内能够获得质量较高的解。

5.2 单周期应急物流网络随机优化模型构建及求解

5.2.1 问题描述

给定路网 $G=(V,E)$，V 为节点集合，E 为节点之间的弧集合。应急响应中心用 L 表示，$L\subset V$。应急资源种类集合表示为 R，每个应急响应中心包含 w 种可用应急物资，$w\in R$。用 $B_1,B_2,\cdots,B_m$ 表示节点集合 F 中发生原生灾害的受灾点，$F\subset V$，$C_1,C_2,\cdots,C_k$ 为节点集合 N 中潜在的次生灾害受灾点，$N\in V$，且对于每个次生灾害点，发生次生灾害的概率为 $p_v(v\in N)$。其他参数及决策变量符号表示如表 5.1 所示。

为了简化本章中模型构建及分析过程，现做如下假设。

表 5.1　符号表示

符号	描述
r_i^j	应急响应中心 i 中类型为 j 的可用物资数量, $i \in L, j \in R$
n_f^j	在受灾点 f 对类型为 j 的物资的需求量, $f \in F$, $j \in R$
t_{if}	从应急响应中心 i 到原生灾害受灾点 f 的最短行驶时间，$i \in L, f \in F$
t_{iv}	从应急响应中心 i 到次生灾害受灾点 v 的最短行驶时间，$i \in L, v \in N$
n_v^j	受灾点 v 对类型为 j 的物资的需求量，$\forall j \in R, \forall v \in N$
t_v	t_{iv} 的最小值，$t_v = \min_{i\in L}\{t_{iv}\}, \forall v \in N$
x_{if}^j	从应急响应中心 i 分配物资类型为 j 到原生灾害受灾点 f 的数量
y_{iv}^j	从应急响应中心 i 分配物资类型为 j 到次生灾害受灾点 v 的数量
s_i^j	原生灾害受灾点的资源调度后, 应急响应中心 i 的 j 种资源可用量, $i \in L, j \in R$

（1）假设原生灾害所引发的次生灾害以一定概率发生，且暂不考虑次生灾害所引起的后续灾害。

（2）假设备选应急物资分配中心位置已知，且有容量限制。

（3）原生灾害和次生灾害需求相互独立。

（4）不考虑物资运输时间的不确定性。

（5）假设应急资源调度完全理性，兼顾原生灾害与次生灾害所造成的物资需求。

5.2.2　应急物流网络单目标优化模型

考虑次生灾害的多受灾点、多资源类型、多出救点的应急物流网络的混合整数规划模型构建如下：

$$\min \sum_{i\in L}\sum_{f\in F}\sum_{j\in R} t_{if}x_{if}^j + \sum_{i\in L}\sum_{v\in N}\sum_{j\in R} p_v\left(t_{iv}-t_v\right)y_{iv}^j \tag{5.1}$$

$$\text{s.t.} \sum_{f\in F} x_{if}^j + s_i^j = r_i^j, \quad \forall i \in L, \forall j \in R \tag{5.2}$$

$$\sum_{i\in L} x_{if}^j = n_f^j, \quad \forall f \in F, \forall j \in R \tag{5.3}$$

$$\sum_{i\in L} y_{iv}^j = n_v^j, \quad \forall v \in N, \forall j \in R \tag{5.4}$$

$$y_{iv}^j \leqslant s_i^j, \quad \forall i \in L, \forall v \in N, \forall j \in R \tag{5.5}$$

$$\boldsymbol{x}, \boldsymbol{y} \geqslant 0,\ \boldsymbol{s} \geqslant 0 \tag{5.6}$$

其中, 目标函数 (5.1) 为资源的调度总时间, 包括两部分: $\sum_{i\in L}\sum_{f\in F}\sum_{j\in R} t_{if}x_{if}^j$ 为原生灾害应急资源调度的时间，$\sum_{i\in L}\sum_{v\in N}\sum_{j\in R} p_v\left(t_{iv}-t_v\right)y_{iv}^j$ 为将这些应急物资分配给潜在的次生灾害点的机会成本。约束（5.2）为原生灾害受灾点资源

可用量约束。约束（5.3）为原生灾害应急物资的调度满足供需平衡。约束（5.4）为次生灾害应急物资的调度满足供需平衡。约束（5.5）为次生灾害应急物资可用量约束。(5.6）为决策变量的取值范围约束。

1. 模型转换

首先，我们定义原生灾害受灾点的资源调度方案。

定义 5.1 $\boldsymbol{\alpha}_f$ 为原生灾害受灾点 B_f（$f\in F$）的应急救援物资分配方案，$\boldsymbol{\beta}_v$ 为次生灾害受灾点 $C_v(v\in M)$ 的物资分配方案：

$$\boldsymbol{\alpha}_f=\begin{bmatrix} x_{1f}^1 & x_{2f}^1 & \cdots & x_{|L|f}^1 \\ x_{1f}^2 & x_{2f}^2 & \cdots & x_{|L|f}^2 \\ \vdots & \vdots & & \vdots \\ x_{1f}^w & x_{2f}^w & \cdots & x_{|L|f}^w \end{bmatrix},\ \boldsymbol{\beta}_v=\begin{bmatrix} y_{1v}^1 & y_{2v}^1 & \cdots & y_{|L|v}^1 \\ y_{1v}^2 & y_{2v}^2 & \cdots & y_{|L|v}^2 \\ \vdots & \vdots & & \vdots \\ y_{1v}^w & y_{2v}^w & \cdots & y_{|L|v}^w \end{bmatrix}$$

其中，第 j 列表示各出救点向受灾点 f（或 v）调度第 j 种资源的向量（分别记为 $\boldsymbol{\alpha}_f^j,\boldsymbol{\beta}_v^j$），第 i 列表示出救点 i 向受灾点 f（或 v）调度物资的向量，若该向量为 0，则表示该点不参与应急。记任意 $\boldsymbol{\varphi}=\left\{\boldsymbol{\alpha}_1,\boldsymbol{\alpha}_2,\cdots,\boldsymbol{\alpha}_{|F|},\boldsymbol{\beta}_1,\boldsymbol{\beta}_2,\cdots,\boldsymbol{\beta}_{|M|}\right\}^{\mathrm{T}}$ 为一种调度方案。

定义 5.2 $\boldsymbol{\varphi}=\left\{\boldsymbol{\alpha}_1,\boldsymbol{\alpha}_2,\cdots,\boldsymbol{\alpha}_{|F|},\boldsymbol{\beta}_1,\ \boldsymbol{\beta}_2,\cdots,\boldsymbol{\beta}_{|M|}\right\}^{\mathrm{T}}$ 为一种调度方案。如果矩阵 $\boldsymbol{\alpha}_f$ 和矩阵 $\boldsymbol{\beta}_v$ 的第 j 行满足约束（5.2）～约束（5.6），则方案 $\boldsymbol{\varphi}$ 关于第 j 种资源是可行的。如果对于 $\forall j\in R$，方案 $\boldsymbol{\varphi}$ 关于第 j 种资源都是可行的，则称方案 $\boldsymbol{\varphi}$ 为可行方案。

因此，前文的目标函数可以改写为如下形式：

$$\min\sum_{i\in L}\sum_{f\in F}\sum_{j\in R}t_{if}x_{if}^j+\sum_{i\in L}\sum_{v\in N}\sum_{j\in R}p_v t_{iv}y_{iv}^j-\sum_{i\in L}\sum_{v\in N}\sum_{j\in R}p_v t_v y_{iv}^j \tag{5.7}$$

从约束（5.4）可以得到：

$$\sum_{i\in L}\sum_{v\in N}\sum_{j\in R}p_v t_v y_{iv}^j=\sum_{v\in N}\sum_{j\in R}p_v t_v n_v^j \tag{5.8}$$

其中，p_v,t_v,n_v^j 为给定的参数；$\sum_{v\in N}\sum_{j\in R}p_v t_v n_v^j$ 为常数。令 $\sum_{v\in N}\sum_{j\in R}p_v t_v n_v^j=C$，则式 (5.7) 可以重写为

$$\min\sum_{i\in L}\sum_{f\in F}\sum_{j\in R}t_{if}x_{if}^j+\sum_{i\in L}\sum_{v\in N}\sum_{j\in R}p_v t_{iv}y_{iv}^j-C \tag{5.9}$$

由于 C 对目标函数的求解不产生影响，化简得到目标函数如式 (5.10) 所示：

$$\min\sum_{i\in L}\sum_{f\in F}\sum_{j\in R}t_{if}x_{if}^{j}+\sum_{i\in L}\sum_{v\in N}\sum_{j\in R}p_{v}t_{iv}y_{iv}^{j} \tag{5.10}$$

在考虑次生灾害的多事件、多响应应急资源分配问题中，式 (5.10) 表示的是原生灾害资源分配成本与次生灾害期望成本的总和。次生灾害的期望成本可以根据此模型结构的特殊性计算得出。

令 Ω 表示可行方案集合，由定义 5.2 和式 (5.10) 可将目标函数最终转换为如下形式：

$$\min_{\varphi\in\Omega,\Omega\neq\phi}\sum_{i\in L}\sum_{f\in F}\sum_{j\in R}t_{if}x_{if}^{j}+\sum_{i\in L}\sum_{v\in N}\sum_{j\in R}p_{v}t_{iv}y_{iv}^{j} \tag{5.11}$$

最终得到简化之后的目标函数，下面将通过设计高效的算法来求解上述模型。

2. 算法设计

本节所建立的模型为混合整数规划模型，传统的分支定界法和切割平面法都能找到精确解[137]，但是由于本问题为 NP 难问题[138]，小规模问题可以用传统方法获得最优解，但实际突发事件的问题规模普遍较大，此时需要一种高效的算法来提高求解效率。因此提出一种多资源分类调度的启发式算法，该算法的基本思路是：先对线性规划问题的解进行松弛处理，然后对松弛解的最优部分进行修正，以找到应急物资向原生灾害点分配的策略。在此分配方案的基础上，根据次生灾害点的发生概率，确定次生灾害点的物资分配优先级。根据优先级采用局部搜索技术，将应急资源分配到这些潜在的次生灾害点，最终得到应急物资分配问题的一个满意方案。

定义 5.3 对出救点集合 L 中的任一出救点到潜在的次生灾害点 $v(v\in M)$ 的距离按升序排列，记 $\lambda_{\rho v}$ 为第 ρ 短的距离，即 λ_{1v} 为到受灾点 v 的最短距离，λ_{2v} 为第二短距离。这样可以构造一个出救点到受灾点的距离排序矩阵 $\mathrm{SP}_{|L|\times|M|}$，如下所示：

$$\mathrm{SP}_{|L|\times|M|}=\begin{bmatrix}(i_{11},\lambda_{11}) & (i_{12},\lambda_{12}) & \cdots & (i_{1|M|},\lambda_{1|M|})\\ (i_{21},\lambda_{21}) & (i_{22},\lambda_{22}) & \cdots & (i_{2|M|},\lambda_{2|M|})\\ \vdots & \vdots & & \vdots\\ (i_{|L|1},\lambda_{|L|1}) & (i_{|L|2},\lambda_{|L|2}) & \cdots & (i_{|L||M|},\lambda_{|L||M|})\end{bmatrix}$$

其中，矩阵 $\mathrm{SP}_{|L|\times|M|}$ 中的每一个元素都是二元组 $\mathrm{SP}_{(\rho,v)}=(i_{\rho v},\lambda_{\rho v})$；$i_{\rho v}$ 为到受灾点 v 的距离第 ρ 短的出救点，$\lambda_{\rho v}$ 为其对应的出救点到受灾点 v 的距离。

根据以上定义，算法求解步骤如下所示。

步骤 1：给定出救点集合 L，原生灾害点集合 F，次生灾害点集合 M，以及次生灾害点灾害发生概率 p_v。从出救点 i 到受灾点 v 的距离由 Dijkstra(迪杰斯特拉) 算法得出。令 t_{iv} 为最短行驶时间，构建出救点到受灾点的行驶时间排序矩阵 $\mathrm{SP}_{|L|\times|M|}$。

步骤 2：通过松弛混合整数规划模型得到应急响应解决方案。如果得到整数解，就得到了应急物资分配的最优策略，则停止算法；否则执行步骤 3。

步骤 3：若 $\bar{\boldsymbol{x}}$ 为模型具有小数部分的线性松弛解，假设 $\boldsymbol{x}=\lfloor\bar{\boldsymbol{x}}\rfloor+\boldsymbol{\xi}$，其中 $\lfloor\bar{\boldsymbol{x}}\rfloor$ 为 $\bar{\boldsymbol{x}}$ 向下取整，$0\leqslant\boldsymbol{\xi}\leqslant\boldsymbol{e}$，$\boldsymbol{e}$ 为单位向量，通过求解下列问题 TP 对 $\boldsymbol{\xi}$ 进行修正：

$$\min\sum_{i\in L}\sum_{f\in F}\sum_{j\in R}t_{if}\xi_{if}^{j} \tag{5.12}$$

$$\text{s.t.}\quad \sum_{f\in F}\xi_{if}^{j}\leqslant r_i^j-\sum_{f\in F}\lfloor\bar{x}_{if}^{j}\rfloor,\ \forall i\in L,j\in R \tag{5.13}$$

$$\sum_{i\in L}\xi_{if}^{j}=n_f^j-\sum_{i\in L}\lfloor\bar{x}_{if}^{j}\rfloor,\ \forall f\in F,j\in R \tag{5.14}$$

$$0\leqslant\boldsymbol{\xi}\leqslant\boldsymbol{e} \tag{5.15}$$

问题 TP 具有最优 0-1 解向量 $\boldsymbol{\xi}^*$ [137]，显然由于问题 TP 是在原模型的约束条件下进行求解的，因此可得到原生灾害的物资调度方案为 $\boldsymbol{x}^*=\lfloor\bar{\boldsymbol{x}}\rfloor+\boldsymbol{\xi}^*$。

步骤 4：潜在的次生灾害和应急物资 $\forall j\in R$ 的情况如下。

步骤 4.1：根据次生灾害的发生概率，对每个潜在的次生灾害点 $\forall v\in M$ 设置不同的资源分配优先级。对发生次生灾害可能性大的灾害点，将优先为其分配应急资源。

步骤 4.2：利用资源分配的优先级信息，对每个可能的次生灾害点 v，求出其到其他出救点的排序距离向量，如矩阵 $\mathrm{SP}_{|L|\times|M|}$ 中的 $\{(i_{1v},\lambda_{1v}),(i_{2v},\lambda_{2v}),\cdots,(i_{|L|v},\lambda_{|L|v})\}^{\mathrm{T}}$。

步骤 4.3：根据原生灾害物资分配方案 $\boldsymbol{x}^*$，通过 $s_i^{*j}=r_i^j-\sum_{f\in F}x_{if}^{*j},\forall i\in L$ 计算每个出救点中的剩余应急物资量。

步骤 4.4：运用局部搜索技术，确定次生灾害发生后 v 点的应急物资分配方案

$$\beta_v^j=\left\{\begin{array}{c}\left(i_{1v},s_{i_{1v}}^{*j}\right),\left(i_{2v},s_{i_{2v}}^{*j}\right),\cdots,\left(i_{(v_{\max}-1)v},s_{i_{(v_{\max}-1)v}}^{*j}\right),\\ \left(i_{v_{\max}v},n_v^j-\displaystyle\sum_{k=1}^{v_{\max}-1}s_{i_{kv}}^{*j}\right),\left(i_{(v_{\max}+1)v},0\right),\cdots,\left(i_{|L|v},0\right)\end{array}\right\}$$

其中，每个元素 β_v^j 为二元组，第一项为出救点，第二项为当前应急物资的供应量。$\sum_{k=1}^{v_{\max}-1} s_k^{*j} < n_v^j \leqslant \sum_{k=1}^{v_{\max}} s_k^{*j}$，其中 $v_{\max}$ 为排序出救点中满足资源需求的最大索引点。

步骤 5：对于 $\forall j \in R, \forall v \in N$，检查需求量是否得到满足，若是，每个受灾点的需求量被满足，得到目标函数值 Z，算法停止；否则返回步骤 4。

5.2.3　数值实验

下面的数值实验将验证所提出的算法的效果和效率。假设某地发生地震，其中包含 50 个节点，对其道路网络进行建模，并设置 10 个可以提供应急响应的出救点。目标是提供一个最佳的策略来分配这些仓库的应急资源到受灾点。假设现有 5 个原生灾害点需要进行应急救援，其中有 3 个地区会发生次生灾害，发生概率为 $p_1 = 0.2, p_2 = 0.5, p_3 = 0.8$。出救点的应急仓库包含三种资源，即救援人员、应急车辆和常用药品，分别用 1,2,3 表示。仿真数据包括各出救点的应急资源总量、各灾害发生地点的应急资源需求以及各出救点到受灾点的距离矩阵，分别如表 5.2~表 5.4 所示。

表 5.2　出救点资源可用量

项目	出救点											
	A_1		A_2			A_3		A_4			A_5	
资源种类	1	2	1	2	3	1	1	2	3	1	2	1
可用量	10	15	10	8	15	14	15	9	12	9	10	8
项目	出救点											
	A_6			A_7		A_8		A_9			A_{10}	
资源种类	2	3	1	3	1	2	3	2	3	1	2	3
可用量	10	16	10	14	12	8	13	10	9	15	12	7

注：应急资源可用量是标量，并不代表实际的应急数据。例如人员以组为单位计，应急物资以批次为单位计

表 5.3　受灾点资源需求量

项目	受灾点															
	B_1	B_2		B_3			B_4	B_5		C_1		C_2		C_3		
资源种类	1	1	2	1	2	3	3	2	3	1	3	1	2	1	2	3
需求量	18	20	15	25	16	26	21	22	12	6	13	7	10	18	15	9

注：应急资源需求量是标量，并不代表实际的应急数据

表 5.4　出救点到受灾点的距离矩阵

受灾点	A_1	A_2	A_3	A_4	A_5	A_6	A_7	A_8	A_9	A_{10}
B_1	8.5	2	10	6.8	7.1	18	20	10.3	8	4
B_2	23	7.3	11.2	9.5	10	8.8	13.2	3	15	5

续表

受灾点	A_1	A_2	A_3	A_4	A_5	A_6	A_7	A_8	A_9	A_{10}
B_3	12	14.2	7.8	17	8.2	11	7.4	16.5	18	10
B_4	6.8	9.5	8.1	12.3	16	18.2	10	8.7	13.4	9.7
B_5	3	14.2	12	10	14	6	7	8	20	2
C_1	5.2	2	1.3	9	15	8	3	6	12	21
C_2	6	8	10	4	11	23	7	3	1	13
C_3	3	2	9	7	15	10.5	20	4.6	6	8

5.2.4 结果分析

运用以上算法进行求解，首先初始化。出救点集合 $L = A_1, A_2, \cdots, A_{10}$，原生灾害受灾点集合 $F = B_1, B_2, \cdots, B_5$，次生灾害受灾点集合 $M = C_1, C_2, C_3$，以及次生灾害发生的概率 $p_1 = 0.2, p_2 = 0.5, p_3 = 0.8$。运用 Dijkstra 算法求得出救点到受灾点的最短距离 t_{iv}（表 5.4）。构造出救点到受灾点的行驶时间排序矩阵 $\mathrm{SP}_{|L|\times|M|}$，如下所示：

$$\mathrm{SP}_{|L|\times|M|} = \begin{bmatrix} (A_3, 1.3) & (A_9, 1) & (A_2, 2) \\ (A_2, 2) & (A_8, 3) & (A_1, 3) \\ (A_7, 3) & (A_4, 4) & (A_8, 4.6) \\ (A_1, 5.2) & (A_1, 6) & (A_9, 6) \\ (A_8, 6) & (A_7, 7) & (A_4, 7) \\ (A_6, 8) & (A_2, 8) & (A_{10}, 8) \\ (A_4, 9) & (A_3, 10) & (A_3, 9) \\ (A_9, 12) & (A_5, 11) & (A_6, 10.5) \\ (A_5, 15) & (A_{10}, 13) & (A_5, 15) \\ (A_{10}, 21) & (A_6, 23) & (A_7, 20) \end{bmatrix}$$

然后可得线性松弛解：

$$x_{21}^1 = 10, x_{41}^1 = 1, x_{101}^1 = 7, x_{82}^1 = 12, x_{102}^1 = 8, x_{33}^1 = 8.2, x_{53}^1 = 7, x_{73}^1 = 9.8;$$

$$x_{62}^2 = 3, x_{82}^2 = 8, x_{102}^2 = 4, x_{53}^2 = 10, x_{63}^2 = 6, x_{15}^2 = 14.4, x_{105}^2 = 7.6;$$

$$x_{63}^3 = 12, x_{73}^3 = 14, x_{24}^3 = 6, x_{44}^3 = 2, x_{84}^3 = 13, x_{45}^3 = 1, x_{65}^3 = 4, x_{105}^3 = 7$$

并且其余 $x = 0$。

对于解中含有小数的部分，设置为 $x_{33}^1 = 8 + \xi_{33}^1, x_{73}^1 = 9 + \xi_{73}^1, x_{15}^2 = 14 + \xi_{15}^2, x_{105}^2 = 7 + \xi_{105}^2, 0 \leqslant \xi \leqslant e$。求解问题 TP 得到 $\xi_{33}^{*1} = 0, \xi_{73}^{*1} = 1, \xi_{15}^{*2} =$

$0, \xi_{105}^{*2} = 1$，其他 $\xi^* = 0$。显然，可以得到原生灾害发生后的应急物资分配计划为 $x_{33}^{*1} = 8, x_{73}^{*1} = 10, x_{15}^{*2} = 14, x_{105}^{*2} = 8$。其余解可根据上述方法得到。

根据次生灾害点 $\forall v \in M$ 不同的发生概率，设置资源分配优先级为 $C_3 > C_2 > C_1$。然后计算每个出救点中每种资源的剩余量。对于 $\forall j \in R$，采用局部搜索技术来确定 $\forall v \in M$ 的分配方案，结果如表 5.5 所示。

表 5.5　次生灾害发生后应急资源分配计划

受灾点	优先级	需求量			受灾点在 $SP_{\|L\|\times\|M\|}$ 中的出救点排序	资源分配计划		
		1	2	3		β_v^1	β_v^2	β_v^3
C_1	3	6	0	13	$A_3A_2A_7A_1A_8$, $A_6A_4A_9A_5A_{10}$	$(A_3,5),(A_6,1)$		$(A_4,9),(A_9,4)$
C_2	2	7	10	0	$A_9A_8A_4A_1A_7$, $A_2A_3A_5A_{10}A_6$	$(A_4,6),(A_3,1)$	$(A_4,6),(A_3,1)$	
C_3	1	18	15	9	$A_2A_1A_8A_9A_4$, $A_{10}A_3A_6A_5A_7$	$(A_1,10),(A_4,8)$	$(A_2,8),(A_1,1)$, $(A_9,6)$	$(A_2,9)$

在本算例中，所有灾害点的应急资源需求都得到了响应。多资源、多源点应急物资分配问题的解决方案如表 5.6 所示。本章所提出的启发式算法在终止时得到的目标函数值为 $Z = 1249.4$。

表 5.6　多资源、多源点应急物资分配方案

受灾点	A_1	A_2	A_3	A_4	A_5	A_6	A_8	A_9	A_{10}
B_1		10^{1*}		1^1					7^1
B_2						3^2	12^1、8^2		8^1、4^2
B_3			8^1		7^1、10^2	6^2、12^3、10^1、14^3			
B_4		6^3		2^3			13^3		
B_5	14^2			1^3		4^3			8^5、7^3
C_1			5^1	9^3		1^1		4^3	
C_2			1^1	6^1、6^2				4^2	
C_3	10^1、1^2	8^2、9^3		8^1				6^2	

* 上标表示资源种类

启发式算法和分支定界算法对问题进行求解得到的结果如表 5.7 所示。可以看出，启发式算法在求解时间上有明显优势。因为启发式算法只需要求解两次线性规划问题，包括一个简单的 TP 问题，而运用分支定界算法要多次求解 LP 问题，且随着问题规模的扩大，分支定界算法所需时间呈指数级增长，而启发式算法优势将更加明显。在本算例中，启发式算法与分支定界算法的误差在 0.65 %，而计算时间减少了约 26.4 %。以上结果表明本章所提出的启发式算法是有效可行的，尤其适合于大规模案例，可以用于实时问题的求解。

表 5.7 启发式算法与分支定界算法求解结果对比

算法	目标函数值	计算时间/秒
分支定界算法	1241.3	1.125
启发式算法	1249.4	0.828

5.3 多周期应急物流网络随机优化模型构建及求解

在诸多实际情况下，原生灾害所引发的次生灾害的强度、受灾点的需求量和道路通行时间等不确定因素具有时变性[139]。第 4 章所采用的三阶段应急物流网络随机优化方法是灾害发生之前所做的单周期决策，忽略了需求量等不确定参数随时间变化的特点。本节针对动态变化的不确定参数建立多周期随机优化模型，通过制定每个决策周期内的设施选址及资源分配决策，提高应急物流网络的持续救援能力。

5.3.1 问题描述

本节研究的应急物流网络由应急物资配送中心、灾民庇护所以及受灾点构成。根据现有的数据和动态更新的灾害相关信息，受灾地区的灾民需要紧急疏散到就近的庇护所，同时，配送中心应将物资配送到庇护所以尽量满足灾民的需求。本节将上述问题转化为多周期随机优化模型，应急响应的过程如图 5.1 所示。一个场景链描述了在整个规划阶段的一个可能实现的一系列具有时间顺序的事件集合。为了描述每个场景（图 5.1 中的节点表示）在场景树中的位置，用 SN_{ts} 来表示场景所在的阶段 t 和在这个阶段的场景序号 s。例如，在阶段 $t=1$ 时，根据预测

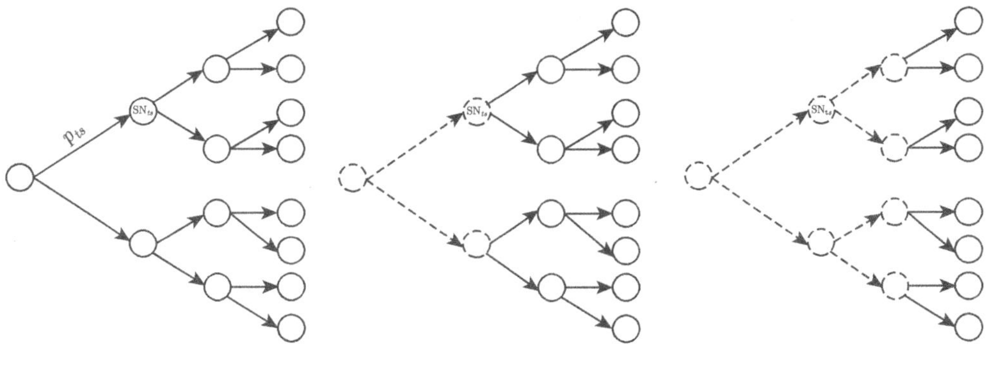

(a) t=1 (b) t=2 (c) t=3

图 5.1 场景树示例

实线代表不确定参数尚未实现，虚线代表不确定参数变为已知

的整个计划周期内各阶段的灾害场景及其发生概率，确定设施选址和资源分配决策，在下一阶段（$t=2$）开始时，由于上一阶段的不确定性参数变为已知（即 $p_{(t=1)}=1$），因此只需对后续的物流网络进行优化 [图 5.1(b)]，此时每条场景链的发生概率等于从当前决策点 t 到决策周期结束 T 场景发生概率的乘积，且同属于一个父节点的所有场景的发生概率之和为 1。按照此方法进行状态更新和计算直至计划周期结束。

5.3.2 多周期随机优化模型

根据问题描述，在前文所建立的模型的基础上，通过添加基于时间的决策变量（如设施在每个周期内的开放状态）及状态变化参数（如每个周期内设施的可用容量）等建立多周期应急物流网络随机优化模型。本节建模所用符号及说明如表 5.8 所示。

表 5.8 模型所用符号及其含义

符号	描述
集合	
I	备选配送中心（DC）位置集合，$i \in I$
J	备选庇护所（SH）集合，$j \in J$
G	灾害点集合，$g \in G$
S	灾害场景集合，$s \in S$
T	总计划周期，$t \in \{1,\cdots,T\}$
参数	
$f_i^{\mathrm{DC}}, f_j^{\mathrm{SH}}$	开放配送中心（庇护所）的固定成本
$f_i^{\mathrm{DC}'}, f_j^{\mathrm{SH}'}$	每个周期配送中心（庇护所）的运营成本
Π	灾民未被疏散时的惩罚成本
V_i^{DC}	在 i 点开放的配送中心的容量上限
V_j^{SH}	在 j 点开放的庇护所的容量上限
$\omega(\omega')$	运输应急物资（疏散灾民）的单位时间成本
q	应急物资的单位采购成本
ϕ	人均物资需求量
m_g^{ts}	在决策周期 t 和场景 s 下受灾点 g 的受灾人数
$a_{ij}^{ts}(a_{gj}^{ts})$	在决策周期 t 和场景 s 下从配送中心到庇护所（从灾害点到庇护所）的运输时间
A_{its}^{DC}	配送中心 i 在决策周期 t 初始时刻下灾害场景 s 情形下的可用物资数量
A_{jts}^{SH}	庇护所 j 在决策周期 t 初始时刻下灾害场景 s 情形下的可用容量
p_{ts}	灾害场景 s 在决策周期 t 中的发生概率
决策变量	
$x_i^t(x_i^{'t})$	如果配送中心 i 在决策周期 t 为开放状态（运营状态），则取 1；否则，则取 0
$h_j^t(h_j^{'t})$	如果庇护所 j 在决策周期 t 为开放状态（运营状态），则取 1；否则，则取 0
w_i^t	如果配送中心 i 在决策周期 t 关闭，则取 1；否则，则取 0
$w_j^{'t}$	如果庇护所 j 在决策周期 t 关闭，则取 1；否则，则取 0
r_i^t	配送中心 i 在决策周期 t 采购的应急物资数量
u_g^{ts}	在决策周期 t 和灾害场景 s 下，灾害点 g 的未疏散人数
y_{gj}^{ts}	在决策周期 t 和灾害场景 s 下，从灾害点 g 疏散到庇护所 j 的人数

续表

符号	描述
z_{ij}^{ts}	在决策周期 t 和灾害场景 s 下，从配送中心 i 分配到庇护所 j 的物资数量

以最小化总救援成本为优化目标，建立多周期随机优化模型，如下所示：

$$\min \sum_{i\in I}\sum_{t=1}^{T} f_i^{\mathrm{DC}} x_i^t + \sum_{j\in J}\sum_{t=1}^{T} f_j^{\mathrm{SH}} h_j^t + \sum_{i\in I}\sum_{t=1}^{T} f_i^{\mathrm{DC}'} x_i^{'t} + \sum_{j\in J}\sum_{t=1}^{T} f_j^{\mathrm{SH}'} h_j^{'t}$$
$$+ \sum_{j\in J}\sum_{t=1}^{T} q r_i^t + \sum_{t\in T}\sum_{s\in S}\prod_{t=1}^{T} p_{ts}\left(\sum_{g\in G} \Pi u_g^{ts} + \sum_{i\in I}\sum_{j\in J} \omega a_{ij}^{ts} z_{ij}^{ts} + \sum_{g\in G}\sum_{j\in J} \omega' a_{gj}^{ts} y_{gj}^{ts}\right) \tag{5.16}$$

$$\text{s.t.}\quad r_i^t + A_{its}^{\mathrm{DC}} \leqslant x_i^t V_i^{\mathrm{DC}},\quad \forall t\in\{1,\cdots,T\},\ i\in I \tag{5.17}$$

$$A_{its}^{\mathrm{DC}} \leqslant \sum_{t\in\{1,\cdots,T\}} r_i^t - \sum_{j\in J}\sum_{\tau=1}^{t-1} z_{ij}^{\tau s},\quad \forall t\in T, s\in S, i\in I \tag{5.18}$$

$$\sum_{j\in J} z_{ij}^{ts} \leqslant A_{its}^{\mathrm{DC}},\ \forall t\in\{1,\cdots,T\}, s\in S, i\in I \tag{5.19}$$

$$\sum_{g\in G} y_{gj}^{ts} \leqslant h_j^t A_{jts}^{\mathrm{SH}},\ \forall t\in\{1,\cdots,T\}, s\in S, j\in J \tag{5.20}$$

$$A_{jts}^{\mathrm{SH}} \leqslant h_j^t V_j^{\mathrm{SH}} - \sum_{g\in G}\sum_{\tau=1}^{t-1} y_{gj}^{\tau s},\ \forall t\in\{1,\cdots,T\}, s\in S, j\in J \tag{5.21}$$

$$\sum_{j\in J} y_{gj}^{ts} \geqslant m_g^{ts} - u_g^{ts},\ \forall t\in\{1,\cdots,T\}, s\in S, g\in G \tag{5.22}$$

$$\sum_{i\in I} z_{ij}^{ts} \geqslant \phi\left(m_g^{ts} - u_g^{ts}\right),\ \forall t\in\{1,\cdots,T\}, s\in S, j\in J \tag{5.23}$$

$$x_i^{'t} + w_i^t = x_i^{'(t-1)} + x_i^t,\ \forall t\in\{1,\cdots,T\}, i\in I \tag{5.24}$$

$$x_i^{'(0)} = 0,\ \forall i\in I \tag{5.25}$$

$$x_i^{'(T+1)} = 0,\ \forall i\in I \tag{5.26}$$

$$h_j^{'t} + w_i^{'t} = h_j^{'(t-1)} + h_j^t,\ \forall j\in J, t\in\{1,\cdots,T\} \tag{5.27}$$

$$h_j^{'(0)} = 0,\ \forall j\in J \tag{5.28}$$

$$h_j^{'(T+1)} = 0, \forall j \in J \tag{5.29}$$

$$x_i^t, x_i^{'t}, h_j^t, h_j^{'t} \in \{0,1\}, \quad \forall t \in \{1, \cdots, T\},\ i \in I,\ j \in J \tag{5.30}$$

$$r_i^t, z_{ij}^{ts} \geqslant 0, \quad \forall t \in \{1, \cdots, T\},\ i \in I,\ j \in J \tag{5.31}$$

$$u_g^{ts}, y_{gj}^{ts} \in N_+, \ \forall t \in \{1, \cdots, T\},\ j \in J,\ g \in G \tag{5.32}$$

目标函数（5.16）表示最小化期望救援成本，其中包括每个决策周期内的配送中心和庇护所在时间 t 的开放成本与运营成本、配送中心在 t 时刻的物资采购成本以及后续救援周期内的期望成本（包括未被疏散灾民的惩罚成本，从配送中心到庇护所的运输成本，从受灾点到庇护所的人员疏散时间成本）。式 (5.17) 表示 t 时刻开放的配送中心物资采购量不超过其容量上限。式 (5.18) 表示开放的配送中心可用容量约束。式 (5.19) 表示配送中心运往庇护所的物资数量的上限为配送中心的可用物资数量。式 (5.20) 表示处于运营状态的庇护所接受的疏散人数不超过其可用容量。式 (5.21) 表示开放的庇护所在时刻 t 的可用容量约束。式 (5.22) 表示受灾点 g 在 t 时刻的受灾者疏散流量平衡约束。式 (5.23) 表示庇护所接受应急救援物资的流量平衡约束。约束（5.24）~约束（5.26）描述了配送中心开放决策与运营决策之间的关系。约束（5.27）~约束（5.29）描述了庇护所开放决策与运营决策之间的关系。式 (5.30)~式 (5.32) 约束了变量的取值范围。

5.3.3 数值实验

本节中的案例以美国得克萨斯州沿海地区飓风灾害为背景。以下将介绍数值实验的具体步骤。根据从 Ni等[61]、Üster等[109] 研究中收集到的数据，对模型所用到的参数进行估计以切实反映现实情况。打包后提供给灾民的应急物资采购单价为 50 元，灾民未被疏散到庇护所的惩罚成本设置为 600 万元，庇护所中每单位的物资短缺惩罚成本设置为 1000 元。物资配送中心和庇护所的位置、容量，以及各地区人口数量等数据的取值参考 Üster等[109] 的研究。开放设施每天的运营成本设置为开放成本的 0.01 倍。灾民的单位时间运输成本设置为 120 元，应急物资的单位时间运输成本设置为 50 元。

本节的算例分析比较确定性优化（deterministic optimization, DEO）、单周期随机优化（single-period stochastic optimization, SSO）和不同场景数量下的多周期随机优化（multi-period stochastic optimization, MSO）三种方法在实际中的表现。具体分析步骤如下。

步骤 1：按照以下方法构建确定性优化模型、单周期随机优化模型、多周期随机优化模型。

（1）对于确定性优化模型，假设不确定参数取值为常数，将所有场景中发生概率最大的场景作为其优化对象。

（2）对于单周期随机优化模型，考虑若干个场景，考虑到单周期随机优化的特点，后续场景的发生概率设置为前序场景发生的条件概率，即用 $p(t|t-1)$ 表示。

（3）对于多周期随机优化模型，考虑随时间逐渐揭露灾害场景的多周期随机问题，在动态求解多周期问题时，决策点 t 的场景发生概率不依赖于已经发生的周期 $t-1$ 的发生概率，因此，$p_\tau = p_{\tau=t}$。

步骤 2：通过以上方法对三种不同优化模型进行求解。为了验证不同模型所得方案的表现，将随机生成一个测试案例，并将三种模型得到的解决方案应用到测试案例中进行求解。

步骤 3：通过计算救援成本、惩罚成本，以及救援过程中的未疏散人数、物资短缺量等指标来比较各个方法在救援效果上的表现。

5.3.4 结果分析

1. 多周期模型有效性分析

本节首先根据上述方法对各模型进行求解，通过对三种不同的模型进行比较来验证多周期随机优化模型的有效性。不同模型下的总救援成本，每个周期开放的配送中心、庇护所的数量，物资采购量以及模型求解时间等结果如表 5.9 所示。从表 5.9 中可以看出，确定性优化模型由于没有考虑到决策过程中的不确定因素，因此产生了较大的物资短缺成本，进而造成总救援成本较高。从表 5.9 中还可以看出，针对测试案例，单周期的方法由于没有考虑到不确定参数的时变性，每个周期开放设施数量和采购的物资数量较少，可能会造成应急物流网络优化效率降低甚至不可行，因而总救援成本较大。多周期随机优化模型针对不同规模的场景有不同的表现，较少的场景数量不能够较为准确地描述不确定参数可能的状态，因此面对测试案例时的表现差于随机场景数量较多的情况。另外，模型计算时间与场景数量呈正相关关系。

表 5.9 不同模型求解的结果对比

项目	确定性优化模型	多周期随机优化模型场景数量			单周期随机优化模型
		16	32	64	
TC	5.08×10^8	3.75×10^8	3.17×10^8	2.58×10^8	4.14×10^8
ODC	(2,2,2,2,2,2)	(3,3,3,3,3,3)	(3,3,3,3,3,3)	(4,4,4,4,4,4)	(3,3,3,4,4,4)
OSH	(1,1,2,3,5,6)	(5,6,8,9,9,9)	(7,9,9,9,10,10)	(8,10,11,11,11,11)	(3,5,5,6,9,14)
AoR	4.72×10^6	5.38×10^6	5.90×10^6	6.85×10^6	6.75×10^6
CPU	18	74	158	687	659

注：TC 为总救援成本（单位：元）；ODC 为每个时期所开放的配送中心的数量；OSH 为每个时期所开放的庇护所的数量；AoR 为每个时期所采购的物资的数量；CPU 为计算所用时间（单位：秒）

基于以上各模型面对突发灾害时所产生的救援方案，通过生成随机测试案例来验证各方案在面临持续性灾害时的救援效果，如表 5.10 所示，从救援成本、惩罚成本、未疏散人数以及应急物资短缺量等方面进行分析比较。从表 5.10 中可以看出，将三种模型得出的救援方案应用到具体案例中，从救援成本来看，确定性优化模型的救援方案效果最差，多周期随机优化模型随着场景数量的增多，表现有明显提升，单周期随机优化模型次之；从惩罚成本来看，由于确定性优化模型和单周期随机优化模型不考虑灾害动态变化的特性，持续救援能力较差且不能随时间调整其救援方案，因此产生了较大的未满足需求惩罚成本，而多周期随机优化模型能够根据时间对应急物流网络进行调整，更能够充分利用有限资源，满足灾民需求，因此多周期随机优化方法有明显优势，且优势随场景数量增多而逐渐明显。因此，基于场景的多周期随机优化方法一方面能够提高应急物流网络在实际灾害案例中的稳定性，另一方面根据每个周期内的随机场景进行动态决策能够明显减少救援成本。

表 5.10　确定性优化模型、单周期随机优化模型与多周期随机优化模型结果对比

结果对比	确定性优化模型	多周期随机优化模型场景数量			单周期随机优化模型
		16	32	64	
救援成本	4.69×10^{10}	3.05×10^{10}	1.92×10^{10}	4.68×10^{8}	1.20×10^{10}
惩罚成本	4.67×10^{4}	3.01×10^{4}	1.89×10^{4}	7.75×10^{7}	1.17×10^{4}
未疏散人数	9.15×10^{4}	6.30×10^{4}	4.15×10^{4}	1.60×10^{4}	2.62×10^{4}
应急物资短缺量	8.01×10^{5}	6.50×10^{5}	2.00×10^{5}	7.75×10^{4}	1.39×10^{5}

此外，图 5.2 表示多周期随机优化在每个周期内对配送中心和庇护所的选址决策的影响。从该图中可以看出，随着飓风灾害的发展，在每个周期针对不同的受灾点开放了数量较多且距离较近的应急设施，在保证应急物流网络的稳定性的同时提高响应速度。

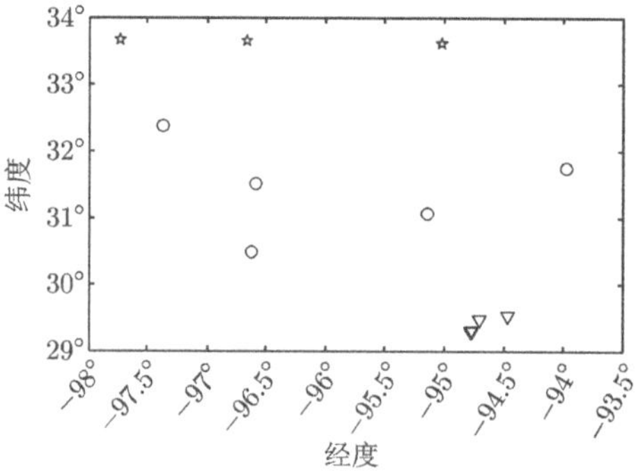

(a) t=1

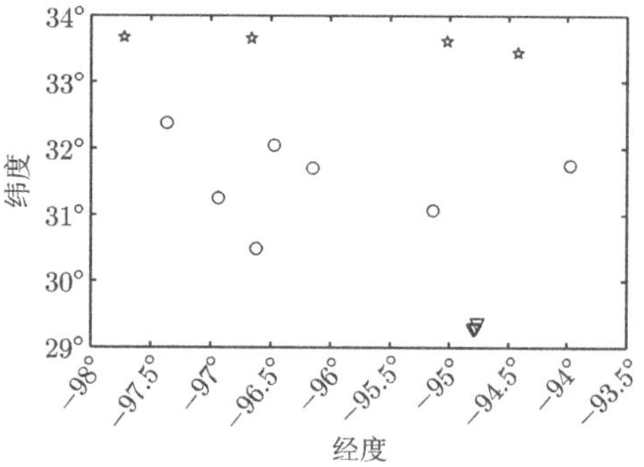

(b) t=2

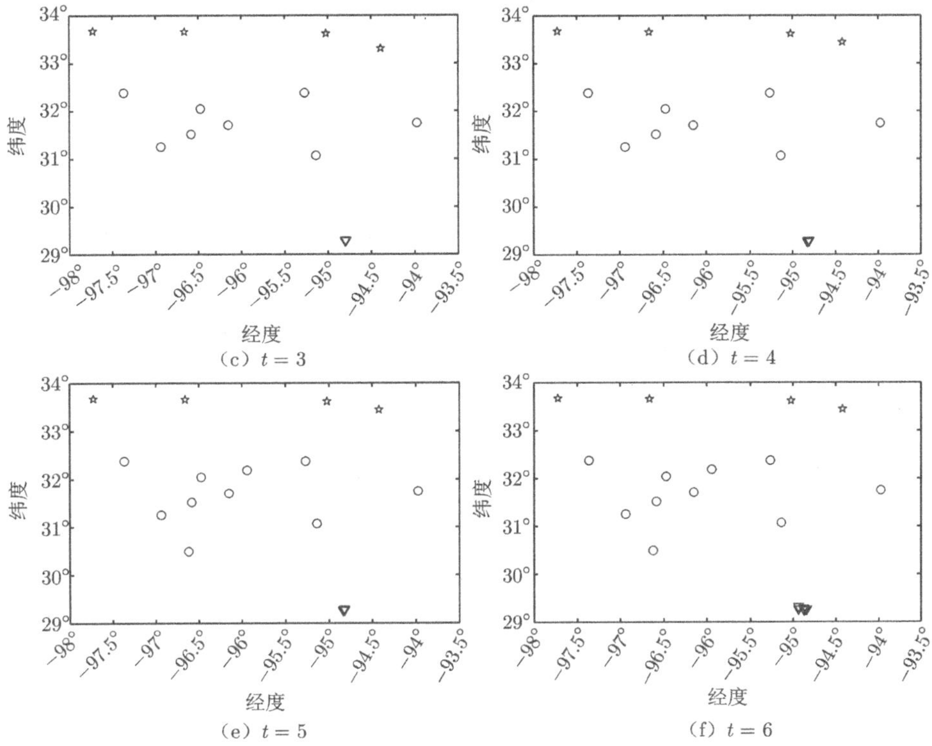

(c) $t=3$ (d) $t=4$ (e) $t=5$ (f) $t=6$

图 5.2 多周期随机优化下的设施选址决策

2. 多周期应急设施选址决策

本节所提出的多周期决策模型对应急设施的开放或关闭计划进行了动态优化。如图 5.3(a) 所示的配送中心随时间的开放和运营决策，从中可以看出，因为

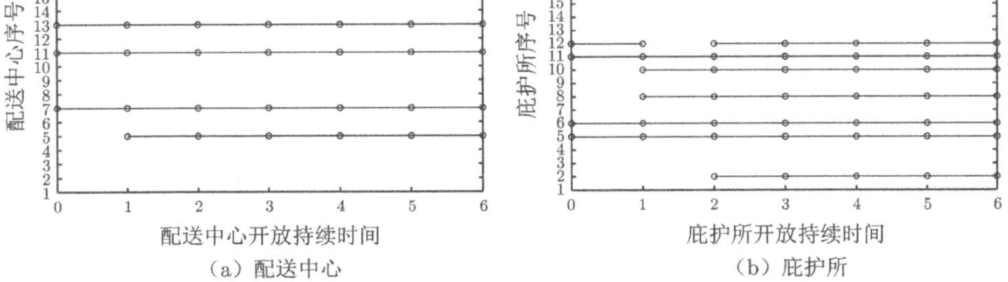

(a) 配送中心 (b) 庇护所

图 5.3 应急设施在各周期内的开放和运营决策

考虑到配送中心每个周期内的运营成本、开放成本以及物资的运输时间成本，因此所做出的选址及运营决策更贴近现实，进而能够减少资源浪费。

同理，庇护所的开放和运营状态如图 5.3(b) 所示。可以看出，不同于单周期的建模方法，采用多周期物流网络随机优化模型时，庇护所的选址决策随着受灾点的位置变化而进行相应的调整，因而能够保证灾民匹配到就近的庇护所进而提高救援的效率。

5.4 本章小结与管理启示

本章考虑到次生灾害对应急物流网络优化的影响，根据实际中应急物流网络所面临的多资源种类、多应急设施和多受灾点的情形，结合潜在的次生灾害，构建应急物流网络优化模型。并扩展到多周期应急物流网络优化问题，根据灾情和不确定信息的更新制订每个周期内的设施开放/运营以及物资分配计划等，以提高应急物流网络的响应速度和救援能力。数值实验结果表明，对于持续性灾害，采用多周期的方法优化应急物流网络能够提高救援效率，减少救援成本。这也从理论和实践上为后续的研究奠定了基础。从结论中可以得到以下管理启示。

（1）在应急救援网络优化中，考虑次生灾害对提高灾后救援响应速度和持续提高救援效率方面具有重要指导意义。一方面，针对决策中的不确定参数，在其分布信息已知的情况下，可以设置随机场景来描述不确定参数（如需求量、运输时间等）可能的取值及其发生概率，并建立应急物流网络随机优化模型。另一方面，运用本章所提出的条件概率场景树既能很好地描述原生灾害和次生灾害发生的顺序，又提出了不同阶段的场景发生概率的表示方法，进而建立考虑次生灾害的应急物流网络优化模型。

（2）模型参数的设置（如物资短缺惩罚成本）会通过设施选址及资源分配等决策对需求满足率、救援成本等产生影响，因此决策者可根据其决策态度调整相关模型参数来均衡解决方案的保守性和稳健性，如较高的物资短缺惩罚成本会在提高需求满足率的同时造成资源浪费和较大的灾前准备成本。

（3）针对飓风等持续时间较长的灾害，由于需求量等不确定参数随灾情的变化而变化，因此采用多周期随机优化模型能够根据数据的更新动态优化应急物流网络，能够弥补单周期应急物流网络优化决策造成的资源局部冗余或短缺、高救援成本、解决方案效率降低甚至不可行。

第 6 章　基于鲁棒优化考虑次生灾害的应急物流网络规划

6.1　引　　言

在应急救援网络优化设计问题中，现有的文献多关注应急物资分配问题，而灾后救援的主要对象——受灾者的疏散问题经常被单独考虑。如果制订物资分配计划不考虑灾民的疏散，可能造成应急资源的短缺从而导致人员伤亡的严重后果（参见 Üster等[109] 的研究）。另外，当不确定参数分布信息未知时，如何优化应急物流网络是本章重点研究的问题，主要包括以下几个方面的工作。

（1）假设灾前可以通过灾害相关的历史数据，利用随机场景的方法来表示灾害等级，而对于不同灾害等级场景下需求量、运输时间等分布信息未知的不确定参数，将通过鲁棒不确定集合的方式表示其取值的变化范围。通过建立基于随机场景的鲁棒优化模型，保证不确定条件下应急物流网络的稳健性。

（2）针对传染病等持续性灾害，单周期优化模型不适用于不确定参数动态变化下的应急物流网络优化决策，因此，本章扩展到多周期优化问题上，基于需求预测建立多周期应急物流网络鲁棒优化模型，随灾情趋势进行多周期决策以最大化物流网络的效率和资源利用率。

（3）在模型求解方面，所建立的基于随机场景的鲁棒优化模型会随问题规模的扩大而变得难以求解，且多周期应急物流网络鲁棒优化模型求解时间与决策周期数呈正相关关系，因此本章还关注如何提高所建立模型的求解效率问题。

针对以上问题，本章首先基于灾害等级随机场景设置不确定需求及运输时间的鲁棒不确定集合，建立基于随机场景的鲁棒优化模型，运用基于增广拉格朗日技术的 PH 算法结合加速策略进行求解。然后以新冠肺炎疫情为背景，建立基于需求预测的应急物流网络多周期鲁棒优化模型，并运用 RH 的方法进行求解。

6.2　单周期应急物流网络鲁棒优化模型构建及求解

6.2.1　问题描述

针对考虑次生灾害的人员疏散–物资分配问题，如图 6.1 所示，本章建立了一个由供给端（配送中心）、需求端（受灾点）和庇护所三部分构成的应急物流网络。灾害发生前需要通过有限的不确定参数等相关信息对配送中心的位置和容量选择决策、容纳灾民的庇护所的位置和容量决策以及灾后配送中心与庇护所之间的物资分配决策、受灾点与庇护所之间的人员疏散决策进行联合优化，从整体的角度最大化应急网络的救援效率。应急物流网络优化决策过程分为三个阶段，在灾前准备阶段，确定配送中心和庇护所的选址、开放容量以及物资的库存；原生灾害发生后，基于灾前准备决策，做出资源分配以及受灾者疏散等决策；次生灾害发生后，基于前两阶段的决策，做出灾民疏散决策和应急资源分配决策。因此，在优化应急物流网络问题中主要的决策包括：① 配送中心和庇护所的选址与容量决策；② 从配送中心到庇护所的物资分配决策以及从受灾点到庇护所的人员疏散决策。

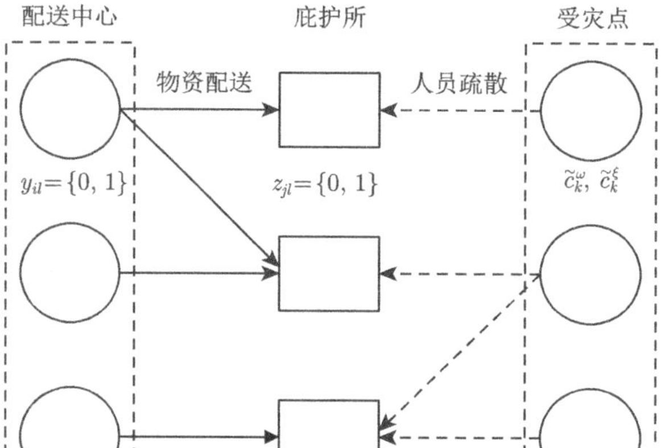

图 6.1　应急物流网络框架

本图中变量的含义见表 6.1

根据以上问题，本章以最小化总救援成本为目标函数进行优化求解，主要包括：① 配送中心和庇护所的开放成本；② 人员疏散成本和灾后物资配送成本；③ 灾后灾民未被服务的惩罚成本。假设备选的配送中心和庇护所在地理位置上是分离的，且救援物资储备在配送中心中，另外为了确保疏散到庇护所的伤员能够得到良好的救治，假设应急物资能够保证庇护所中伤员的需求量[109]。由于应急设施容量和应急资源的有限，对于未被疏散的受害者造成的惩罚成本，可视为在计划外对其进行救助所产生的额外成本。

假设灾害等级能够通过相关的历史数据用随机场景的方式描述，如图 6.2 所示，原生灾害场景由 $\omega \in \varOmega$ 来表示，其发生概率定义为 p_ω。对于每一个原生灾害场景所引发的次生灾害随机场景在图 6.2 中用 $\xi \in \varXi$ 来表示，且次生灾害场景由条件概率 $p(\xi|\omega)$ 来表示[31]。在每个灾害等级随机场景下，用鲁棒不确定集合表示物资运输时间及需求量。基于前文建立的条件概率场景树 [图 6.2(a)]，本章提出了一种范围估计的方法来将不确定集合与随机场景相结合 [图 6.2(b)]，灾后的物资运输时间和受灾人数等不确定参数由每个灾害严重程度场景下的不确定集合来描述。

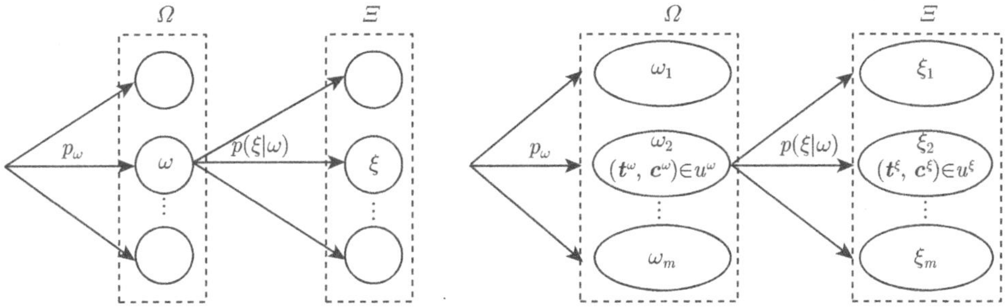

（a）点估计场景树　　　　（b）范围估计场景树

图 6.2　条件概率场景树

假设所有不确定参数的概率分布信息已知，构建随机优化模型，再以此作为基础进行模型扩展。所用符号及其定义如表 6.1 所示。

表 6.1　模型所用符号及其含义

符号	描述
集合	
I	备选配送中心集合，$i \in I$
J	备选庇护所集合，$j \in J$
K	受灾点集合，$k \in K$
L	配送中心或庇护所可选开放容量集合，$l \in L$
G	应急物资种类集合，$g \in G$（食物、水、帐篷、医疗用品）
$\varOmega$	原生灾害随机场景集合，$\omega \in \varOmega$
$\varXi$	次生灾害随机场景集合，$\xi \in \varXi$
参数	
f_1^l	开放容量为 l 的配送中心的成本
f_2^l	开放容量为 l 的庇护所的成本
ϕ_g	庇护所中每位伤员对类型为 g 的物资的需求量

续表

符号	描述
$\varPi$	每位未被疏散的受灾者的惩罚成本
v_l^{DC}	等级为 l 的配送中心的容量
v_l^{SH}	等级为 l 的庇护所的容量
pop_k	区域 k 的人口数量
h_g	类型为 g 的应急物资的单位采购成本
m	单位运输时间所产生的成本
$\tilde{t}_{ij}^{\omega}\left(\tilde{t}_{ij}^{\xi}\right)$	在原生（次生）灾害场景 ω（ξ）下从配送中心 i 到庇护所 j 的运输时间
$\tilde{t}_{kj}^{\omega}\left(\tilde{t}_{kj}^{\xi}\right)$	在原生（次生）灾害场景 ω（ξ）下从受灾点 k 到庇护所 j 的运输时间
$\tilde{c}_k^{\omega}\left(\tilde{c}_k^{\xi}\right)$	原生（次生）灾害场景 ω（ξ）下在受灾点 k 的受灾者的数量
决策变量	
y_{il}	若配送中心 i 以容量 l 开放，则为 1；否则，则为 0
z_{jl}	若庇护所 j 以容量 l 开放，则为 1；否则，则为 0
r_{ig}	配送中心 i 类型为 g 的灾前库存量
x_{kj}^{ω}（x_{kj}^{ξ}）	在原生（次生）灾害场景 ω（ξ）下从需求点 k 疏散到庇护所 j 的受灾者的数量
n_{ijg}^{ω}（n_{ijg}^{ξ}）	在原生（次生）灾害场景 ω（ξ）下从配送中心 i 运输到庇护所 j 的类型为 g 的物资数量
q_k^{ω}（q_k^{ξ}）	在原生（次生）灾害场景 ω（ξ）下受灾点 $k \in K$ 中未被疏散的受灾者的数量

首先建立三阶段的随机规划基础模型如下。

$$\begin{aligned}\min&\sum_{i\in I}\sum_{l\in L}f_1^l y_{il}+\sum_{j\in J}\sum_{l\in L}f_2^l z_{jl}+\sum_{i\in I}\sum_{g\in G}h_g r_{ig}\\&+\sum_{\omega\in\varOmega}p_\omega\left\{\sum_{k\in K}\sum_{j\in J}m\tilde{t}_{kj}^{\omega}x_{kj}^{\omega}+\sum_{i\in I}\sum_{j\in J}\sum_{g\in G}m\tilde{t}_{ij}^{\omega}n_{ijg}^{\omega}+\varPi\sum_{k\in K}q_k^{\omega}\right\}\\&+\sum_{\xi\in\varXi}p(\xi\,|\omega)\left\{\sum_{k\in K}\sum_{j\in J}m\tilde{t}_{kj}^{\xi}x_{kj}^{\xi}+\sum_{i\in I}\sum_{j\in J}\sum_{g\in G}m\tilde{t}_{ij}^{\xi}n_{ijg}^{\xi}+\varPi\sum_{k\in K}q_k^{\xi}\right\}\end{aligned}\tag{6.1}$$

$$\text{s.t.}\quad\sum_{l\in L}y_{il}\leqslant 1,\ \forall i\in I\tag{6.2}$$

$$\sum_{l\in L}z_{jl}\leqslant 1,\ \forall j\in J\tag{6.3}$$

$$\sum_{g\in G}r_{ig}\leqslant\sum_{l\in L}y_{il}v_l^{\mathrm{DC}},\ \forall i\in I\tag{6.4}$$

$$\sum_{k\in K}x_{kj}^{\omega}+\sum_{k\in K}x_{kj}^{\xi}\leqslant\sum_{l\in L}z_{jl}v_l^{\mathrm{SH}},\ \forall j\in J,\omega\in\varOmega,\xi\in\varXi\tag{6.5}$$

$$\sum_{j\in J}n_{ijg}^{\omega}+\sum_{j\in J}n_{ijg}^{\xi}\leqslant r_{ig},\ \forall i\in I,g\in G,\omega\in\varOmega,\xi\in\varXi\tag{6.6}$$

$$\sum_{i\in I} n_{ijg}^{\omega} \geqslant \phi_g \sum_{k\in K} x_{kj}^{\omega},\ \forall j\in J, g\in G, \omega\in \Omega \tag{6.7}$$

$$\sum_{i\in I} n_{ijg}^{\xi} \geqslant \phi_g \sum_{k\in K} x_{kj}^{\xi},\ \forall j\in J, g\in G, \xi\in \Xi \tag{6.8}$$

$$\sum_{j\in J} x_{kj}^{\omega} + q_k^{\omega} \geqslant \tilde{c}_k^{\omega},\ \forall k\in K, \omega\in \Omega \tag{6.9}$$

$$\sum_{j\in J} x_{kj}^{\xi} + q_k^{\xi} \geqslant \tilde{c}_k^{\xi},\ \forall k\in K, \xi\in \Xi \tag{6.10}$$

$$y_{il}, z_{jl} \in \{0,1\},\ \forall i\in I, j\in J, l\in L \tag{6.11}$$

$$r_{ig}, n_{ijg}^{\omega}, n_{ijg}^{\xi} \geqslant 0, \forall i\in I, j\in J, g\in G, \omega\in \Omega, \xi\in \Xi \tag{6.12}$$

$$x_{kj}^{\omega}, x_{kj}^{\xi}, q_k^{\omega}, q_k^{\xi} \in N_+,\ \forall j\in J, k\in K, \omega\in \Omega, \xi\in \Xi \tag{6.13}$$

在目标函数 (6.1) 中，第一行表示设施的开放成本与灾前库存采购成本，第二行和第三行分别表示原生灾害和次生灾害发生后的期望救援成本，主要包括物资分配成本、灾民疏散成本、未疏散灾民的惩罚成本。式 (6.2) 表示确保配送中心 i 只能以一个容量等级 l 开放。式 (6.3) 表示确保庇护所 j 只能以一个容量等级 l 开放。式 (6.4) 表示灾前配送中心 i 的库存量采购上限。式 (6.5) 表示受灾者从受灾点 k 疏散到庇护所 j 的数量不能超过其容量。式 (6.6) 表示原生灾害和次生灾害中每类救援物资在配送中心 i 的储存上限。式 (6.7) 表示确保原生灾害发生后从配送中心运往庇护所的物资满足被疏散受灾者的需求。式 (6.8) 表示确保次生灾害发生后从配送中心运往庇护所的物资满足被疏散受灾者的需求。式 (6.9) 和式 (6.10) 表示原生灾害 ω 和次生灾害 ξ 场景下的流量平衡约束。式 (6.11)~式 (6.13) 为决策变量取值范围约束。

由于本章假设部分不确定参数概率分布信息未知，而随机优化模型不能够描述此类不确定参数，6.2.2 节将在此随机模型的基础上，通过与鲁棒优化相结合（hybrid robust and stochastic，HRS）的方法来解决该问题。

6.2.2 基于场景的应急物流网络鲁棒优化模型

根据概率分布未知的不确定受灾人数和运输时间，运用鲁棒优化中不确定集合的方式来表示其变化范围，并将其包含于可以利用现有历史数据估计出的灾害等级随机场景中[51]。这样可以根据不同的灾害等级场景，有针对性地估计受灾人数和运输时间的取值范围。鲁棒优化的关键在于如何选取不确定集合使所得解决方案能够在最坏的情况下仍然保持可行。比较常用的不确定集合主要包括盒式不确定集合、椭圆不确定集合以及多面体不确定集合等。其中，盒式不确定集合由于考虑到极小发生概率的情况而过于保守；椭圆不确定集合由于引入二阶锥规划问题，将显著增加求解难度；而在多面体不确定集合中，其鲁棒对等转化仍然是线性问题，得到的解既能一定程度地避免过于保守的情况，又能保证模型易于求解。另外，多面体不确定集合还能够根据决策者的决策态度调整解的鲁棒性[140]。

1. 鲁棒优化不确定集合构建

1）运输时间不确定集合构建

本章通过建立一个多面体不确定集合 $\mathcal{U}(t)$ 来表示从配送中心到庇护所（受灾点到庇护所）的不确定运输时间，如原生灾害发生后的运输时间 $\tilde{t}_{ij}^{\omega}$ （$\tilde{t}_{kj}^{\omega}$）和次生灾害发生后的运输时间 $\tilde{t}_{ij}^{\xi}$ ($\tilde{t}_{kj}^{\xi}$)。以原生灾害发生后的运输时间为例，引入其期望值 $\bar{t}_{ij}^{\omega}$ ($\bar{t}_{kj}^{\omega}$) 以及不确定运输时间距离期望值的最大偏差 $e_{ij}^{\omega}\in[0,1]$ $\left(e_{kj}^{\omega}\in[0,1]\right)$。令不确定集合 Γ_t^{ω} 处在范围 $[0,|A|]$ 中，其中 $|A|$ 表示从 i 到 j （从 k 到 j）的运输时间集合。不确定集合 Γ_t^{ω} 通过控制从 i 到 j （从 k 到 j）可能取到的最大运输时间的数值来调节解的鲁棒性和保守性。原生灾害下的多面体不确定集合设置如下：

$$\mathcal{U}\left(t^{\omega}\right)=\left\{\tilde{\boldsymbol{t}}\left|\begin{array}{l}\tilde{t}_{ij}^{\omega}=\bar{t}_{ij}^{\omega}+\hat{t}_{ij}^{\omega}e_{ij}^{\omega},\ \forall i\in I,j\in J,\omega\in\Omega,e_{ij}^{\omega}\in\mathcal{Z}\left(t^{\omega}\right)\\ \tilde{t}_{kj}^{\omega}=\bar{t}_{kj}^{\omega}+\hat{t}_{kj}^{\omega}e_{kj}^{\omega},\ \forall k\in K,j\in J,\omega\in\Omega,e_{kj}^{\omega}\in\mathcal{Z}\left(t^{\omega}\right)\end{array}\right.\right\}\tag{6.14}$$

其中

$$\mathcal{Z}\left(t^{\omega}\right)=\left\{\boldsymbol{e}\left|\begin{array}{l}\sum\limits_{i\in I}\sum\limits_{j\in J}e_{ij}^{\omega}\leqslant\Gamma_t^{\omega},\ 0\leqslant e_{ij}^{\omega}\leqslant 1,\quad\forall i\in I,j\in J,\omega\in\Omega\\ \sum\limits_{k\in K}\sum\limits_{j\in J}e_{kj}^{\omega}\leqslant\Gamma_t^{\omega},\ 0\leqslant e_{kj}^{\omega}\leqslant 1,\quad\forall k\in K,j\in J,\omega\in\Omega\end{array}\right.\right\}\tag{6.15}$$

同理，次生灾害的不确定运输时间 $\tilde{t}_{ij}^{\xi}$ 和 $\tilde{t}_{kj}^{\xi}$ 的多面体不确定集合设置如下：

$$\mathcal{U}\left(t^{\xi}\right)=\left\{\tilde{\boldsymbol{t}}\left|\begin{array}{l}\tilde{t}_{ij}^{\xi}=\bar{t}_{ij}^{\xi}+\hat{t}_{ij}^{\xi}e_{ij}^{\xi},\ \forall i\in I,j\in J,\xi\in\Xi,e\in\mathcal{Z}\left(t^{\xi}\right)\\ \tilde{t}_{kj}^{\xi}=\bar{t}_{kj}^{\xi}+\hat{t}_{kj}^{\xi}e_{kj}^{\xi},\ \forall k\in K,j\in J,\xi\in\Xi,e\in\mathcal{Z}\left(t^{\xi}\right)\end{array}\right.\right\}\tag{6.16}$$

其中

$$\mathcal{Z}\left(t^{\xi}\right)=\left\{\boldsymbol{e}\left|\begin{array}{l}\sum\limits_{i\in I}\sum\limits_{j\in J}e_{ij}^{\xi}\leqslant\Gamma_t^{\xi},\ 0\leqslant e_{ij}^{\xi}\leqslant 1,\quad\forall i\in I,j\in J,\xi\in\Xi\\ \sum\limits_{k\in K}\sum\limits_{j\in J}e_{kj}^{\xi}\leqslant\Gamma_t^{\xi},\ 0\leqslant e_{kj}^{\xi}\leqslant 1,\quad\forall k\in K,j\in J,\xi\in\Xi\end{array}\right.\right\}\tag{6.17}$$

2）受灾人数不确定集合构建

不确定受灾人数在模型的右端项中，如约束式 (6.9) 和式 (6.10)。而 Bertsimas 等[120] 所提出的鲁棒集合处理方法关注左端的不确定参数的处理；Najafi等[41] 所提出的方法将引入过多的辅助变量，增加求解的难度，本章将应用 Zokaee等[141] 的方法，将原生灾害和次生灾害发生后的不确定需求量 c_k^ω 和 c_k^ξ 分别定义在变化范围 $[\bar{c}_k^\omega, \bar{c}_k^\omega + \hat{c}_k^\omega]$ 和 $\left[\bar{c}_k^\xi, \bar{c}_k^\xi + \hat{c}_k^\xi\right]$ 中，引入不确定集合 $\Gamma_c^\omega \in [0, |K|], \Gamma_c^\xi \in [0, |K|]$ 来控制受灾点人数上限。因此，式 (6.9) 和式 (6.10) 可以写为如下形式：

$$\bar{c}_k^\omega + \frac{\Gamma_c^\omega}{|K|}\hat{c}_k^\omega \leqslant \sum_{j\in J} x_{kj}^\omega + q_k^\omega,\ \forall k \in K, \omega \in \Omega \tag{6.18}$$

$$\bar{c}_k^\xi + \frac{\Gamma_c^\xi}{|K|}\hat{c}_k^\xi \leqslant \sum_{j\in J} x_{kj}^\xi + q_k^\xi,\ \forall k \in K, \xi \in \Xi \tag{6.19}$$

决策者可以通过调整不确定性预算的取值权衡决策方案的保守性和鲁棒性。

2. 鲁棒优化模型对等转化

根据上述提出的不确定集合，鲁棒优化的对等形式 RC 可以写为如下形式：

$$\min_{\boldsymbol{y},\boldsymbol{z},\boldsymbol{x},\boldsymbol{n},\boldsymbol{q}} \sum_{i\in I}\sum_{l\in L} f_1^l y_{il} + \sum_{j\in J}\sum_{l\in L} f_2^l z_{jl} + \sum_{i\in I}\sum_{g\in G} h_g r_{ig} \tag{6.20a}$$

$$+ \Pi\left(\sum_{\omega\in\Omega}\sum_{k\in K} p_\omega q_k^\omega + \sum_{\xi\in\Xi}\sum_{k\in K} p(\xi|\omega) q_k^\xi\right) \tag{6.20b}$$

$$+ \max_{\tilde{\boldsymbol{t}}\in\mathcal{U}(t^\omega)}\left\{\sum_{\omega\in\Omega} p_\omega m\left(\sum_{k\in K}\sum_{j\in J}\tilde{t}_{kj}^\omega x_{kj}^\omega + \sum_{i\in I}\sum_{j\in J}\sum_{g\in G}\tilde{t}_{ij}^\omega n_{ijg}^\omega\right)\right\} \tag{6.20c}$$

$$+ \max_{\tilde{\boldsymbol{t}}\in\mathcal{U}(t^\xi)}\left\{\sum_{\xi\in\Xi} p(\xi|\omega) m\left(\sum_{k\in K}\sum_{j\in J}\tilde{t}_{kj}^\xi x_{kj}^\xi + \sum_{i\in I}\sum_{j\in J}\sum_{g\in G}\tilde{t}_{ij}^\xi n_{ijg}^\xi\right)\right\} \tag{6.20d}$$

约束为式 (6.2)~式 (6.8) 和式 (6.18)、式 (6.19)。

由于最小化的模型中存在最大化项（min-max 形式），难以直接求解，因此以下命题通过对偶的方法将模型进行转化以使模型易于处理。

命题 6.1 基于不确定集合与不确定预算，第二阶段中的非线性项 (6.20c) 有如下鲁棒对等式，其中 $\mu_\omega, \pi_{kj\omega}, \mu_\omega^{'}, \pi_{ij\omega}^{'}$ 为相应的对偶变量。

$$\min \sum_{\omega\in\Omega} p_\omega m\left\{\sum_{k\in K}\sum_{j\in J}\bar{t}_{kj}^\omega x_{kj}^\omega + \sum_{i\in I}\sum_{j\in J}\sum_{g\in G}\bar{t}_{ij}^\omega n_{ijg}^\omega\right.$$

$$+\sum_{\omega\in\Omega}\left(\mu_\omega\Gamma_t^\omega+\sum_{k\in K}\sum_{j\in J}\pi_{kj\omega}+\mu_\omega^{'}\Gamma_t^\omega+\sum_{k\in K}\sum_{j\in J}\pi_{ij\omega}^{'}\right)\Bigg\} \tag{6.21a}$$

$$\text{s.t.}\ \ \mu_\omega+\pi_{kj\omega}\geqslant\hat{t}_{kj}^\omega x_{kj}^\omega,\ \forall k\in K,j\in J,\omega\in\Omega \tag{6.21b}$$

$$\mu_\omega^{'}+\pi_{ij\omega}^{'}\geqslant\hat{t}_{ij}^\omega\sum_{g\in G}n_{ijg}^\omega,\ \forall k\in K,j\in J,\omega\in\Omega \tag{6.21c}$$

$$\mu_\omega,\pi_{kj\omega}\geqslant 0,\ \forall k\in K,j\in J,\omega\in\Omega \tag{6.21d}$$

$$\mu_\omega^{'},\pi_{ij\omega}^{'}\geqslant 0,\ \forall k\in K,j\in J,\omega\in\Omega \tag{6.21e}$$

证明 6.1 模型目标函数中第二阶段项 (6.20c) 可以改写为如下形式：

$$\begin{aligned}&\sum_{\omega\in\Omega}p_\omega m\Bigg\{\sum_{k\in K}\sum_{j\in J}\bar{t}_{kj}^\omega x_{kj}^\omega+\sum_{i\in I}\sum_{j\in J}\sum_{g\in G}\bar{t}_{ij}^\omega n_{ijg}^\omega\\&+\max_{\{S_t||S_t|\leqslant\Gamma_t^\omega\}}\left(\sum_{(k,j)\in S_t}\hat{t}_{kj}^\omega x_{kj}^\omega+\sum_{(i,j)\in S_t}\sum_{g\in G}\hat{t}_{ij}^\omega n_{ijg}^\omega\right)\Bigg\}\end{aligned} \tag{6.22}$$

其中，S_t 为在所定义的不确定集合中，从配送中心或受灾点到庇护所的不确定运输时间取到上限的数量。根据 Bertsimas 等[120] 研究中的命题 1，目标函数 (6.22) 的保护函数可以定义为 $\beta_1(\boldsymbol{x},\Gamma_t^\omega)+\beta_2(\boldsymbol{n},\Gamma_t^\omega)$，具体表示如下：

$$\begin{aligned}\beta_1(\boldsymbol{x},\Gamma_t^\omega)=&\max_{\boldsymbol{e}^\omega\in\mathcal{Z}(t^\omega)}\sum_{k\in K}\sum_{j\in J}\hat{t}_{kj}^\omega e_{kj}^\omega x_{kj}^\omega\\\text{s.t.}\ &\sum_{k\in K}\sum_{j\in J}e_{kj}^\omega\leqslant\Gamma_t^\omega,\ \forall\omega\in\Omega\\&0\leqslant e_{kj}^\omega\leqslant 1,\forall k\in K,j\in J,\omega\in\Omega\end{aligned} \tag{6.23}$$

$$\begin{aligned}\beta_2(\boldsymbol{n},\Gamma_t^\omega)=&\max_{\boldsymbol{e}^\omega\in\mathcal{Z}(t^\omega)}\sum_{i\in I}\sum_{j\in J}\sum_{g\in G}\hat{t}_{ij}^\omega e_{ij}^\omega n_{ijg}^\omega\\\text{s.t.}\ &\sum_{i\in I}\sum_{j\in J}e_{ij}^\omega\leqslant\Gamma_t^\omega,\ \forall\omega\in\Omega\\&0\leqslant e_{ij}^\omega\leqslant 1,\ \forall i\in I,j\in J,\omega\in\Omega\end{aligned} \tag{6.24}$$

令 $\mu_\omega,\pi_{kj\omega}$ 为式 (6.23) 中的约束条件所对应的对偶变量，且 $\mu_\omega^{'},\pi_{ij\omega}^{'}$ 为式 (6.24) 中的约束条件所对应的对偶变量。因此，得到式 (6.23) 和式 (6.24) 的对偶问题：

$$
\begin{aligned}
&\min \sum_{\omega \in \Omega}\left(\mu_\omega \Gamma_t^\omega+\sum_{k \in K} \sum_{j \in J} \pi_{kj\omega}\right) \\
&\text{s.t. } \mu_\omega+\pi_{kj\omega} \geqslant \hat{t}_{kj}^\omega x_{kj}^\omega,\ \forall k \in K, j \in J, \omega \in \Omega \\
&\qquad \mu_\omega, \pi_{kj\omega} \geqslant 0,\ \forall k \in K, j \in J, \omega \in \Omega
\end{aligned} \tag{6.25}
$$

和

$$
\begin{aligned}
&\min \sum_{\omega \in \Omega}\left(\mu_\omega^{\prime} \Gamma_t^\omega+\sum_{i \in I} \sum_{j \in J} \pi_{ij\omega}^{\prime}\right) \\
&\text{s.t. } \mu_\omega^{\prime}+\pi_{ij\omega}^{\prime} \geqslant \hat{t}_{ij}^\omega \sum_{g \in G} n_{ijg}^\omega,\ \forall i \in I, j \in J, \omega \in \Omega \\
&\qquad \mu_\omega^{\prime}, \pi_{ij\omega}^{\prime} \geqslant 0,\ \forall i \in I, j \in J, \omega \in \Omega
\end{aligned} \tag{6.26}
$$

因为问题式 (6.23) 和式 (6.24) 对于 Γ_t^ω 是有界且可行的，根据强对偶理论，其对偶问题式 (6.25) 和式 (6.26) 也是有界且可行的，因此原问题和对偶问题的解相同[120]。最终得到原目标函数原生灾害发生后的救援成本式 (6.20c) 的鲁棒对等式为式 (6.21)。 ■

同理，可以得到目标函数中次生灾害发生后的救援成本项 (6.20d)。至此，整个原问题的鲁棒优化对等式为如下形式：

$$
\begin{aligned}
F=\min \Bigg\{ & \sum_{i \in I} \sum_{l \in L} f_1^l y_{il}+\sum_{j \in J} \sum_{l \in L} f_2^l z_{jl}+\sum_{i \in I} \sum_{g \in G} h_g r_{ig} \\
& +\sum_{\omega \in \Omega} p_\omega\left(\sum_{k \in K} \sum_{j \in J} m \bar{t}_{kj}^\omega x_{kj}^\omega+\sum_{i \in I} \sum_{j \in J} \sum_{g \in G} m \bar{t}_{ij}^\omega n_{ijg}^\omega+\Pi \sum_{k \in K} q_k^\omega\right) \\
& +\sum_{\omega \in \Omega} p_\omega m\left(\mu_\omega \Gamma_t^\omega+\sum_{k \in K} \sum_{j \in J} \pi_{kj\omega}+\mu_\omega^{\prime} \Gamma_t^\omega+\sum_{i \in I} \sum_{j \in J} \pi_{ij\omega}^{\prime}\right) \\
& +\sum_{\xi \in \Xi} p(\xi \mid \omega)\left(\sum_{k \in K} \sum_{j \in J} m \bar{t}_{kj}^{\xi} x_{kj}^{\xi}+\sum_{i \in I} \sum_{j \in J} \sum_{g \in G} m \bar{t}_{ij}^{\xi} n_{ijg}^{\xi}+\Pi \sum_{k \in K} q_k^{\xi}\right) \\
& +\sum_{\xi \in \Xi} p(\xi \mid \omega) m\left(\delta_{\xi} \Gamma_t^{\xi}+\sum_{k \in K} \sum_{j \in J} \eta_{kj\xi}+\delta_{\xi}^{\prime} \Gamma_t^{\xi}+\sum_{i \in I} \sum_{j \in J} \eta_{ij\xi}^{\prime}\right)\Bigg\}
\end{aligned} \tag{6.27}
$$

约束为式 (6.2)~式 (6.8)、式 (6.11)~式 (6.13)、式 (6.18)、式 (6.19)、式 (6.21b)~式 (6.21e)，和

$$\delta_{\xi} + \eta_{kj\xi} \geqslant \hat{t}_{kj}^{\xi} x_{kj}^{\xi}, \ \forall k \in K, j \in J, \xi \in \varXi \tag{6.28}$$

$$\delta_{\xi}^{'} + \eta_{ij\xi}^{'} \geqslant \hat{t}_{ij}^{\xi} \sum_{g \in G} n_{ijg}^{\xi}, \ \forall i \in I, j \in J, \xi \in \varXi \tag{6.29}$$

$$\delta_{\xi}, \eta_{kj\xi} \geqslant 0, \ \forall k \in K, j \in J, \xi \in \varXi \tag{6.30}$$

$$\delta_{\xi}^{'}, \eta_{ij\xi}^{'} \geqslant 0, \ \forall i \in I, j \in J, \xi \in \varXi \tag{6.31}$$

其中，$\delta_{\xi}, \eta_{kj\xi}$，$\delta_{\xi}^{'}, \eta_{ij\xi}^{'}$ 为目标函数中式 (6.20d) 的对偶变量。

6.2.3 PH 算法及加速求解策略

1. 基于场景的增广拉格朗日松弛算法

虽然重构了原模型，但随着随机场景数量的增加，鲁棒模型转化时引入的变量和约束将会使求解变得困难。为了解决这个问题，本节介绍求解基于场景的多阶段随机规划模型常用的 PH 算法来提高模型求解的速度[112]。基于增广拉格朗日方法，PH 算法将问题基于场景分解为若干子问题，并分别求得对应解，然后通过惩罚属于同一父节点的各个解之间的差值得到最终的统一解。Gade等[142] 研究表明，基于模型分解后的并行化求解机制，PH 算法可以大大缩短求解时间。与 L-shaped 等其他算法相比，PH 算法可以求解任意阶段包含整数变量的一般情况。

在 PH 算法中，前文提出的场景树将会被重新定义，如图 6.3 所示，从场景树的第一阶段根节点到最后一个阶段称为一条场景序列，由 $s \in S$ 表示。如图 6.2(b) 所示，每个场景序列中包含 4 个元素，为了保证分解形式下的解（如 y_{il}^{s}）与标准形式下的解（如 $\hat{y}_{il}$）能够达到一致（consensus），设置非预期性约束如下：

$$\begin{aligned}
&\hat{y}_{il} = \sum_{s \in S} p_s y_{il}^{s}, \ \forall i, l \\
&\hat{z}_{jl} = \sum_{s \in S} p_s z_{jl}^{s}, \ \forall j, l \\
&\hat{r}_{ig} = \sum_{s \in S} p_s r_{ig}^{s}, \ \forall i, g \\
&\hat{x}_{kj} = \sum_{s \in B(s,t)} \frac{p_s}{\sum\limits_{s \in B(s,t)} p_s} x_{kj}^{s}, \ \forall k, j, t, B(s,t)
\end{aligned} \tag{6.32}$$

其中，$s \in B(s,t)$ 为共享同一节点的场景序列的集合，s 为场景序列，t 为阶段。其他一致性变量也以同样的方式计算。Gul 等[143] 采用近点法对一致性变量的值进行加权和计算，如图 6.3(b) 所示，若 $B(s,2) = 2$，则有 $s \in S = \{1,2\}$。对于分解形式中的变量如 $y_{il}^s, z_{jl}^s, r_{ig}^s$，若 $B(s,1)=1$，则有 $s\in\{1,2,3,4\}=S$，且场景序列 s 的发生概率 $p_s[\forall s\in B(s,1)=S]$ 相等且 $\sum_{s\in B(s,1)} p_s=1$。因此，它们的非预期性约束可以从上述第二阶段变量的非预期性约束进行简化[32]。

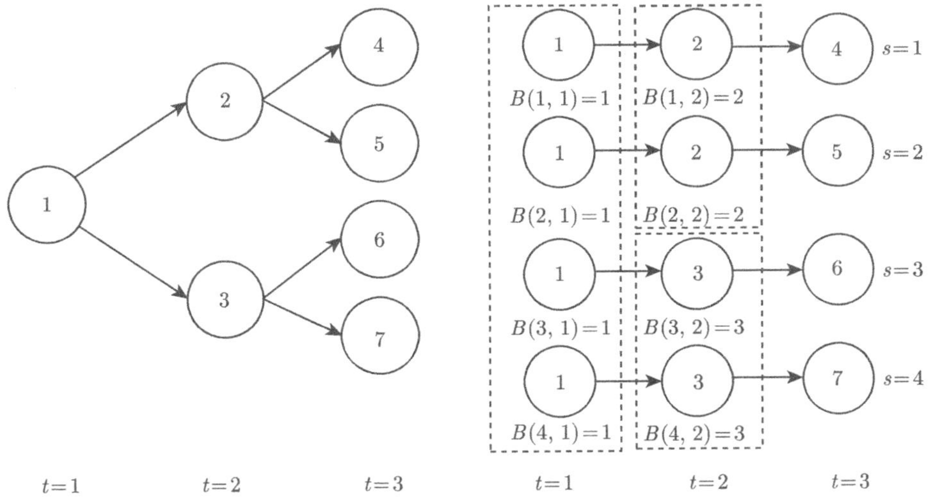

（a）场景树标准形式 （b）场景树分解形式

图 6.3 场景树的标准形式和分解形式

根据增广拉格朗日松弛技术，将非预期性约束松弛后引入目标函数中，定义拉格朗日乘子 $\alpha_{il}^s, \beta_{jl}^s, \gamma_{ig}^s, \alpha_{1kj}^s, \beta_{1ijg}^s, \gamma_{1k}^s, \alpha_2^s, \alpha_3^s, \beta_2^s, \gamma_{2ij}^s$ 和 PH 算法惩罚因子 $\rho_y, \rho_z, \rho_r, \rho_x, \rho_n, \rho_q, \rho_\mu, \rho_{\mu'}, \rho_\pi, \rho_{\pi'}$。通过松弛约束式 (6.32)，重写每个场景序列 s 的目标函数，如下所示：

$$
\begin{aligned}
\min\ & \sum_{i,l}\alpha_{il}^s\left(y_{il}^s-\hat{y}_{il}\right)+\frac{1}{2}\rho_y\sum_{i,l}\left(y_{il}^s-\hat{y}_{il}\right)^2+\sum_{j,l}\beta_{jl}^s\left(z_{jl}^s-\hat{z}_{jl}\right)+\frac{1}{2}\rho_z\sum_{j,l}\left(z_{jl}^s-\hat{z}_{jl}\right)^2\\
&+\sum_{i,g}\gamma_{ig}^s\left(r_{ig}^s-\hat{r}_{ig}\right)+\sum_{k,j,t}\alpha_{1kj}^s\left(x_{kj}^s-\hat{x}_{kj}^{B(s,t)}\right)+\sum_{i,j,g,t}\beta_{1ijg}^s\left(n_{ijg}^s-\hat{n}_{ijg}^{B(s,t)}\right)\\
&+\sum_{k,t}\gamma_{1k}^s\left(q_k^s-\hat{q}_k^{B(s,t)}\right)+\alpha_2^s\left(\mu^s-\hat{\mu}^{B(s,t)}\right)+\sum_{k,j}\beta_{2kj}^s\left(\pi_{kj}^s-\hat{\pi}_{kj}^{B(s,t)}\right)\\
&+\alpha_3^s\left(\mu_s^{'}-\hat{\mu}^{'B(s,t)}\right)+\sum_{i,j}\gamma_{2ij}^s\left(\pi_{ij}^{'s}-\hat{\pi}_{ij}^{'B(s,t)}\right)+\frac{1}{2}\rho_r\sum_{i,g}\left(r_{ig}^s-\hat{r}_{ig}\right)^2\\
&+\frac{1}{2}\rho_x\sum_{k,j}\left(x_{kj}^s-\hat{x}_{kj}^{B(s,t)}\right)^2+\frac{1}{2}\rho_n\sum_{i,j,g}\left(n_{ijg}^s-\hat{n}_{ijg}^{B(s,t)}\right)^2
\end{aligned}
$$

$$
\begin{aligned}
&+\frac{1}{2}\rho_q\sum_{k}\left(q_k^s-\hat{q}_k^{B(s,t)}\right)^2+\frac{1}{2}\rho_\mu\left(\mu^s-\hat{\mu}^{B(s,t)}\right)^2\\
&+\frac{1}{2}\rho_\pi\sum_{k,j}\left(\pi_{kj}^s-\hat{\pi}_{kj}^{B(s,t)}\right)^2+\frac{1}{2}\rho_{\mu'}\left(\mu_s^{'}-\hat{\mu}^{'B(s,t)}\right)^2\\
&+\frac{1}{2}\rho_{\pi'}\sum_{i,j}\left(\pi_{ij}^{'s}-\hat{\pi}_{ij}^{'B(s,t)}\right)^2+F
\end{aligned}
\tag{6.33}
$$

由于式 (6.33) 中存在若干难以求解的二次项，因此以下命题将会简化二次惩罚项以提高求解效率。

命题 6.2 目标函数（6.33）可以写为如下形式：

$$
\begin{aligned}
\min\ \ & F+\sum_{i,l}\left[y_{il}^s\left(\alpha_{il}^s+\frac{1}{2}\rho_y-\rho_y\hat{y}_{il}\right)\right]+\sum_{j,l}\left[z_{jl}^s\left(\beta_{jl}^s+\frac{1}{2}\rho_z-\rho_z\hat{z}_{jl}\right)\right]\\
&+\sum_{i,g}\gamma_{ig}^s r_{ig}^s+\frac{1}{2}\rho_r\sum_{i,g}\left|r_{ig}^s-\hat{r}_{ig}\right|+\sum_{k,j}\alpha_{1kj}^s x_{kj}^s+\frac{1}{2}\rho_x\sum_{k,j}\left|x_{kj}^s-\hat{x}_{kj}\right|\\
&+\sum_{i,j,g}\beta_{1ijg}^s n_{ijg}^s+\frac{1}{2}\rho_n\sum_{i,j,g}\left|n_{ijg}^s-\hat{n}_{ijg}\right|+\sum_{k}\gamma_{1k}^s q_k^s+\frac{1}{2}\rho_q\sum_{k}\left|q_k^s-\hat{q}_k\right|\\
&+\alpha_2^s\mu^s+\frac{1}{2}\rho_\mu\left|\mu^s-\hat{\mu}\right|+\sum_{k,j}\beta_2^s\pi_{kj}^s+\frac{1}{2}\rho_\pi\sum_{k,j}\left|\pi_{kj}^s-\hat{\pi}_{kj}\right|\\
&+\sum_{i,j}\gamma_{2ij}^s\pi_{ij}^{'s}+\frac{1}{2}\rho_{\pi'}\sum_{i,j}\left|\pi_{ij}^{'s}-\hat{\pi}_{ij}^{'}\right|
\end{aligned}
\tag{6.34}
$$

证明 6.2 因为 $y_{il}^s\in\{0,1\}$，因此二次项 $\left(y_{il}^s\right)^2=y_{il}^s,\forall i\in I,l\in L,s\in S$。则有

$$
\begin{aligned}
&\sum_{i,l}\alpha_{il}^s\left(y_{il}^s-\hat{y}_{il}\right)+\frac{1}{2}\rho_y\sum_{i,l}\left(y_{il}^s-\hat{y}_{il}\right)^2\\
=&\sum_{i,l}\alpha_{il}^s\left(y_{il}^s-\hat{y}_{il}\right)+\frac{1}{2}\sum_{i,l}\left[\rho_y\left(y_{il}^s\right)^2-2\rho_y y_{il}^s\hat{y}_{il}+\rho_y\left(\hat{y}_{il}\right)^2\right]\\
=&\sum_{i,l}\left[y_{il}^s\left(\alpha_{il}^s+\frac{1}{2}\rho_y-\rho_y\hat{y}_{il}\right)-\alpha_{il}^s\hat{y}_{il}+\frac{1}{2}\rho_y\hat{y}_{il}\right]
\end{aligned}
$$

因为 $\hat{y}_{il}$ 为固定值，因此最后两项 $\left(-\alpha_{il}^s\hat{y}_{il}+\dfrac{1}{2}\rho_y\hat{y}_{il}\right)$ 变为常数，可以消除。式 (6.33) 中的 $\sum_{j,l}\beta_{jl}^s\left(z_{jl}^s-\hat{z}_{jl}\right)+\dfrac{1}{2}\rho_z\sum_{j,l}\left(z_{jl}^s-\hat{z}_{jl}\right)^2$ 项也可以用同样的方法处理。

根据 Fadda 等[144]在文章中提出的方法,将目标函数中的二次项 $\frac{\rho_r}{2}\sum_{i,g}\left(r_{ig}^s-\hat{r}_{ig}\right)^2$ 用 $\frac{\rho_r}{2}\sum_{i,g}\left|r_{ig}^s-\hat{r}_{ig}\right|$ 替换，最终得到式 (6.34)。 ■

2. 算法参数动态更新的加速策略

现有研究表明，PH 算法的表现明显受算法中惩罚因子的影响[32]。例如，较大的惩罚因子会迫使算法收敛于次优解，而较小的惩罚因子则会使算法收敛缓慢。因此，本节对 PH 算法进行改进，提出了一种迭代更新惩罚因子的策略。下面用 ρ_x 的动态调整作为示例进行介绍。根据 Gul 等[143] 提出的方法，令 $\boldsymbol{\Delta}_D^{(a)}$ 和 $\boldsymbol{\Delta}_P^{(a)}$ 为第 a 次迭代时收敛速度的指示向量：

$$\begin{aligned}
\boldsymbol{\Delta}_D^{(a)} &= \sum_{k,j,s,t}\left(x_{kj}^{s(a)}-\hat{x}_{kj}^{B(s,t)(a-1)}\right)^2\\
\boldsymbol{\Delta}_P^{(a)} &= \sum_{k,j,s,t}\left(\hat{x}_{kj}^{B(s,t)(a)}-\hat{x}_{kj}^{B(s,t)(a-1)}\right)^2
\end{aligned} \tag{6.35}$$

当收敛速度下降时增加 ρ_x 的值，当前解与上次迭代所得解更接近时减小 ρ_x 的值。惩罚因子可以按照如下方法更新，同样的逻辑也适用于其他惩罚因子：

$$\rho_x^{(a)}=\begin{cases}\sigma\rho_x^{(a-1)}, & \boldsymbol{\Delta}_D^{(a)}-\boldsymbol{\Delta}_D^{(a-1)}>0\\ \dfrac{1}{\zeta}\rho_x^{(a-1)}, & \boldsymbol{\Delta}_P^{(a)}-\boldsymbol{\Delta}_P^{(a-1)}>0\\ \rho_x^{(a-1)}, & \text{否则}\end{cases} \tag{6.36}$$

其中，$\sigma>1,\zeta>1$ 为常数参数；a 为迭代次数。

每次迭代时拉格朗日乘子的更新方法如下所示，为简洁起见，只介绍其中的一部分，同样的逻辑可以应用于其他拉格朗日乘子。

$$\begin{aligned}
\alpha_{il}^{s(0)} &= \rho_y^{(0)}\left(y_{il}^{s(0)}-\hat{y}_{il}^{(0)}\right),\ \forall i,l\\
\beta_{jl}^{s(0)} &= \rho_z^{(0)}\left(z_{jl}^{s(0)}-\hat{z}_{jl}^{(0)}\right),\ \forall j,l\\
\alpha_{1kj}^{s(0)} &= \rho_x^{(0)}\left|x_{kj}^{s(0)}-\hat{x}_{kj}^{B(s,t)(0)}\right|,\ \forall k,j,s,t
\end{aligned} \tag{6.37}$$

$$\begin{aligned}
\alpha_{il}^{s(a)} &= \alpha_{il}^{s(a-1)}+\rho_y^{(a-1)}\left(y_{il}^{s(a)}-\hat{y}_{il}^{(a)}\right),\ \forall i,l\\
\beta_{jl}^{s(a)} &= \beta_{jl}^{s(a-1)}+\rho_z^{(a-1)}\left(z_{jl}^{s(a)}-\hat{z}_{jl}^{(a)}\right),\ \forall j,l\\
\alpha_{1kj}^{s(a)} &= \alpha_{1kj}^{s(a-1)}+\rho_x^{(a-1)}\left|x_{kj}^{s(a)}-\hat{x}_{kj}^{B(s,t)(a)}\right|,\ \forall k,j,s,t
\end{aligned} \tag{6.38}$$

当子问题的最优解与一致性变量之间的差距足够小时，如式 (6.39) 所示，算法终止。同样的逻辑也适用于其他变量。

$$\begin{aligned}&\sum_{i,l,s} p_s\left(\left|y_{il}^{s(a)}-\hat{y}_{il}^{(a)}\right|\right)\leqslant \epsilon\\&\sum_{j,l,s,t} p_s\left(\left|z_{jl}^{s(a)}-\hat{z}_{jl}^{(a)}\right|\right)\leqslant \epsilon\\&\sum_{k,j,s,t} p_x\left(\left|x_{kj}^{s}-\hat{x}_{kj}^{B(s,t)}\right|\right)\leqslant \epsilon\end{aligned}\tag{6.39}$$

其中，ϵ 为可接受的子问题最优解与当前迭代所得一致性解之间的差距。

3. 算法下界计算方法

使用 PH 算法可以在有限的迭代次数内找到高质量的解，但不能保证收敛到全局最优解。为了解决此问题，学者对如何获得解的下限进行了研究，Gade等[142]提出了一种用于评估算法下限的方法以弥补 PH 算法的这一缺陷；Barnett 等[145]运用分支定界的方法在搜索树的每个节点上使用 PH 算法，使其收敛于全局最优解；Boland 等[146] 提出了一种对偶方法用于计算一个包含了非预期性约束条件的随机规划模型的拉格朗日对偶值；Wu 等[147] 将禁忌搜索和次梯度法结合到 PH 算法中，生成下界，增强了模型评估求解质量的能力。本书参考 Gade等[142] 提出的方法，引入对偶变量 $\alpha_{il}^s,\beta_{jl}^s,\gamma_{ig}^s,\alpha_{1kj}^s,\beta_{1ijg}^s,\gamma_{1k}^s,\alpha_2^s,\alpha_3^s,\beta_2^s,\gamma_{2ij}^s$，假设每个场景序列的解在模型中达到一致，则可消除其惩罚因子的影响，每个场景序列的下界可由式 (6.40) 表示：

$$\begin{aligned}D_s=F(s)&+\sum_{i,l}\alpha_{il}^s y_{il}^s+\sum_{j,l}\beta_{jl}^s z_{jl}^s+\sum_{i,g}\gamma_{ig}^s r_{ig}^s\\&+\sum_{k,j}\alpha_{1kj}^s x_{kj}^s+\sum_{i,j,g}\beta_{1ijg}^s n_{ijg}^s+\sum_{k}\gamma_{1k}^s q_k^s\\&+\alpha_2^s\mu^s+\sum_{k,j}\beta_{2kj}^s\pi_{kj}^s+\alpha_3^s\mu_s^{'}+\sum_{i,j}\gamma_{2ij}^s\pi_{ij}^{'s}\end{aligned}\tag{6.40}$$

其中，原问题中的场景序列总目标函数 $F(s)$ 可表示如下：

$$\begin{aligned}F(s)=\min\Bigg\{&\sum_{i,l,s} f_1^l y_{il}^s+\sum_{j,l,s} f_2^l z_{jl}^s+\sum_{i,g,s} h_g r_{ig}^s\\&+\sum_{k,j,\tau=2} m\bar{t}_{kjs}^{\tau} x_{kjs}^{\tau}+\sum_{i,j,g,\tau=2} m\bar{t}_{ijs}^{\tau} n_{ijgs}^{\tau}+\varPi\sum_{k,\tau=2} q_{ks}^{\tau}\end{aligned}$$

$$\begin{aligned}
&+\sum_{\tau=2}\mu_s^{\tau}\Gamma_t^{s\tau}+\sum_{k,j,\tau=2}\pi_{kjs}^{\tau}+\sum_{\tau=2}\mu_s^{'\tau}\Gamma_t^{s\tau}+\sum_{i,j,\tau=2}\pi_{ijs}^{'\tau}\\
&+\sum_{k,j,\tau=3}m\bar{t}_{kjs}^{\tau}x_{kjs}^{\tau}+\sum_{i,j,\tau=3}m\bar{t}_{ijs}^{\tau}n_{ijgs}^{\tau}+\Pi\sum_{k,\tau=3}q_{ks}^{\tau}\\
&\left.+\sum_{\tau=3}\delta_s^{\tau}\Gamma_t^{s\tau}+\sum_{k,j,\tau=3}\eta_{kjs}^{\tau}+\sum_{\tau=3}\delta_s^{'\tau}\Gamma_t^{s\tau}+\sum_{i,j,\tau=3}\eta_{ijs}^{'\tau}\right\}
\end{aligned}\tag{6.41}$$

其中，$\tau \in \{2,3\}$ 分别为第二阶段和第三阶段。最终可得到

$$D=\sum_{s}p_sD_s$$

为目标函数的一个下界。整个求解过程伪代码如算法 2 所示。

算法 2 PH 算法

输入: $T=18800$, $\epsilon=10^{-3}$, $a=0$;
输出: 模型最优解;

```
while Terminates = 否 do
    令 a = 1;
    for 对于每一个场景 s ∈ S do
        求解三阶段确定型问题，得到最优解 y_il^{s(a)}, z_jl^{s(a)}, x_kj^{s(a)};
    end for
    通过式 (6.32) 的方法求解一致解如 ŷ_il^{(a)}, ẑ_jl^{(a)};
    通过式 (6.37) 中的方法计算拉格朗日乘子的初始值，如 α_il^{s(0)}, β_jl^{s(0)}, α_1kj^{s(0)};
    令 a = a + 1;
    for 对于每一个场景 s ∈ S do
        使用目标函数 (6.34) 求解确定性模型，并求得最优解;
    end for
    使用式 (6.32) 中的方法更新一致变量的值;
    使用式 (6.35) 和式 (6.36) 中的方法更新惩罚参数的值;
    使用式 (6.38) 中的方法更新拉格朗日乘子 (α_il^{s(a)}, β_jl^{s(a)}, α_1kj^{s(a)});
    if 式 (6.39) 为 是 then
        令 Terminates = 是;
    end if
end while
```

6.2.4 数值实验

在本节中，以巴西容易发生灾害的地区里约热内卢市为案例背景进行数值实验，参数设置及算例生成方法如下[16]。

1. 参数设置

根据从 Alem 等[16] 的研究中收集的数据，对参数输入进行估计，以反映实际情况。本章考虑分发给受灾者的四种应急物资: 食物、水、帐篷和医疗用品。未被救援的伤员惩罚成本 Π 设置为 100 万元。配送中心的基础容量 ($\bar{v}^{\mathrm{DC}}$) 通过 $\left(\sum_{k\in K}\sum_{g\in G}\bar{\boldsymbol{c}}_k\phi_g\right)/|I|$ 来计算，并且开放设施的固定成本 (f_1^l, f_2^l) 是其容量的函数[109]。庇护所的基础容量 ($\bar{v}^{\mathrm{SH}}$) 是期望受灾人数的函数，可用 $\left(\sum_{k\in K}\bar{\boldsymbol{c}}_k\right)/|J|$ 来表示。不同容量类型的设施开放的固定成本由表 6.2 所示。在庇护所中的每位受灾者的需求量 ϕ_g 如表 6.3 所示[16]。假设分配的物资能够维持受灾者 6 天的需求量[127]。单位时间运输成本 m 通过 Ni 等[61] 研究中对劳动力和燃油消耗的描述估计为 120 元。不同等级灾害发生的概率如表 6.4 所示，用来表示原生灾害发生的概率。考虑到潜在的次生灾害，用表 6.5 所示的不同等级灾害之间转换的发生概率来表示从原生灾害到不同类型次生灾害的转移概率[16]。

表 6.2 不同类型设施的容量和固定成本

设施类型	v_l^{DC}	f_1^l	v_l^{SH}	f_2^l
小型	$1.5\bar{v}^{\mathrm{DC}}$	$0.15\bar{v}^{\mathrm{DC}}$	$1.5\bar{v}^{\mathrm{SH}}$	$150\bar{v}^{\mathrm{SH}}$
中型	$2\bar{v}^{\mathrm{DC}}$	$0.2\bar{v}^{\mathrm{DC}}$	$2\bar{v}^{\mathrm{SH}}$	$200\bar{v}^{\mathrm{SH}}$
大型	$2.5\bar{v}^{\mathrm{DC}}$	$0.25\bar{v}^{\mathrm{DC}}$	$2.5\bar{v}^{\mathrm{SH}}$	$250\bar{v}^{\mathrm{SH}}$

表 6.3 受灾者的需求量和每种应急物资的属性

物资类型	体积/升	需求量	价格/元
食物	30	$\frac{1}{5}$ 套	600
水	20	5 升/人	60
帐篷	103	1 个/人	50
医疗用品	11	$\frac{1}{90}$ 套/人	1800

表 6.4 不同等级灾害的发生概率[16]

灾害等级	发生频率	相对频率	平均受灾人数/人
等级 1	4	0.190 5	104
等级 2	6	0.285 7	212
等级 3	6	0.285 7	5 171
等级 4	3	0.142 9	25 735
等级 5	2	0.095 2	384 621
等级 6	0	0	—
总计	21	1	—

表 6.5 不同等级灾害之间的转移概率[16]

灾害等级	等级 1	等级 2	等级 3	等级 4	等级 5	等级 6
等级 1	0.75	0.25	0	0	0	0
等级 2	0.25	0.5	0.25	0	0	0
等级 3	0	0.25	0.5	0.25	0	0
等级 4	0	0	0.25	0.5	0.25	0
等级 5	0	0	0	0.25	0.5	0.25
等级 6	0	0	0	0	0.25	0.75

2. 算例生成

本章节的算例分析参考 Ni 等[61] 研究中提到的方法来比较确定性模型（简记为 DET 模型）、随机规划模型（简记为 STO 模型）、鲁棒优化模型（简记为 ROB 模型）、混合鲁棒优化–随机优化（简记为 HRS 模型）四种模型的表现。具体步骤如下。

步骤 1：按照以下方法构建 DET 模型、STO 模型、ROB 模型、HRS 模型。

(1) 对于 DET 模型，假设不确定参数取值为常数，为了与不确定参数 $(\tilde{\boldsymbol{t}}, \tilde{\boldsymbol{c}})$ 区分，将其均值作为确定性取值如 $\bar{\boldsymbol{t}}, \bar{\boldsymbol{c}}$。

(2) 对于 STO 模型，考虑 400 个随机场景，且每个场景中不确定参数的取值依据三角形分布得出，三角形分布相关参数见表 6.4 ，如 $T(\bar{\boldsymbol{t}}-\hat{\boldsymbol{t}}, \bar{\boldsymbol{t}}, \bar{\boldsymbol{t}}+\hat{\boldsymbol{t}})$ 和 $T(\bar{\boldsymbol{c}}-\hat{\boldsymbol{c}}, \bar{\boldsymbol{c}}, \bar{\boldsymbol{c}}+\hat{\boldsymbol{c}})$。其中，$T(a,b,c)$ 分别表示下限 a、众数 b 和上限 c。

(3) 对于 ROB 模型，不确定参数的设置如表 6.6 所示。假设每个场景中不确定参数的均值与灾害严重程度成正比，且不确定参数与相应标称值的初始最大偏差为 10%，如 $\hat{t}_{ij}^{\omega}=0.1\bar{t}_{ij}^{\omega}$。

表 6.6 不同灾害等级下的参数设置

项目	等级 1	等级 2	等级 3	等级 4	等级 5	等级 6
$\bar{\boldsymbol{t}}$	$1.1\boldsymbol{t}^{\mathrm{a}}$	$1.2\boldsymbol{t}$	$1.5\boldsymbol{t}$	$1.8\boldsymbol{t}$	$2.1\boldsymbol{t}$	$2.4\boldsymbol{t}$
$\bar{\boldsymbol{c}}$	$0.05\mathrm{pop}_k$	$0.1\mathrm{pop}_k$	$0.2\mathrm{pop}_k$	$0.4\mathrm{pop}_k$	$0.6\mathrm{pop}_k$	$0.8\mathrm{pop}_k$

a $\boldsymbol{t}$ 表示正常情况下的运输时间向量

(4) 在 HRS 模型中，参数生成的方法是由上述随机规划和鲁棒优化方法相结合得到的，所产生的灾害等级场景与随机规划模型中所用的方法相同。基于鲁棒优化方法表示的不确定集合和不确定预算的设置与 ROB 模型的方法相同。

步骤 2：为了验证不同模型所得方案的表现，在本案例分析中，用独立截尾正态分布的方法 $N(\mu^{\boldsymbol{t}}, \delta^{\boldsymbol{t}}, 0, \infty)$ 和 $N(\mu^{\boldsymbol{c}}, \delta^{\boldsymbol{c}}, 0, \infty)$，生成 100 个随机场景作为测试集，如 $\mathrm{Mag}, \tilde{\boldsymbol{t}}, \tilde{\boldsymbol{c}}$。将在步骤 1 中求得的每一个第一阶段的最优解应用于生成的测试案例，通过求解总救援成本来比较各方法的表现。

步骤 3：计算各模型的平均救援总成本，并对各模型的性能进行分析。

6.2.5 结果分析

1. HRS 模型的表现

根据上述方法所得到的解，通过与 ROB、STO 和 DET 对比分析 HRS 模型的有效性。四种模型所得到的配送中心和庇护所的选址决策、容量选择决策和灾前物资储备决策等如表 6.7 所示。从表 6.7 中可以看出，HRS 模型所开放的配送中心和庇护所的数量大于其他三种模型，并且考虑到次生灾害的影响，HRS 模型得到的灾前物资储备数量也明显高于其他模型。因此，HRS 模型的灾前准备成本是最高的，但是如表 6.7 所示，当不确定预算设置为 $(\boldsymbol{\Gamma}_t, \boldsymbol{\Gamma}_c, \hat{\boldsymbol{c}}) = (10,1,0.1)$ 时，HRS 模型产生的总成本比 ROB 模型低了 25.6%。将其与 STO 和 DET 模型相比，优势更为明显，总成本降低分别达到 49.9%和 77.9%。值得注意的是，由于 DET 模型完全忽略了参数的不确定性，导致稳健性最低，解决方案在测试集中产生较大的惩罚成本，因而与 STO 模型相比，会产生更高的救援成本。

表 6.7 HRS、ROB、STO 和 DET 模型的比较

项目	$(\boldsymbol{\Gamma}_t, \boldsymbol{\Gamma}_c, \hat{\boldsymbol{c}}) = (10,1,0.1)$		STO	DET
	HRS	ROB		
PC/亿元	6.07	4.33	3.02	1.84
OC/亿元	5.90	4.62	10.31	28.2
TC/亿元	6.66	8.95	13.3	30.1
UE/人	0 (0)	241 (1.95%)	858(6.96%)	2793 (22.64%)

注：PC 表示准备阶段的成本，OC 表示救援成本，TC 表示总成本，UE 表示未疏散人数；最后一行括号中是未被疏散人数占总人数的百分比

不同模型下的应急物流网络优化方案存在较大差异。图 6.4 分别表示了 HRS、ROB、STO 和 DET 模型下设施的选址和容量选择决策。从该图中可以看出，通过提高准备阶段的成本，HRS 模型开放的配送中心和庇护所的数量最多且分布最为广泛。这解释了即使面对次生灾害，HRS 模型也能将更多的受灾者在短时间内疏散到就近庇护所。

2. 不确定预算对 HRS 方法的影响

为了分析不确定参数对应急物流网络优化的影响，将 $\hat{\boldsymbol{t}}_{ij}$, $\hat{\boldsymbol{c}}_k$ 的最大偏差设置为 10%和 30%，不确定预算 $\boldsymbol{\Gamma}$ 也被设置为多个可调节的取值。本书通过改变上述两个参数的取值，对求解方法进行了对比，如表 6.8 所示。当增加 $\hat{\boldsymbol{t}}_{ij}$, $\hat{\boldsymbol{c}}_k$ 和 $\boldsymbol{\Gamma}$ 的值时，虽然能够保证在极端情况下解的可行性，但是方案越来越保守，会增加不必要的救援成本。这也说明了收集更多的不确定参数相关信息以建立更准确的

不确定集合，从而降低解的保守性和总成本的重要性。另外，从表 6.8 中可以看

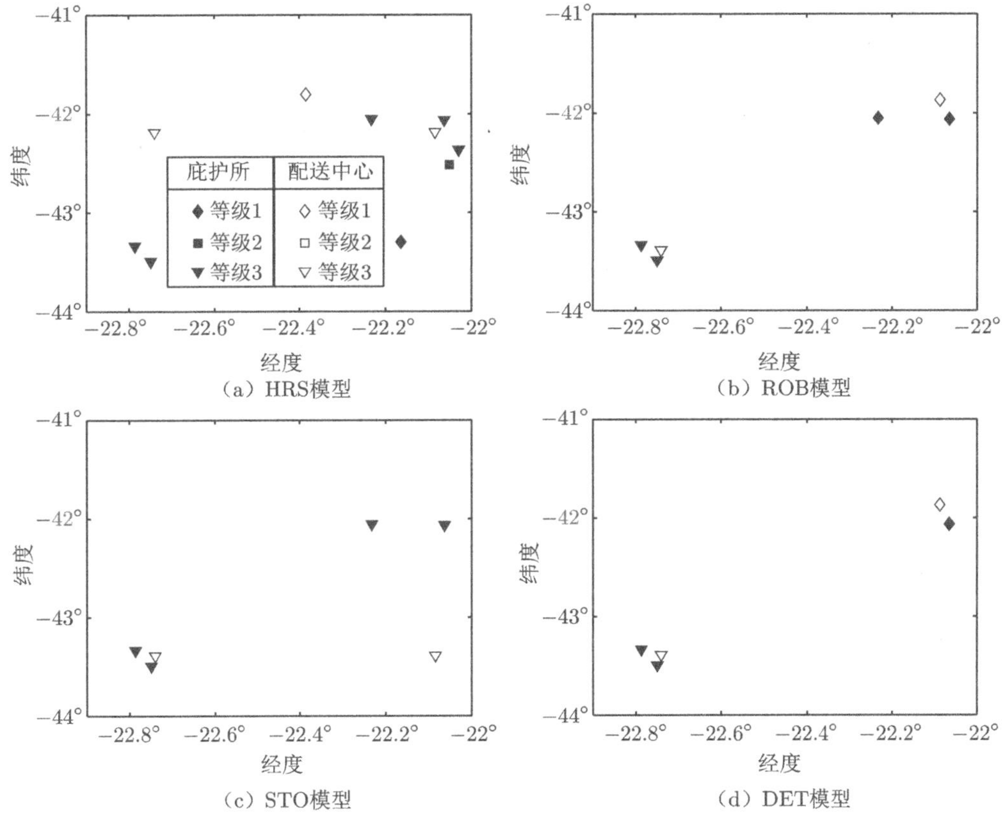

图 6.4 不同模型下的设施选址和容量选择方案

表 6.8 不同不确定预算下 HRS、ROB 的表现

项目	(10, 1.0, 0.1)[a]		(20, 1.0, 0.1)		(20, 1.5, 0.3)		(30, 2.0, 0.3)		STO
	HRS	ROB	HRS	ROB	HRS	ROB	HRS	ROB	
OSF[b]	(5,1,3)[c]	(2,0,1)	(4,1,4)	(5,1,2)	(5,1,4)	(5,2,4)	(3,3,4)	(5,2,5)	(1,0,2)
OSH[d]	(2,3,7)	(2,0,3)	(2,3,8)	(3,1,6)	(2,4,8)	(4,3,7)	(3,3,7)	(5,6,9)	(1,0,5)
PC/亿元	6.07	4.33	6.35	4.73	6.81	5.18	7.80	8.78	3.02
OC/亿元	0.59	4.62	0.60	3.10	0.64	1.89	0.62	0.63	10.31
TC/亿元	6.66	8.95	6.95	7.83	7.45	7.07	8.42	9.41	13.33
UE/人	0	241	0	143	0	87	0	0	858

a 括号中的数值分别表示不确定集合相关参数 $(\boldsymbol{\Gamma}_t, \boldsymbol{\Gamma}_c, \hat{c})$ 的取值

b OSF 表示开放的配送中心数量

c 括号中的数值分别表示配送中心 (庇护所) 以容量等级 1,2,3 开放的总的数量

d OSH 表示开放的庇护所数量

到，在 (10, 1.0, 0.1) 的不确定预算情况下，ROB 方法所产生的总成本比 HRS 高出 34.4%。这是因为当不确定预算 $(\boldsymbol{\Gamma}_t, \boldsymbol{\Gamma}_c, \hat{\boldsymbol{c}})$ 的取值较小时，ROB 方法不充足的灾前准备导致了较大的惩罚成本，而当不确定预算较大时，ROB 方法过于保守的灾前准备决策导致了较大的不必要成本支出；而 HRS 方法通过划分不同的灾害等级场景，针对每个场景设置不确定集合来表示所包含的不确定参数，能更准确地描述不确定性，以较低的总成本获得较强的鲁棒性，最终导致其表现优于 ROB 模型。

3. 次生灾害对应急物流网络优化决策的影响

下面从两个方面来分析在考虑次生灾害时的救援效果：① 关于配送中心和庇护所的位置与容量设置决策；② 灾前准备成本、救援成本和测试案例中平均未疏散受灾者数量。

本节首先比较了开放的配送中心和庇护所在考虑与不考虑次生灾害时的选址和容量选择决策，如图 6.5 所示。可以看到，次生灾害对决策有明显影响。在考虑次生灾害时，开放高容量的配送中心和庇护所的数量要多于不考虑次生灾害时的数量。从开放的配送中心和庇护所的数量与地理分布可以看出，在不考虑次生灾害的情况下，开放的设施主要针对原生灾害，分布于原生灾害发生可能性较高的位置

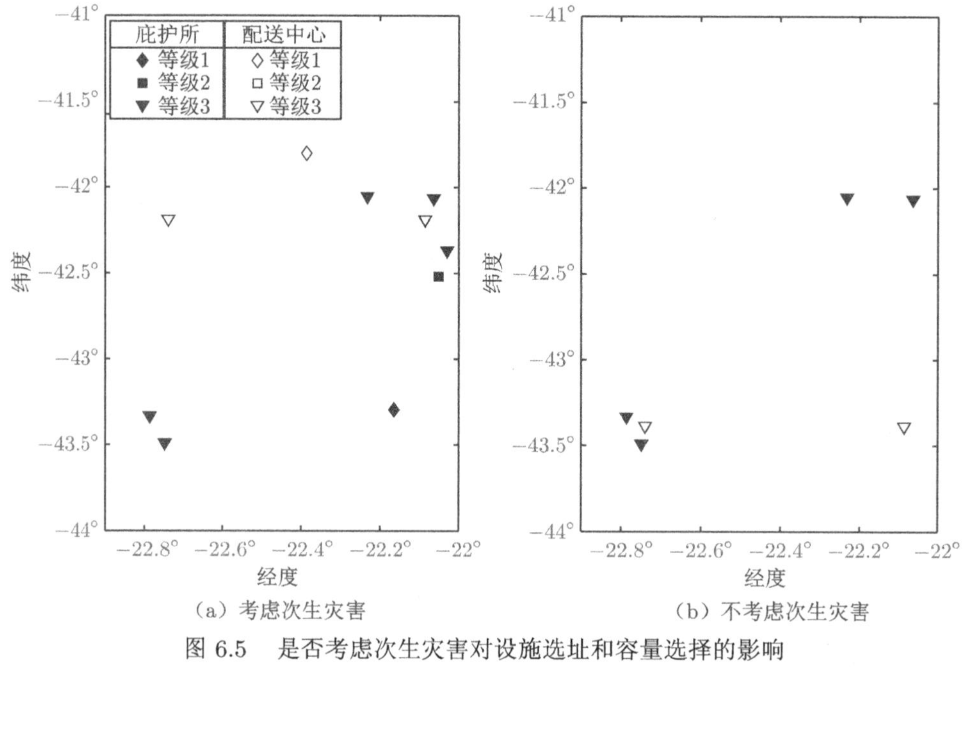

(a) 考虑次生灾害　　(b) 不考虑次生灾害

图 6.5 是否考虑次生灾害对设施选址和容量选择的影响

附近。如果发生次生灾害，可能会使灾后的人员疏散和资源分配面临更高的运输成本和资源短缺导致的惩罚成本。

另外，是否考虑次生灾害所产生的灾前准备成本和灾后响应成本比较如表 6.9 所示。可以看到，使用 HRS 方法考虑次生灾害时，受灾者全部被疏散。但若不考虑次生灾害，会有 45%的受灾者没有被疏散。这是因为只考虑原生灾害所准备的应急物资和开放的应急设施并不能够满足次生灾害发生后所产生的需求。从表 6.9 中可以看出，考虑次生灾害时的灾前准备成本远高于不考虑次生灾害，但未疏散人员所产生的高额惩罚成本，将导致不考虑次生灾害产生较大的救援成本。结果再一次表明，考虑次生灾害能够提高应急物流网络的服务能力，解救更多的灾民。

表 6.9 是否考虑次生灾害时的表现

情况	准备成本/元	救援成本/元	未疏散人数/人
考虑次生灾害	6.07×10^8	5.90×10^7	0
不考虑次生灾害	6.87×10^7	7.96×10^9	5.55×10^3

4. PH 算法性能分析

本节主要分析所提出的 PH 算法在不同测试算例下的计算性能。为了验证动态更新的惩罚因子对算法的影响，首先取固定值（如 $\sigma=1,\delta=1$）来表示其不随迭代而更新。作为对比，通过更新惩罚因子 σ 和 δ（表 6.10），比较其求解效率。从表 6.10 中可以看到，动态更新惩罚因子的方法比静态惩罚因子法的求解效率更高，且当 $\sigma=2,\delta=2$ 时能够在保证求解精度（0.07%）的情况下，节省 40.7%的计算时间。这说明算法中的惩罚因子自适应调整策略可以同时保证较高的求解质量和计算效率。

表 6.10 不同惩罚因子对 PH 算法表现的影响

(σ,δ)	成本/元	求解时间/秒
(1,1)	$3.161\,316\times10^9$	12 608
(2,2)	$3.161\,552\times10^9$	7 472
(2,3)	$3.161\,355\times10^9$	7 757
(4,4)	$3.161\,529\times10^9$	8 181
(16,1)	$3.161\,757\times10^9$	7 247

根据上述 PH 算法获得下界的方法，比较不同惩罚因子 (σ,δ) 更新参数的取值对算法下界的影响。在每次迭代中，记录最优解（optimal solution, OPT）和随时间变化的下界取值，结果如图 6.6 所示。可以看到，随着惩罚因子更新参数的

变化，下界的质量有显著差异，虽然较大的取值可以使下界在迭代初期收敛更快，但是迭代过程中拉格朗日乘子的取值波动较大，会导致下界的收敛性较差。相反地，较小的惩罚因子更新参数尽管增加了迭代的次数，但能够明显提高下界的质量。从图 6.6 中可以看出，当 $(\sigma, \delta) = (2, 2)$ 时拉格朗日乘子的波动最小，从而得到更紧的下界。

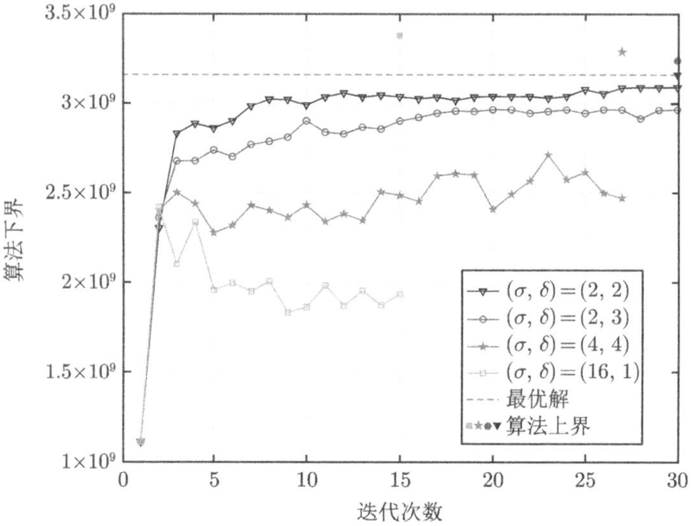

图 6.6 不同惩罚因子对下限的影响

通过不同的测试集对 Cplex 和 PH 算法的求解表现进行了对比分析，求解时间上限设置为 10 800 秒。如表 6.11 所示，求解结果表明当问题规模减小（如 40 个场景）时，Cplex 的表现更好。但当问题规模较大（如 400 个场景）时，PH 算法能得到较高质量的解（Gap=9.52 %），但此时 Cplex 由于问题规模较大导致内存溢出。这也反映了 PH 算法的求解思想是将问题分解后分别求解子问题以降低求解难度，因此随着场景规模的扩大，PH 算法的优势逐渐显现。

表 6.11 不同测试集下 Cplex 和 PH 算法的表现对比

$\|S\|$	Cplex				PH		
	UB	LB	CPU/秒	Gap	成本/元	CPU/s	Gap
40	9.11×10^7	9.07×10^7	492	0.51%	9.13×10^7	994	0.73%
100	8.50×10^7	8.49×10^7	3 884	1.17%	8.65×10^7	3 203	1.83%
400	— [a]	—	10 800	—	5.75×10^7	10 800	9.52%

a 内存溢出

6.3 多周期应急物流网络鲁棒优化模型构建及求解

6.3.1 问题描述

在前文的研究基础上，本节研究在不确定参数动态变化情况下如何优化应急物流网络，并以 2019 年新冠肺炎疫情为背景，将应急物流网络优化设计分为周期性的需求估计–资源分配–决策调整过程。需求估计阶段将会根据传染病的扩散规律对受疫情影响的人数进行预测，根据需求估计做出应急物资及医疗设施选址等决策。随着疫情的发展，相关信息和实际的不确定需求等数据逐渐揭露，因此引入调整策略对预测需求进行反馈，并修正下一周期的物流网络设计与优化决策，从而完成一个决策周期的循环。本节具体从以下几个方面展开研究。

1. 据现有的信息估计动态变化的需求量

不确定需求量是应急物流网络优化的重要输入参数，考虑到传染病发展态势的时变性，需求量应当根据更新的数据进行动态调整。在经典传染病模型——SEIR（susceptible exposed infected removed）描述病毒的传播过程的基础上，通过调整模型的时变参数来对受影响人数和需求进行短期预测，并作为输入参数来指导应急物流网络的优化设计。

2. 根据需求估计动态优化应急物流网络

在灾害持续期间，应当根据实时需求预测制订应急资源分配计划。考虑到疫情防控中提供应急物资的供给端、存储和转运物资的配送中心、接收确诊病例并提供需求物资的医院以及为非确诊患者分发普通物资的分发点（local distribution point，LDP）等多层次设施的网络结构，结合决策过程随时间变化的特性，提出应急物流时空网络框架，如图 6.7 所示，在时间上将网络划分为多个决策周期以根据需求量动态优化物流网络，在空间上将网络划分为三个层次，并引入动态设施选址–物资分配–人员疏散联合优化模型，主要决策包括：① 配送中心、医院和物资分发点选址及运营决策；② 配送中心的库存决策、配送中心到医院和物资分发点的物资分配决策；③ 医院及物资分发点所服务的人数。

根据以上决策变量的设置，在应急物流网络优化中，为了提高网络响应能力和运输效率，同时均衡应急救援成本，设置模型优化目标主要包括：① 最小化应急设施的开放成本和运营成本；② 最小化设施之间物资的运输成本；③ 最小化由人员未服务导致的惩罚成本。

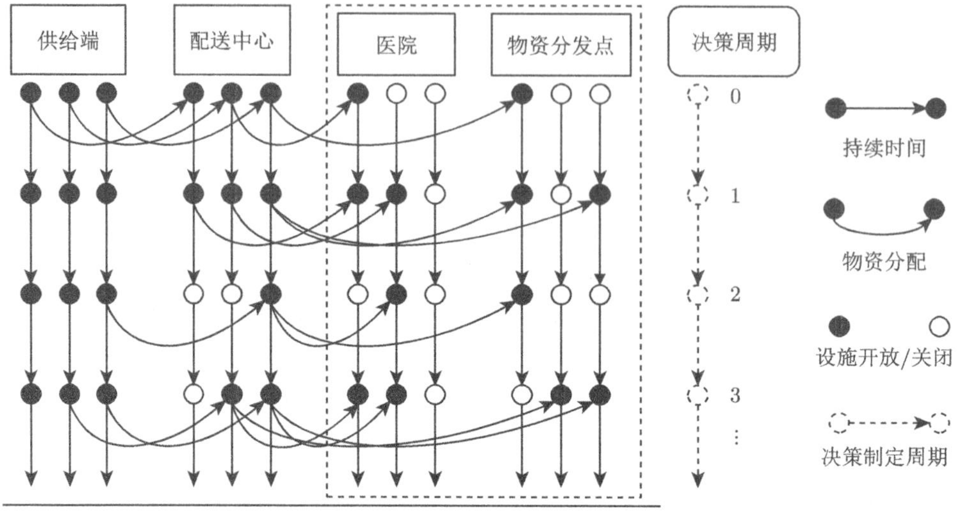

图 6.7 应急资源配置时空网络

6.3.2 基于短期需求估计的动态应急物流网络模型

在大规模传染病暴发后，与疫情发展趋势相关的信息非常有限，但会随着时间逐渐揭露和积累。因此，可以动态地根据已有的观测数据对各类受影响人数进行预测，进而估计出物资的需求量。假设某一地区所有人口总数由易感染者（S）、潜伏者（E）、确诊者（I）以及恢复者（R）和死亡者（D）组成，即 $\text{PN} = S+E+I+R+D$，然后根据新冠肺炎疫情特点，利用 SEIR 模型对疫情中不同类型的人数进行建模预测[148]。如图 6.8 所示，模型定义人群处于五个不同的状态（易感染、潜伏、确诊、恢复、死亡），且在各个状态之间转移的发生概率由 β,α,γ,η 来表示。

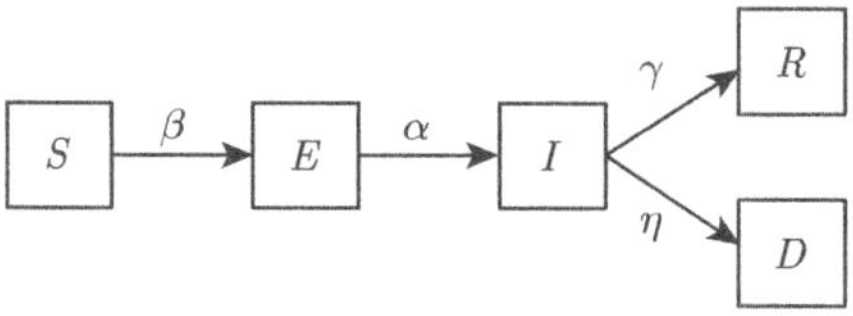

图 6.8 SEIR 模型中各状态之间的转移

1. 短期需求估计模型

基本 SEIR 模型假设在没有外界干预的理想状态下，状态转移概率是恒定的，但是在现实中，状态转移概率处于动态变化之中，因此本节将根据动态更新的确诊病例数等数据，修正传染病模型参数并动态预测疫情发展趋势。相关的符号如表 6.12 所示。基于此，为了更准确地估计处于不同状态的人数，结合每日新增数据，提出一个状态转移概率动态更新的 SEIR 模型（uSEIR 模型）如式 (6.42) 所示：

$$
\begin{aligned}
\frac{\mathrm{d}S(t)}{\mathrm{d}t} &= -\beta(t)\frac{S(t)I(t)}{\mathrm{PN}} \\
\frac{\mathrm{d}E(t)}{\mathrm{d}t} &= \beta(t)\frac{S(t)I(t)}{\mathrm{PN}} - \alpha(t)E(t) \\
\frac{\mathrm{d}I(t)}{\mathrm{d}t} &= \alpha(t)E(t) - \gamma(t)I(t) - \eta(t)I(t) \\
\frac{\mathrm{d}R(t)}{\mathrm{d}t} &= \gamma(t)I(t) \\
\frac{\mathrm{d}D(t)}{\mathrm{d}t} &= \eta(t)I(t)
\end{aligned}
\tag{6.42}
$$

表 6.12　SEIR 模型中所用到的符号及意义

符号	描述
PN	地区总人口数
$S(t)$	在决策周期 t 时处于易感染状态的人数
$E(t)$	在决策周期 t 时处于潜伏状态的人数
$I(t)$	在决策周期 t 时处于确诊状态的人数
$R(t)$	在决策周期 t 时恢复的人数
$D(t)$	在决策周期 t 时死亡的人数
$\alpha(t)$	在决策周期 t 时从状态 E 到状态 I 的转移概率
$\beta(t)$	在决策周期 t 时从状态 S 到状态 E 的转移概率
$\gamma(t)$	在决策周期 t 时的恢复率
$\eta(t)$	在决策周期 t 时的死亡率

假设状态转移概率在短时间内不会产生显著变化的情况下，引入短期预测的概念，首先根据累积的数据拟合 uSEIR 模型中的参数，并在当前决策周期对未来的一段时间内疫情的趋势进行预测。如图 6.9 所示，假设在时间节点 $t=a$ 时，可以根据现有数据对 uSEIR 模型中的参数进行拟合，然后对时间段 $[a, a+b]$ 内的疫情趋势进行短期预测，并制定决策。同理，当处于时间节点 $a+b$ 时，由于能够观测到更多的相关数据，因此能够对模型参数进行修正，对下一阶段 $[a+b, a+2b]$ 的疫情趋势进行短期预测并制定应急物流网络优化决策。按照此方法循环进行，直到决策周期结束。

根据累积更新的数据动态拟合 uSEIR 模型的参数，首先以矩阵的形式给出了带有时变参数的常微分方程：

$$
\frac{\mathrm{d}\boldsymbol{O}(t)}{\mathrm{d}t} = \boldsymbol{A}(t)\cdot\boldsymbol{O}(t) + \boldsymbol{F}(t) = f(\boldsymbol{O}, \boldsymbol{A}, \boldsymbol{F}) \tag{6.43}
$$

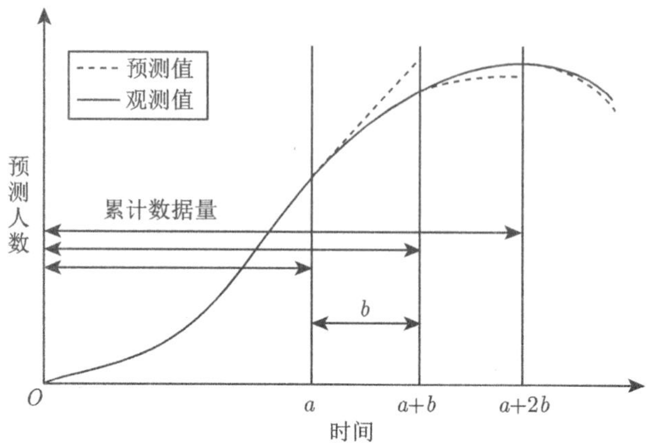

图 6.9　预测模型参数动态更新

其中，$\boldsymbol{O}(t)$ 为系统状态，并且

$$\boldsymbol{O}(t)=[S(t),E(t),I(t),R(t),D(t)]^{\mathrm{T}}$$

$\boldsymbol{A}$ 为状态转移概率矩阵：

$$\boldsymbol{A}(t)=\begin{bmatrix}0&0&0&0&0\\0&-\alpha(t)&0&0&0\\0&\alpha(t)&-\gamma(t)-\eta(t)&0&0\\0&0&\gamma(t)&0&0\\0&0&\eta(t)&0&0\end{bmatrix}$$

并用 F 完成 uSEIR 模型的代换：

$$\boldsymbol{F}(t)=S(t)\cdot I(t)\cdot\left[-\beta(t)/N\quad\beta(t)/N\quad 0\quad 0\right]^{\mathrm{T}}$$

上述模型中的参数由 4 阶龙格–库塔（4th order Runge-Kutta，RK4）方法进行拟合。RK4 是一种求解非线性常微分方程的高精度单步算法，将预测区间划分为 4 个子区间，对不同状态的人数在每个步长下找到 4 个斜率的近似值，并将其加权为平均斜率来求解常微分方程。使用 RK4 将 SEIR 修改为离散微分方程如下：

$$\boldsymbol{O}_{t+1}=\boldsymbol{O}_t+\frac{\mathrm{dt}}{6}(e_1+2e_2+2e_3+e_4)$$

其中，dt 为步长；e_1,e_2,e_3,e_4 分别为四个子区间在 $\boldsymbol{O}(t)$ 的斜率，可通过下式得出：

$$\begin{cases} e_1 = f(\boldsymbol{O}, \boldsymbol{A}, \boldsymbol{F}) \\ e_2 = f\left(\boldsymbol{O} + \dfrac{\mathrm{dt}}{2} e_1, \boldsymbol{A}, \boldsymbol{F}\right) \\ e_3 = f\left(\boldsymbol{O} + \dfrac{\mathrm{dt}}{2} e_2, \boldsymbol{A}, \boldsymbol{F}\right) \\ e_4 = f\left(\boldsymbol{O} + \dfrac{\mathrm{dt}}{2} e_3, \boldsymbol{A}, \boldsymbol{F}\right) \end{cases}$$

当给定初始条件 $\boldsymbol{O}_0 = \boldsymbol{O}(t = a)$ 和累积更新的数据后，可运用以上方法拟合预测模型中的参数，然后预测每个决策周期受影响的人数，进而估计应急物资需求量。

2. 动态应急物流网络鲁棒优化模型

本节将以预测的需求量为输入参数，构建多周期应急物流网络优化模型，所用到的符号及其描述如表 6.13 所示。

表 6.13 模型所用符号及其含义

符号	描述
集合	
N_2, N_3, N_4	配送中心、医院和物资分发点集合
T	决策周期集合，$t \in \{1, \cdots, T\}$
L	配送中心、医院及物资分发点的容量集合，$l \in L$
K	不同类型的应急物资，$k \in K$
B, C	不同类型的受影响人群，B 为需要住院治疗的确诊者，C 为需要从物资分发点领取物资的受影响者
参数	
$F_{jl}^{(1)}, F_{jl}^{(2)}, F_{jl}^{(3)}$	每个决策周期内开放设施 j 时的固定成本，$j \in N_2, j \in N_3, j \in N_4$
$f_{jl}^{(1)}, f_{jl}^{(2)}, f_{jl}^{(3)}$	每个决策周期内设施 j 的运营成本，$j \in N_2, j \in N_3, j \in N_4$
$f_{jl}^{\prime(1)}, f_{jl}^{\prime(2)}, f_{jl}^{\prime(3)}$	每个决策周期内设施 j 的关闭成本，$j \in N_2, j \in N_3, j \in N_4$
ϕ_k	每个决策周期内每个受影响人群对物资 k 的需求量
q_k	物资 k 的单位采购成本
ρ_a	人们处于状态 a 时由物资短缺造成的惩罚成本，$a \in \{B, C\}$
c_{jm}	从配送中心 j 到医院 $m \in N_3$ 或者物资分发点 $m \in N_4$ 的单位物资运输成本，$j \in N_2$
S_{kt}	在决策周期 t 时类型为 k 的应急物资的供应能力
V_{jl}^{DC}	配送中心 j 开放等级为 l 的容量，$j \in N_2$
V_{ml}^{H}	医院 m 开放等级为 l 的容量，$m \in N_3$
V_{ml}^{LDP}	物资分发点 m 开放等级为 l 的容量，$m \in N_4$
$\tilde{n}_t^a$	在决策周期 t 时估计的处于状态 a 的人数，$a \in \{B, C\}$
A_{jkt}^{DC}	决策周期 t 初始时刻配送中心 j 的类型为 k 的可用物资量，$j \in N_2$
A_{mt}^{H}	决策周期 t 初始时刻医院 m 的可用容量，$m \in N_3$
决策变量	
y_{jlt}	如果设施 $j \in N_2$ 在决策周期 t 内以容量等级 l 运行，等于 1；否则，等于 0

续表

符号	描述
y_{mlt}	如果设施 $m \in N_3, m \in N_4$ 在决策周期 t 内初始以容量等级 $l \in L$ 运行，等于 1；否则，等于 0
z_{jlt}	如果设施 $j \in N_2$ 在决策周期 t 内初始以容量等级 l 开放，等于 1；否则，等于 0
w_{jlt}	如果设施 $j \in N_2$ 在决策周期 t 内初始以容量等级 l 关闭，等于 1；否则，等于 0
$x_{jkt}^{(1)}$	在决策周期 t 内分配到配送中心 j 的物资量，$j \in N_2$
$x_{jmkt}^{(2)}$	在决策周期 t 内，从配送中心 j 到医院 $m \in N_3$ 和物资分发点 $m \in N_4$ 的物资分配量，$j \in N_2$
$x_{mt}^{(3)}$	在决策周期 t 内，由医院 $m \in N_3$ 接收的确诊病例数
u_t, u_{mt}^{H}, u_{mt}^{LDP}	在决策周期 t 内，未被分配到医院的病例数；分别在医院 $m \in N_3$ 和物资分发点 $m \in N_4$ 由物资短缺造成的未服务人数

由于疫情初期病毒检测技术手段等原因，难以分辨处于潜伏期的人，因此本书将人群类型及物资需求分为两类：一类是确诊患者，需要专用医疗物资包；另一类是易感染者、潜伏者的总和，需要普通防疫物资。当然，物资类型的数量可以根据具体问题进行扩展。

根据上文对物资需求量的估计，以最小化总救援成本为优化目标，建立多周期应急物流网络优化模型 MRO 如下：

$$
\begin{aligned}
\min & \sum_{j\in N_2}\sum_{k\in K}\sum_{t=1}^{T} x_{jkt}^{(1)} q_k + \sum_{j\in N_2}\sum_{m\in N_3\cup N_4}\sum_{k\in K}\sum_{t\in T} c_{jm} x_{jmkt}^{(2)} \\
& + \sum_{j\in N_2}\sum_{l\in L}\sum_{t=1}^{T}\left(F_{jl}^{(1)} y_{jlt} + f_{jl}^{(1)} z_{jlt} + f_{jl}^{'(1)} w_{jlt}\right) + \sum_{a\in B}\sum_{t=1}^{T} \rho_a u_t \\
& + \sum_{j\in N_3}\sum_{l\in L}\sum_{t=1}^{T}\left(F_{jl}^{(2)} y_{jlt} + f_{jl}^{(2)} z_{jlt} + f_{jl}^{'(2)} w_{jlt}\right) + \sum_{a\in B}\sum_{m\in N_3}\sum_{t=1}^{T} \rho_a u_{mt}^{\mathrm{H}} \\
& + \sum_{j\in N_4}\sum_{l\in L}\sum_{t=1}^{T}\left(F_{jl}^{(3)} y_{jlt} + f_{jl}^{(3)} z_{jlt} + f_{jl}^{'(3)} w_{jlt}\right) + \sum_{a\in C}\sum_{m\in N_4}\sum_{t=1}^{T} \rho_a u_{mt}^{\mathrm{LDP}}
\end{aligned} \tag{6.44}
$$

$$
\sum_{j\in N_2} x_{jkt}^{(1)} \leqslant S_{kt},\ \forall k\in K, t\in\{1,\cdots,T\} \tag{6.45}
$$

$$
\sum_{k\in K} x_{jkt}^{(1)} + \sum_{k\in K} A_{jkt}^{\mathrm{DC}} \leqslant \sum_{l\in L} V_{jl}^{\mathrm{DC}} y_{jlt},\ \forall j\in N_2, t\in\{1,\cdots,T\} \tag{6.46}
$$

$$
\sum_{l\in L} y_{jlt} \leqslant 1,\ \sum_{l\in L} y_{mlt} \leqslant 1, \forall j\in N_2, m\in N_3\cup N_4, t\in\{1,\cdots,T\} \tag{6.47}
$$

$$A_{jkt}^{\mathrm{DC}} \leqslant \sum_{\tau=1}^{t-1} x_{jk\tau}^{(1)} - \sum_{m\in N_3\cup N_4}\sum_{\tau=1}^{t-1} x_{jmk\tau}^{(2)},\ \forall j\in N_2, k\in K, t\in\{2,\cdots,T\} \tag{6.48}$$

$$x_{mt}^{(3)} \leqslant \sum_{l\in L} V_{ml}^{\mathrm{H}} y_{mlt},\ \forall m\in N_3, t\in\{1,\cdots,T\} \tag{6.49}$$

$$\sum_{m\in N_3} x_{mt}^{(3)} \geqslant \tilde{n}_t^a - u_t,\ \forall a\in B, t\in\{1,\cdots,T\} \tag{6.50}$$

$$\sum_{j\in N_2} x_{jmkt}^{(2)} \geqslant \left(\sum_{l\in L} V_{ml}^{\mathrm{H}} y_{mlt} - A_{mt}^{\mathrm{H}} + x_{mt}^{(3)} - u_{mt}^{\mathrm{H}}\right)\phi_k,\ \forall m\in N_3, k=1, t\in\{1,\cdots,T\} \tag{6.51}$$

$$A_{mt}^{\mathrm{H}} \leqslant \sum_{l\in L} V_{ml}^{\mathrm{H}} y_{mlt} + \sum_{\tau=1}^{t-1} x_{m\tau}^{(3)}(\gamma_t+\eta_t-1),\ \forall m\in N_3, t\in\{1,\cdots,T\} \tag{6.52}$$

$$\sum_{j\in N_2} x_{jmkt}^{(2)} \leqslant \sum_{l\in L} V_{ml}^{\mathrm{LDP}} y_{mlt},\ \forall m\in N_4, k=2, t\in\{1,\cdots,T\} \tag{6.53}$$

$$\sum_{j\in N_2} x_{jmkt}^{(2)} \geqslant \phi_k\left(\tilde{n}_t^a - u_{mt}^{\mathrm{LDP}}\right),\ \forall m\in N_4, a\in C, k=2, t\in\{1,\cdots,T\} \tag{6.54}$$

$$y_{jlt} + w_{jlt} = y_{jl(t-1)} + z_{jlt},\ \forall j\in N_2\cup N_3\cup N_4, l\in L, t\in\{1,\cdots,T\} \tag{6.55}$$

$$\sum_{l\in L} y_{jl0} = 0,\ \forall j\in N_2\cup N_3\cup N_4 \tag{6.56}$$

$$\sum_{l\in L} y_{jl(T+1)} = 0,\ \forall j\in N_2\cup N_3\cup N_4 \tag{6.57}$$

$$u_t, u_{mt}^{\mathrm{H}}, u_{mt}^{\mathrm{LDP}} \geqslant 0, \forall m\in N_3\cup N_4, t\in\{1,\cdots,T\} \tag{6.58}$$

$$x_{jkt}^{(1)}, x_{jmkt}^{(2)} \geqslant 0,\ \forall j\in N_2, m\in N_3\cup N_4, k\in K, t\in\{1,\cdots,T\} \tag{6.59}$$

$$y_{jlt}, z_{jlt}, w_{jlt} \in\{0,1\},\ \forall j\in N_2\cup N_3\cup N_4, l\in L, t\in\{1,\cdots,T\} \tag{6.60}$$

$$x_{mt}^{(3)} \geqslant 0,\ \forall m\in N_3, t\in\{1,\cdots,T\} \tag{6.61}$$

目标函数 (6.44) 表示设施开放、保持运营及救援成本的总和，包括供应端到配送中心，配送中心到医院和物资分发点的运输成本，以及由资源短缺造成的罚款成本。由于人群所处的状态动态变化，同一个体每个决策周期所处的状态不同，所需物资类型也会发生改变，因此本书只关注每个决策周期内各个状态的人数以及相应的需求量，而不考虑累积的物资短缺。

式 (6.45) 表示在决策周期 t 时每个供应点的物资供应量上限。式 (6.46) 表示在每个决策周期内的配送中心的容量限制。式 (6.47) 表示保证每个配送中心在每个周期内只能以一个容量等级开放。式 (6.48) 表示配送中心在每个决策周期内的累计可用物资数量。

现实中由于确诊病例的位置难以确定，因此本书关注医院接收的病人的数量，且关注影响医院选址决策的两个方面：备选配送中心的位置（减小运输时间成本）和最大化开放医院的利用率。因此，式 (6.49) 表示每个开放的医院接收确诊病例的容量上限；式 (6.50) 表示医院中确诊病例在所有医院中的流量平衡。

现实中当确诊患者被接收进医院进行隔离治疗时，医疗物资的短缺会导致需求未满足的情况。式 (6.51) 表示确保每个开放的医院中应急物资的流量平衡。式 (6.52) 表示每个周期内医院能够接收病例的容量上限。式 (6.53) 表示物资分发点的容量限制。式 (6.54) 表示每个物资分发点在每个周期内的流量平衡约束。式 (6.55) 表示不同决策周期内设施开放和运营状态切换之间的关系。式 (6.56) 和式 (6.57) 表示设施初始状态及最终状态。式 (6.58)~ 式 (6.61) 表示决策变量的取值范围约束。

3. 不确定集合构建及模型转化

根据前文对每个决策周期的传染病趋势的估计，可以粗略地预测出不同类型的受影响的人数，进而估计物资需求量。但这并不能准确描述实际需求量，即不确定性仍然存在。根据前文描述，在应急物流网络优化中，考虑到不确定参数概率分布信息未知的情况，运用鲁棒优化方法建模。鉴于不确定集合的可调整性及在构造不确定集合时，既要考虑到模型的可处理性，又要考虑到集合的可调整性，因此，建立以下受影响人数 $\tilde{n}_t^a$ 的不确定集合：

$$\mathcal{U}(\tilde{n}_t^a)=\left\{\tilde{n}_t^a:\frac{|\tilde{n}_t^a-\bar{n}_t^a|}{\hat{n}_t^a}\leqslant \varGamma,\varGamma\leqslant 1,\forall a\in\{B,C\},t\in\{1,\cdots,T\}\right\} \tag{6.62}$$

其中，$\bar{n}_t^a$ 为 $\tilde{n}_t^a$ 的均值（由预测得来）；$\hat{n}_t^a$ 为 $\tilde{n}_t^a$ 在周期 t 偏离 $\bar{n}_t^a$ 的最大值。在不确定集合 $\mathcal{U}(\tilde{n}_t^a)$ 中，$\tilde{n}_t^a$ 的取值限制在不确定集合内，实际偏差由不确定预算 $\varGamma(\leqslant 1)$ 控制，如通过增大 $\varGamma$ 的值能够扩大不确定集合的范围，从而提高解的稳健性。

根据构建的不确定集合，下面通过一个命题来重构含有不确定参数的约束。

命题 6.3 约束式 (6.50) 和式 (6.54) 的鲁棒对等形式可写为如下形式：

$$\sum_{m\in N_3} x_{mt}^{(3)}\geqslant \bar{n}_t^a+\varGamma\hat{n}_t^a-u_t,\ \forall a\in B,t\in\{1,\cdots,T\} \tag{6.63}$$

$$\sum_{j\in N_2} x_{jmkt}^{(2)}\geqslant \phi_k\left(\bar{n}_t^a+\varGamma\hat{n}_t^a-u_{mt}^{\mathrm{LDP}}\right),\ \forall m\in N_4,a\in C,k=2,t\in\{1,\cdots,T\} \tag{6.64}$$

证明 6.3 根据鲁棒优化的思想，考虑最坏情况下的决策，将约束式 (6.50) 和式 (6.54) 重写为

$$\sum_{m\in N_3} x_{mt}^{(3)} + u_t \geqslant \max_{\tilde{n}_t^a\in\mathcal{U}_{\tilde{n}}^t} \tilde{n}_t^a,\ \forall a\in B, t\in\{1,\cdots,T\} \tag{6.65}$$

和

$$\sum_{j\in N_2} x_{jmkt}^{(2)} + \phi_k u_{mt}^{\mathrm{LDP}} \geqslant \phi_k \max_{\tilde{n}_t^a\in\mathcal{U}_{\tilde{n}}^t} \tilde{n}_t^a,\ \forall m\in N_4, a\in C, k=2, t\in\{1,\cdots,T\} \tag{6.66}$$

约束中存在最大化问题，使得模型难以求解，因此根据鲁棒优化最坏情况的原则，选取不确定参数的最大正偏差作为其变化范围的上限，因此根据不确定集合式 (6.62) 将不确定需求表示为 $\bar{n}_t^a + \Gamma\hat{n}_t^a$。最终得到约束式 (6.50) 和式 (6.54) 的鲁棒优化对等形式式 (6.63) 和式 (6.64)。 ■

最终根据不确定集合，重构模型 BM 后得到如下优化问题：目标函数为式 (6.44)，约束为式 (6.45)~式 (6.49)、式 (6.51)~式 (6.61)、式 (6.63) 和式 (6.64)。

此问题为混合整数规划模型，当节点数量或者决策周期数较多时问题规模将会剧增，接下来将介绍相关方法以提高问题的求解速度。

6.3.3 基于动态调整策略的 RH 方法

1. RH 求解算法

本章所研究的动态设施选址–物资分配问题为 NP 难问题，当规模较大时难以直接用商业求解软件在短时间内得到解，特别是当计划周期较长时。考虑到模型的周期性，将问题分解为若干个决策周期对其进行分别求解，而这与 RH 方法的思想一致。正如前文提到的，由于预测的可靠性会随着预测间隔的增加而减小，因此本章所提出的短期预测比长期预测更可靠[149]。如图 6.10 所示，RH 求解方法关注未来短期可实施范围内的决策，如黑色条框代表决策实施周期，做出的是短期可靠预测，虚线框表示已经得出并实施的决策，而白色条框代表基于长期预测所做出的决策，由于长期预测准确性较差，所得到的决策并不一定实施，因此本节关注短期可实施的决策制定，而不考虑长期决策的制定，且每次迭代需要求解的模型如下所示：

$$\begin{aligned}
\min & \sum_{j\in N_2}\sum_{k\in K} x_{jkt}^{(1)} q_k + \sum_{j\in N_2}\sum_{m\in N_3\cup N_4}\sum_{k\in K} c_{jm} x_{jmkt}^{(2)} \\
& + \sum_{j\in N_2}\sum_{l\in L}\left(F_{jl}^{(1)} y_{jlt} + f_{jl}^{(1)} z_{jlt} + f_{jl}^{'(1)} w_{jlt}\right) + \sum_{a\in B} \rho_a u_t \\
& + \sum_{j\in N_3}\sum_{l\in L}\left(F_{jl}^{(2)} y_{jlt} + f_{jl}^{(2)} z_{jlt} + f_{jl}^{'(2)} w_{jlt}\right) + \sum_{a\in B}\sum_{m\in N_3} \rho_a u_{mt}^{\mathrm{H}} \\
& + \sum_{j\in N_4}\sum_{l\in L}\left(F_{jl}^{(3)} y_{jlt} + f_{jl}^{(3)} z_{jlt} + f_{jl}^{'(3)} w_{jlt}\right) + \sum_{a\in C}\sum_{m\in N_4} \rho_a u_{mt}^{\mathrm{LDP}}
\end{aligned} \tag{6.67}$$

s.t. 式(6.45) ~ 式(6.49)、式(6.51) ~ 式(6.61)、式(6.63)、式(6.64)

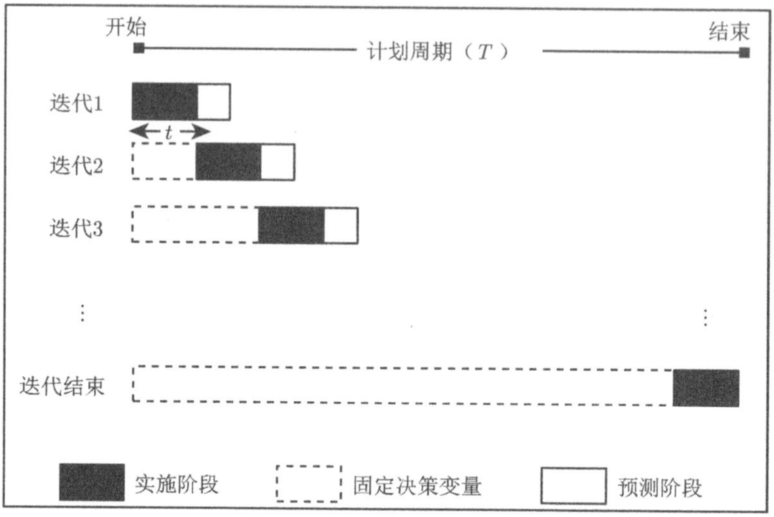

图 6.10　RH 算法思路

根据 RH 求解方法，在每个决策周期得到最优解后，在后续迭代中，所得变量作为固定值输入到当前计算周期而无须再次求解（图 6.10 中虚线框部分），从而降低了计算难度。迭代将按决策周期向前滚动优化直到算法结束。考虑到应急响应时间通常在 3 天内，将预测周期和决策周期设置为 3 天[96]。在每个周期首先更新设施状态和短期的需求量信息，然后制定分配决策并在下一周期实施。这个过程重复进行，直到整个规划期结束。

2. 不确定集合动态调整策略

疫情的演化导致不确定参数的动态变化，单周期鲁棒优化模型所得解会不适用于动态变化的应急救援环境。本节根据不确定信息随时间逐渐清晰的特点，结合 RH 算法求解思路，提出了一种通过调整不确定预算 $\varGamma$ 来修正不确定集合，进而动态调整应急物流网络的策略。该策略在 RH 算法计算过程中执行，通过减少实际需求量与已分配物资量之间的差（R_t）来降低模型的保守性，提高解的可行性。在每个决策周期 t 内，实际需求根据观测数据得到，因此在设施中的物资剩余量（或短缺量）可以根据上一周期的物资分配决策求得。设施中剩余物资的数量随着动态的需求、物资分配决策和预测误差而变化，为了减小剩余物资量随时间的波动，引入基于时间的决策变量 $\Delta\varGamma_{t+1}$ 来调整周期 $t+1$ 的不确定性预算，具体如命题 6.4 所述。

命题 6.4　每个决策周期的不确定集合可以依据参数 $\varGamma$ 进行调整。

$$\Delta\Gamma_{t+1}=\begin{cases}\arg\ \min_{\Delta\Gamma_{t+1}^{1}}\left|\Delta\Gamma_{t+1}^{1}\hat{n}_{t+1}^{a}+R_{t}^{1}\right|, & \forall a\in B,t\in\{1,\cdots,T\}\\ \arg\ \min_{\Delta\Gamma_{t+1}^{2}}\left|\phi_{k}\Delta\Gamma_{t+1}^{2}\hat{n}_{t+1}^{a}+R_{t}^{2}\right|, & \forall a\in C,k\in K,t\in\{1,\cdots,T\}\end{cases}\tag{6.68}$$

其中，$R_t^1(R_t^2)$ 和 $\Delta\Gamma_{t+1}^1(\Delta\Gamma_{t+1}^2)$ 分别为医院（物资分发点）实际需求与已分配资源之间的差值和不确定预算的调整变量。

证明 6.4 在决策周期初始时刻，R_t^1 和 R_t^2 的计算方法如式 (6.69) 所示：

$$\begin{aligned}R_t^1&=\sum_{m\in N_3}x_{mt}^{(3)}-n_a^t,\ \forall a\in B,t\in\{1,\cdots,T\}\\ R_t^2&=\sum_{j\in N_2}\sum_{m\in N_4}x_{jmkt}^{(2)}-n_a^t\phi_k,\ \forall a\in C,t\in\{1,\cdots,T\}\end{aligned}\tag{6.69}$$

其中，n_a^t 为实际报告的病例数。

以运往医院的确诊病例数决策为例，在决策周期开始时，本周期的实际病例数 n_a^t 以及实施上一周期的分配决策后实际分配到医院的病例数变为已知，为了平衡二者之间的差值 R_t^1，下一周期在决策时需要将其考虑在内。因此，在周期 $t+1$ 引入决策变量 $\Delta\Gamma_{t+1}^1,\Delta\Gamma_{t+1}^2$ 来补偿剩余资源数 R_t^1 的值（为正表示资源剩余，为负表示资源短缺）。

为了最小化在周期 t 结束时的决策误差量 R_t^1 与周期 $t+1$ 的鲁棒优化项 $\Delta\Gamma_{t+1}^1\hat{n}_{t+1}^a$ 之间的差值，充分利用现有资源，避免造成浪费，如式 (6.68) 中第一行所示。同样地，通过求解式 (6.68) 中的第二行得到 $\Delta\Gamma_{t+1}^2$，对应急物资分配计划进行调整。 ■

结合所提出的不确定预算调整策略，在每个决策周期的开始，收集实际需求和系统状态信息，结合已执行计划的反馈进行决策。此方法的计算步骤在算法 3 中说明。

算法 3 RH 算法

输入： $t=1$，预测周期为 3 天，决策周期为 3 天，总计划周期为 95 天，是否停止 = 否；
输出： 每个周期的决策方案；

```
while 是否停止 = 否 do
基于累计确诊病例数报告，运用 6.3.2 节提到的方法预测短期需求；
根据估计的需求优化求解鲁棒优化模型 MRO，对周期 t 的应急物流网络及资源分配决策进行优化；
    if t > T then
        是否停止 = 是；
    else
实施周期 t 的决策；
```

```
    周期 t 结束时，计算 R_t 的值，并根据式 (6.68) 调节不确定预算 Γ_{t+1} 的值；
    固定在周期 t 求得的决策变量值，并通过调整 t + 1 的不确定性预算进而调整应急物流网
    络模型（6.67）。
  end if
  t = t + 1
end while
```

6.3.4 数值实验

本节将所提出的需求预测–应急物流网络优化模型应用于新冠肺炎疫情的防控过程。在传染病模型参数拟合部分，每日报告病例等流行病学数据从百度疫情实时大数据报告网站①以及全国疫情趋势统计网站②获得，其中，所统计的每日确诊数、死亡数等数据能够直接应用于模型中。模型初始参数的设置参考 He 等[150]的研究以密切反映实际情况。将物资需求类型分为两类，分别对应运往医院的确诊者的医疗物资以及分配给物资分配点的其他受影响者的物资，每天的需求量分别设置为 5 单位/人、3 单位/人。疫情防控应急物流网络考虑了 17 个配送中心、63 家医院和 92 个物资分配点。配送中心和物资分配点的容量（单位：平方米）根据总人口数量设置，如配送中心的容量等级是总人口数量的函数，即 $\phi\mathrm{PN}/|N_2|$，物资分配点的容量等级按照总人口数的比例划分，即 $\phi\mathrm{PN}/|N_4|$，开放和运营成本与其开放容量呈正相关关系。医院的容量及报告的可用病床数据从武汉市卫生健康委员会网站③获得。现有的医院的容量等级按照总床位数的比例来划分，如 10%、30%、80%分别对应 1、2、3 的容量等级。其中，未住院接受治疗、在院期间物资短缺、物资分配点物资短缺的惩罚成本根据开放新的设施的成本计算（如 5%）。运输成本与设施之间的距离成正比。

6.3.5 结果分析

1. 预测模型 uSEIR 的适用性分析

为了检验本书所提出的 uSEIR 模型的适用性，本节分析了其对我国浙江、湖南两省以及英国的开曼群岛的疫情趋势预测。如图 6.11 所示，当预测间隔为 1 天时，三地的预测误差较小，能够控制在可接受的范围内（其中开曼群岛由于确诊人数较少，因此预测误差较大，接近 7%）。结果验证了本书所提出的 uSEIR 模型对于不同地区的疫情趋势预测的有效性。

① https://voice.baidu.com/act/newpneumonia/newpneumonia，2021 年 9 月 20 日。

② http://www.sy72.com/covid/list.asp?id=439&s1=0&s2=0，2021 年 9 月 20 日。

③ http://wjw.wuhan.gov.cn/，2021 年 9 月 20 日。

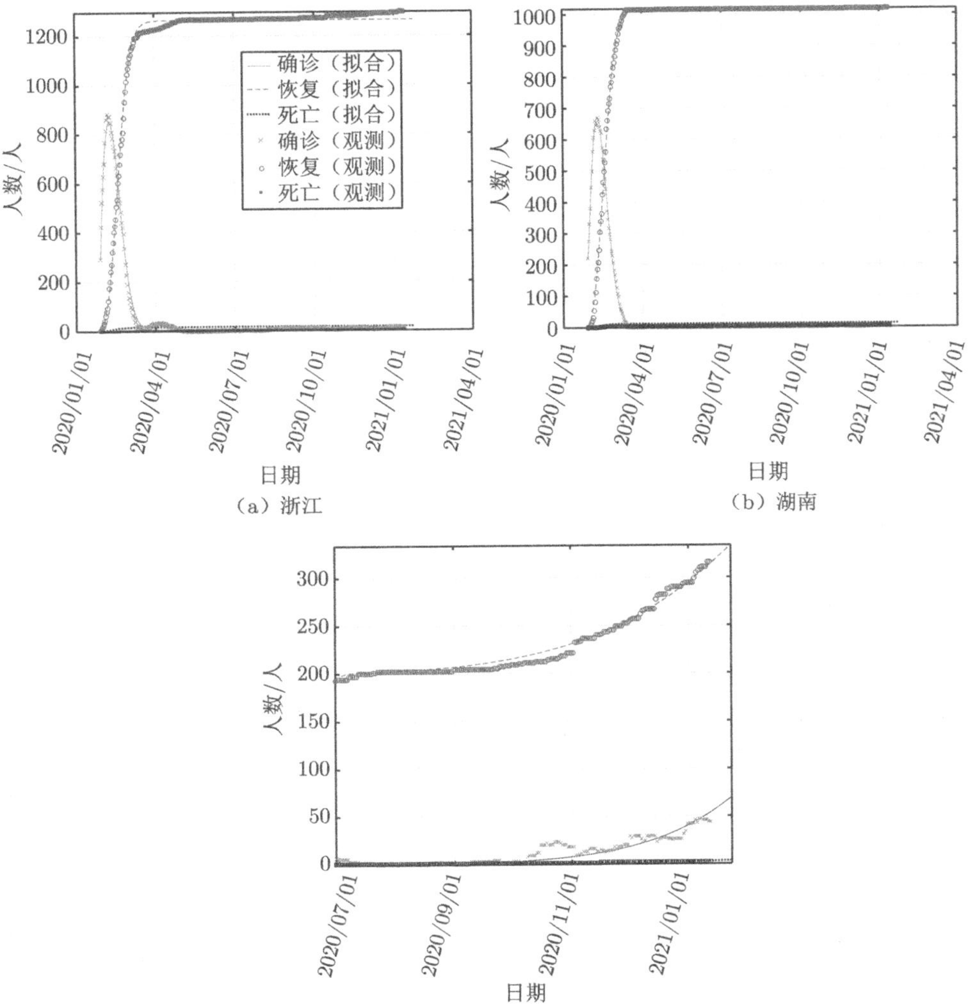

（a）浙江 （b）湖南

（c）开曼群岛

图 6.11 不同地区下 uSEIR 模型的表现

2. 相关数据量对预测效果的影响

在疫情趋势预测模型中，数据规模会对预测的准确度造成较大影响。通过使用不同规模的训练数据（如 10 天、20 天或 30 天）来拟合 uSEIR 模型参数，然后预测将来一段时间（如 5 天）的确诊病例数。结果如图 6.12 所示，可以看出，掌握的观测数据越多，对未来疫情趋势的预测越准确。例如将过去 30 天的观测数据作为训练集，模型预测在 5 天后的确诊病例数为 31 539 例（累计确诊病例数 − 恢复和死亡数），与实际观测数据 32 248 例相比，误差仅 2.20%[图 6.12(c)]。作为对比，如果只用 10 天的数据进行预测，预测误差则明显增大，约为 37.78%

[图 6.12(a)]。

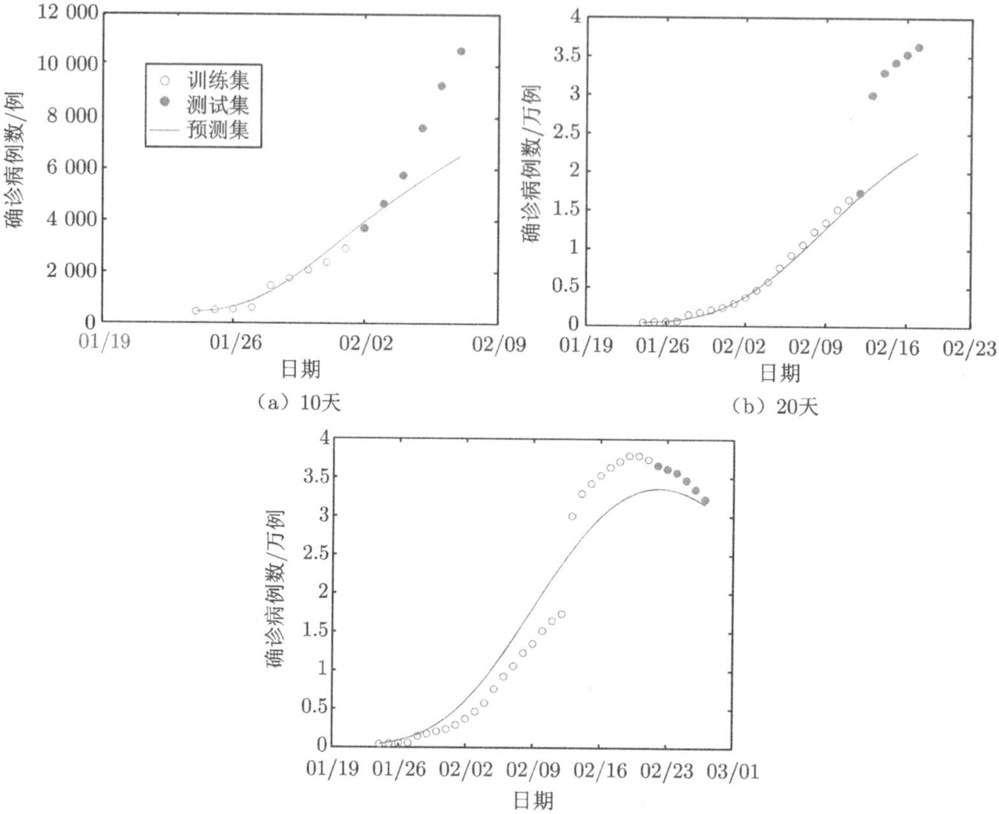

(a) 10天　　(b) 20天　　(c) 30天

图 6.12　基于不同数据量的确诊病例预测比较

3. 短期需求预测表现分析

作为应急物流网络优化的输入项和前提条件，需求预测的表现对决策的制定影响巨大。为了验证前文所提到的预测时间间隔对预测的影响，通过调整预测间隔来预测现有累计病例数，然后通过不同的时间点（如第 10 天，20 天，···，90 天时的病例数）对比预测值与实际值之间的误差。结果如表 6.14 所示，当预测间隔为 1 天时，预测平均绝对误差（mean absolute deviation, MAD）为 6.73%，而当预测间隔为 15 天时，MAD 达到了 38.61%，预测表现明显下降。当预测间隔为 3 天时，MAD 约为 12.17%，在可接受范围之内，如前文所述，考虑到应急物资的运输交付时间限制，为了决策制定与实施在时间节点上相匹配，故将该预测间隔与应急物流网络优化模型相结合，决策周期设置为 3 天。

表 6.14 不同预测间隔下报告病例数与预测病例数比较

时间点	确诊数/例	不同预测间隔及预测误差					
		1 天/例	1 天误差	3 天/例	3 天误差	15 天/例	15 天误差
10 天	3 710	3 581	−3.48%	4 083	10.05%	6 084	63.99%
20 天	17 358	17 384	0.15%	20 641	18.91%	23 787	37.04%
30 天	36 594	36 901	0.84%	33 598	−8.19%	33 598	−8.19%
40 天	24 106	24 548	1.83%	26 133	8.41%	26 133	8.41%
50 天	12 358	12 891	4.31%	12 390	0.26%	12 390	0.26%
60 天	4 700	4 989	6.15%	3 913	−16.74%	3 513	−25.26%
70 天	1 128	1 308	15.96%	935	−17.11%	635	−43.71%
80 天	302	353	16.89%	255	−15.56%	85	−71.85%
90 天	97	84	−13.40%	79	−18.56%	9	−90.72%
MAD	—	—	6.73%	—	12.17%	—	38.61%

为了验证三种不同预测周期下三种类型的预测病例数与报告病例数之间的误差以及变化的规律，用武汉的疫情数据进行分析如图 6.13 所示，预测周期为 1 天时，现有确诊病例数以及死亡病例数的预测准确度最高。随着预测周期的加长，如 15 天时 [图 6.16(c)]，预测准确度有明显的下降，尽管在每次预测的初期有所改善，但是总体来看准确度依然较差。当预测周期为 3 天时 [图 6.13(b)]，每个预测周期的预测误差较小，并且可以通过新增的数据及时修正误差。尽管预测误差多为正偏差，即高于实际报告人数，这在应急管理中是可以接受的，因此本章将预测间隔设置为 3 天，并以此为应急物流网络模型提供需求数据。

本章所建立的应急物流网络主要包括供应商、配送中心、医院和物资分发点，接下来将从影响应急物流网络表现的三个重要方面：供应量、初始库存量以及设施容量入手分析其对优化结果的影响。

4. *物资初始库存量及日供应量对救援的影响*

为了分析初始库存量和日供应量对救援效果的联合影响，用 Mb 表示初始库存量基础值的倍数，Mc 表示物资日供应量基础值的倍数，本章对二者不同取值下医院、物资分发点中的物资短缺数进行对比分析，结果如图 6.14 所示。从图 6.14 中可以看出，对于医院而言 [图 6.14(a)]，当初始库存量和日供应量较小时（如 Mc=Mb=0.5），医院中物资类型 1 的短缺情况有显著增加（z 轴表示由于物资短缺导致的未服务人数）；当日供应量不足（如 Mc= 0.5）时，较大的初始库存能够缓解医疗物资的需求量。相对应地，当初始库存量较小（如 Mb=0.5）时，增加日供应量能够明显改善物资短缺。

对物资分发点而言，由于对普通物资（$k = 2$）的巨大需求和设施容量的限制，增大初始库存量对于减少物资短缺的作用并不明显 [图 6.14(b)]，但增加日供应量有显著作用。因此，为了改善物资分发点物资短缺的情况，从增加日供应量入手是一个可行的解决方案。

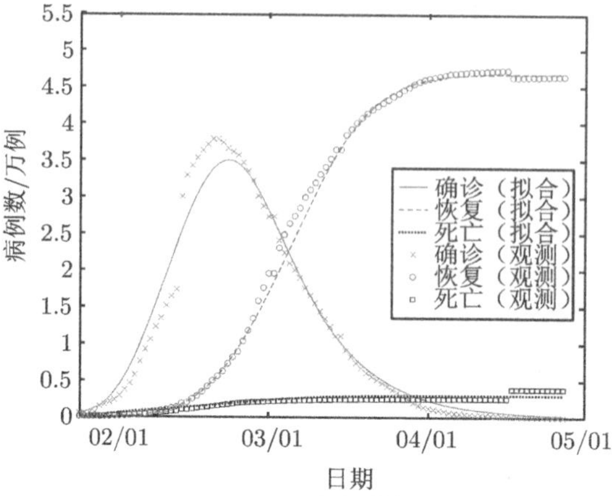

（a）1天

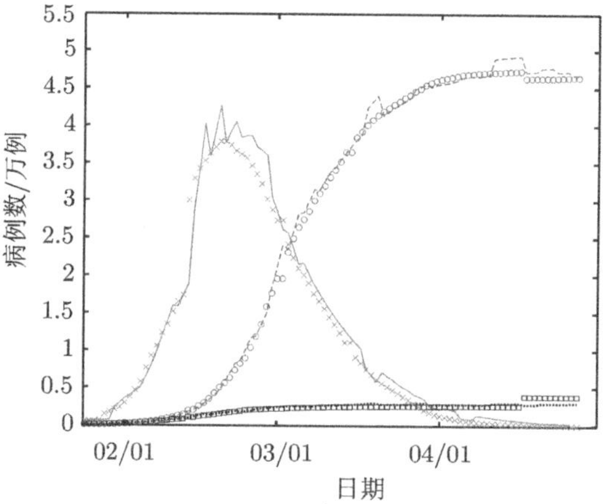

（b）3天

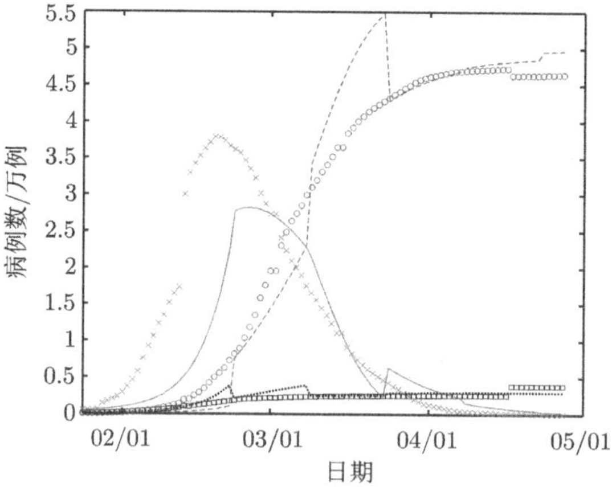

（c）15天

图 6.13　不同间隔下的确诊病例预测表现

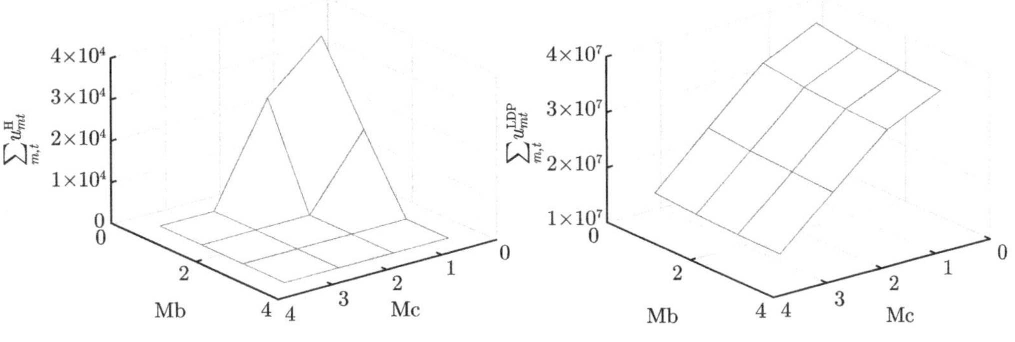

(a) 医院 (b) 物资分发点

图 6.14 初始库存量及日供应量对救援的影响

5. 设施容量及物资日供应量的影响

另一个影响救援的关键因素为设施容量，而设施容量又与日供应量共同影响救援效果，因此引入 Meh、Me 分别表示医院和物资分发点基础容量的倍数因子，通过调节二者的大小来进行对比分析。医院能够接收确诊病例数主要受其容量的影响，物资短缺受供应量的影响。如图 6.15(a) 所示，当医院容量充足时（Meh= 4），所有的确诊患者都能够入院治疗，但当医院容量不足时（Meh=0.5）如图 6.15(b) 所示，从 2 月 15 日开始，由于医院容量的不足，接收的确诊病例数明显下降，且每日接收病例数取决于康复出院或者死亡而释放的病床数。

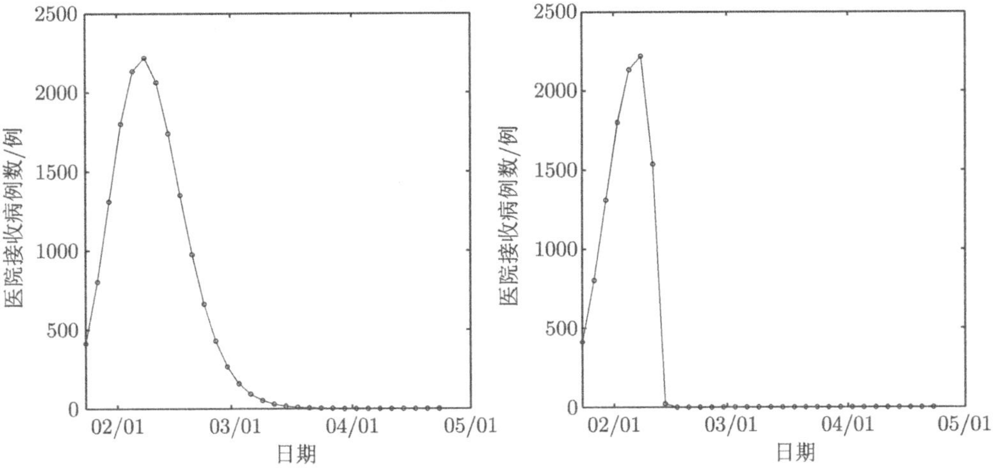

(a) 容量充足（Meh = 4） (b) 容量受限（Meh = 0.5）

图 6.15 医院容量对接收患者数的影响

物资分发点容量与日供应量对物资短缺程度的影响如图 6.16 所示。当日供应量较少（如小于物资分发点当前容量，Mc=0.5）时，提高物资分发点的容量水平并不能缓解物资短缺的情况。相对应地，当物资分发点容量总体处于较低水平时，增加日供应量会由于容量限制而不能明显缓解物资分发点物资短缺的情况。当日供应量和容量同时增大时，能够明显减少物资短缺的情况，但同样也受限于设施容量和日供应量二者的上限。因此为了提高应急救援效果，应当使设施容量与日供应量相匹配以发挥应急物流网络（emergency logistic network, ELN）的最大作用。

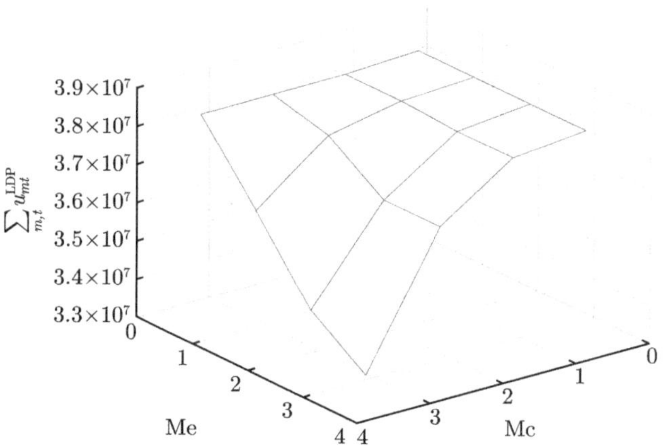

图 6.16 物资分发点容量与日供应量对救援的影响

6. 疫情演化下的多周期应急物流网络优化决策

在提高需求满足率的同时，决策者也应关注整个决策周期内设施的开放及运作决策，一方面能减少整体的运作成本，另一方面能够及时释放医疗资源。本章所提出的模型对规划周期内的设施运行状态进行了动态决策，实际案例中医院等设施会随着在院病例数的减少而选择关闭（如 2020 年 4 月 15 日雷神山医院休舱）。图 6.17 说明了设施在决策周期范围内的开放、运行状态以及开放容量等级等决策。随着疫情的发展，在初期通过开放较多数量的配送中心来满足激增的需求量；由于初期人们对于物资 $k=2$ 的巨大需求，因此需要开放更多的物资分发点将物资分发给受影响的人群；开放的医院数量随确诊病例数的增加而增加，随疫情的平稳而有选择性地关闭，且由于存在治疗恢复期，医院中的人数呈现逐渐减少的趋势，因此截止到规划周期结束，仍有部分患者在医院进行恢复治疗。动态决策设施运行状态能够为其他病患及时释放闲置医疗资源，减少不必要的运营成本。

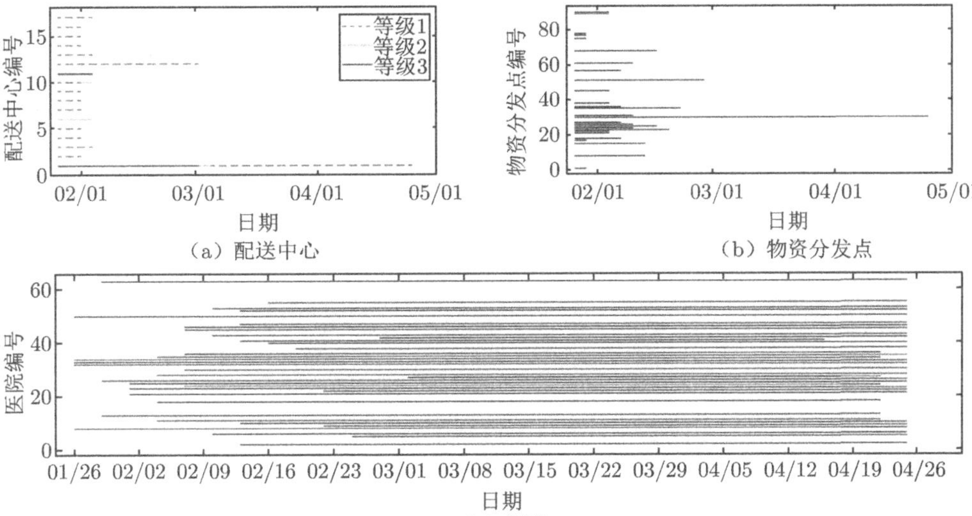

(a) 配送中心　　(b) 物资分发点

(c) 医院

图 6.17　配送中心、物资分发点以及医院在计划周期内的运行状态示意图

7. 物资短缺惩罚成本灵敏度分析

为了分析物资短缺惩罚成本对救援效果的影响，通过设置充足的物资日供应量（Mc= 4）来调整惩罚成本的取值（基于原惩罚成本的倍数如 Mpc $\in$ {0.5, 1, 2, 4}）进行灵敏度分析，结果如表 6.15 所示。当惩罚成本越低时，医院和物资分发点的物资短缺越严重。但随着惩罚成本成倍地增加（如大于开放新的设施所用成本）时，应急管理者将会选择开放更多的设施以减少总救援成本。

表 6.15　惩罚成本灵敏度分析

Mpc	$\sum_t u_t$	$\sum_{m,t} u_{mt}^{\mathrm{H}}$	$\sum_{m,t} u_{mt}^{\mathrm{LDP}}$
0.5	25 467	1 509	4.25×10^7
1	12 631	202	1.83×10^5
2	5 842	89	1.42×10^3
4	0	3	2.70×10^1

8. 鲁棒优化模型的有效性分析

为了验证本章所提出的模型得到解决方案的可靠性，通过固定其他参数，分别用确定性模型（简记为 DM 模型）和鲁棒优化模型（简记为 RO 模型）求解测试案例。救援效果如表 6.16 所示，从中可以看出，RO 模型在医院和物资分发点的物资短缺情况明显低于 DM 模型（分别为 55.8%和 51.7%），这是因为 RO 模型考虑到了需求的不确定性，通过优化最坏情况下的解决方案提高了解的稳健性，减少了由物资短缺造成的惩罚成本。因此在求解测试案例时，总救援成本降低了 55.6%，证明了本章所提出 RO 方法构建应急物流网络的可靠性。

表 6.16 DM 模型和 RO 模型表现对比

指标	DM 模型	RO 模型
$\sum_{m,t} u_{mt}^{\mathrm{H}}$	26 445	11 689
$\sum_{m,t} u_{mt}^{\mathrm{LDP}}$	7.93×10^{7}	3.83×10^{7}
总成本	6.64×10^{6}	2.95×10^{6}

9. 不确定预算调整策略的表现

每个决策周期内配送中心的剩余物资量反映了应急物流网络的服务能力。本章为了验证不确定预算 Γ_t 调整策略的表现，将其与静态下 Γ 的不同取值策略进行了比较。不同策略下每个周期内配送中心的应急物资剩余量（或短缺量）如图 6.18 所示，当 $\Gamma = 0.2$, 与需求预测值的偏差 DEV=0.01 时，变化曲线波动最明显，这是因为当需求预测低估了实际需求造成物资短缺时 (2 月下旬)，静态策略无法向网络设计优化模型进行反馈以修正预测错误，从而造成了物资短缺累积量逐渐增大。相比之下，不确定性预算调整策略能够调整 Γ_t 的值并反馈给网络优化模型，以减小下一决策周期需求预测的误差，进而降低剩余物资量的波动。如在 2 月中旬到 3 月初期间发生物资短缺的情况下，通过增加 Γ_t 的值来增加下一

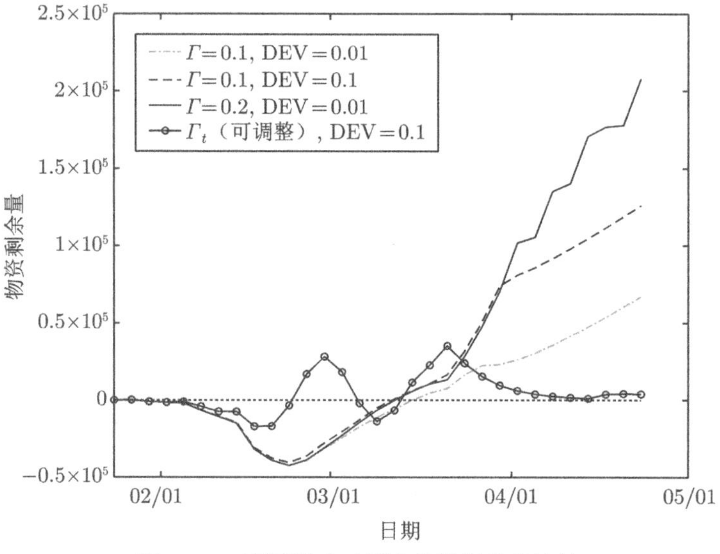

图 6.18 不同策略对剩余物资调节的比较

决策周期的需求量；而在 3 月中旬配送中心物资有剩余时，将会通过减小 Γ_t 的值以在后续决策周期消耗剩余物资。相比于静态策略，这种方法能够明显降低剩余库存的波动，使得剩余库存保持在相对稳定的水平，有利于资源的充分利用。

10. RH 算法性能表现分析

为了分析 RH 求解方法在模型求解中的表现，设置不同的测试案例与直接求解的方法（direct solution，DS）进行对比，计算结果如表 6.17 所示，RH 和 DS 的求解时间都随着问题规模的扩大而增加。但随着问题规模的扩大，RH 方法的优势逐渐显著，特别是面对大规模问题时（如表格中最后一行），RH 方法的求解时间明显优于 DS，这是因为 RH 方法将 t 之前的解保存后作为参数输入到决策周期 t 的决策模型中，因而只考虑当前周期的决策变量，并求解优化问题。

表 6.17　不同问题规模下 RH 和 DS 的求解时间

问题规模 [a]	RH 求解时间/秒			DS 求解时间/秒		
	最小值	平均值	最大值	最小值	平均值	最大值
(5,3,10,10,5)	1.8	2.5	3.2	10.1	11.2	12.3
(10,5,30,50,10)	7.8	8.2	8.6	68	69.3	70.6
(20,10,50,70,20)	26.5	27.3	28.1	245.6	247.6	249.6
(30,17,63,92,31)	74.0	75.1	76.2	955.1	960.9	966.7

a 问题规模 (a,b,c,d,e) 分别表示供应端、配送中心、医院、物资分发点的数量，以及决策周期

为了验证决策周期数量与节点数量分别对 RH 方法求解时间的影响，通过调整决策周期数量和备选设施数量进行计算，得到的结果如图 6.19 所示。可以看出，

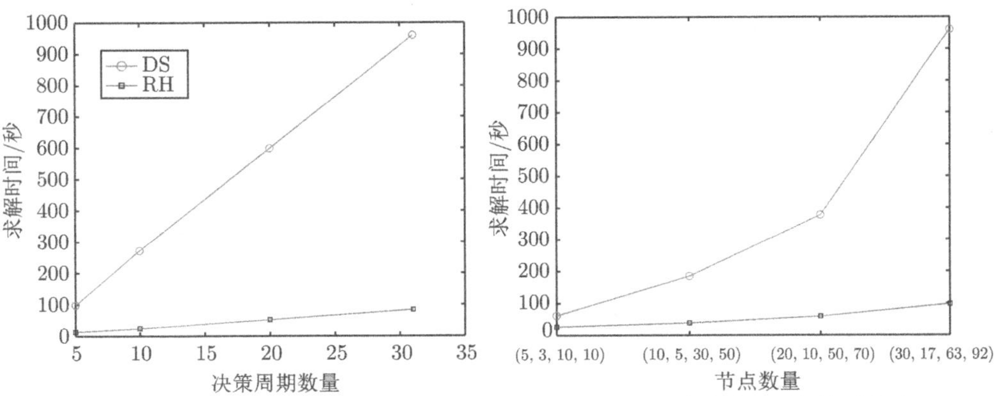

（a）决策周期对计算时间的影响　　（b）节点数量对计算时间的影响

图 6.19　问题规模对 RH 和 DS 求解时间的影响

图 (b) 横轴 (a,b,c,d) 分别表示供应端、配送中心、医院、物资分发点的数量

RH 的求解时间随着节点数量和决策周期数量的增加呈线性增加，而 DS 的求解时间随着问题规模的扩大而显著增加，尤其是增加节点数量时，求解时间增加速度有显著提升。这些结果不仅证明了 RH 的求解效率优于 DS，也验证了其处理大规模问题的能力。

6.4 本章小结与管理启示

本章针对灾后部分不确定参数概率分布信息不完备的情况，对应急物流网络进行了设计和优化。首先从单周期应急物流网络优化出发，运用随机规划和鲁棒优化相结合的方法处理不确定参数，并提出基于范围估计的条件概率场景树来描述原生灾害和次生灾害之间的关系，研究了考虑次生灾害的应急救援网络优化问题。在此基础上，考虑到灾害的持续性及不确定参数的动态变化，以新冠肺炎疫情为背景，首先提出了一种基于传染病模型的短期预测方法，然后根据估计的需求量动态设计应急物流网络，针对预测需求的不确定性，构建鲁棒优化模型，并提出了一种基于设施剩余可用资源的不确定性预算调整策略以降低解的保守性，提高资源利用率。在模型求解方面，针对问题特点分别选用了 PH 算法和 RH 方法，并提出相应的加速策略提高求解效率。在结论分析部分讨论了供应量、初始库存量、设施容量对救援效果的影响，验证了短期预测策略的优势和数据量对疫情预测准确度的影响，以及所提出的求解方法在面对大规模算例时相比于直接求解的方法更具优势。根据本章研究结论得到以下管理启示。

（1）对于持续性灾害，不确定参数相关的数据量对不确定参数预测的准确性有显著影响，立足于 5G（5th generation mobile networks, 第五代移动通信技术）、物联网等数据收集、分析及预测的先进技术，根据实时更新的信息进行短期预测更能准确描述未来一段时期内的变化趋势，这对应急物流网络设计和优化至关重要。

（2）应急物流网络优化设计是一个动态的过程，相关决策应当随着灾害的发展而做出动态调整。设施（如医院、门诊）的动态开放和关闭不仅可以节省不必要的运营成本，还可以为其他类型的患者及时提供所释放的医疗资源。

（3）应急物流网络优化设计中应协调好初始库存、设施容量以及供应量三者之间的关系，避免出现木桶效应。数值实验表明，三者共同影响应急物流网络救援能力的表现，且供应量的影响最为明显，因此，管理者在做决策时应考虑各要素之间的相互影响，以提高物资供应量为突破口，最大限度地发挥应急物流网络的救援效率。

第 7 章　基于分布式鲁棒优化考虑次生灾害的应急物流网络规划

7.1　引　　言

历史数据对于描述应急物流网络优化中的不确定性至关重要[30]，前文针对不确定参数概率分布信息是否完备，分别运用了随机优化、鲁棒优化的建模方法研究了考虑次生灾害的应急物流网络优化问题[151~153]。鲁棒优化与分布式鲁棒优化有不同的应用环境，由于鲁棒优化对不确定参数的概率分布不作要求，关注的是通过建立不确定集合来得到最坏情况下的解决方案，而分布式鲁棒优化结合了现代数据采集及数据分析方法[154]，针对应急物流网络优化过程中所面临的不确定参数概率分布的不确定性，构建模糊集合来描述概率分布的变化范围，通过优化模糊集合中概率分布的最坏情况得到稳健性较强的解决方案。本章主要从以下几个方面展开研究。

（1）当有限的不确定参数相关数据作为支撑时，根据不确定参数的矩信息构建模糊集合，建立应急物流网络分布式鲁棒优化模型[155]。在此基础上建立考虑次生灾害的三阶段分布式鲁棒优化模型，以提高应急物流网络应对潜在次生灾害的救援能力。

（2）对于持续性灾害，在单周期优化模型的基础上，扩展到多周期的应急物流网络分布式鲁棒优化模型，根据累积更新的不确定参数相关数据，动态修正模糊集合，得出每个决策周期内的应急物流网络优化决策，进而避免静态决策造成的优化方案不可行或资源浪费的情况。

（3）本书所建立的模型在转化过程中引入新的决策变量导致难以直接求解，因此如何将模型转换、近似成容易求解的形式以在较短的时间内得到质量较高的解也是本章研究的重点。

本章根据不确定参数的相关数据建立模糊集合以构建应急物流网络分布式鲁棒优化模型。基于对偶理论对模型进行转化，并将其近似转化为易于求解的形式，然后将模型扩展为基于数据更新的多周期应急物流网络分布式鲁棒优化模型。最后，通过数值算例验证分布式鲁棒优化模型在不确定参数分布信息不完整的情形下制定应急物流网络优化决策的有效性。

7.2 单周期应急物流网络分布式鲁棒优化模型构建及求解

7.2.1 问题描述

本章将分布式鲁棒优化的建模方法应用于应急物流网络优化设计问题，在研究基本应急物流网络优化模型的基础上，将其扩展到考虑次生灾害和持续性灾害下的应急物流网络优化问题。本章在考虑不确定需求的情况下，优化设计一个包含配送中心和需求端的应急物流网络。因此，在模型构建时需要做出的决策主要有：① 应急物资配送中心的选址和容量选择决策；② 配送中心不同类型物资的库存决策；③ 灾后从配送中心运输到需求点的应急物资的数量。

优化应急物流网络的主要目标是通过优化其响应速度及服务能力来减轻灾民的痛苦。据此，本节以最小化总救援成本为优化目标进行模型构建，主要包括：① 配送中心的开放成本；② 灾前物资采购成本；③ 灾后应急物资的运输时间成本；④ 最坏情况下物资短缺的惩罚成本。

现有文献大多通过提取不确定参数的一阶矩、二阶矩信息构建模糊集合，并将模型转化为二阶锥规划的形式进行求解。而本章为了避免模型由于复杂的模糊集合而出现难以求解的情况，将从需求量数据中提取出每个地区的均值以及 MAD 来构建模糊集合[156,157]。使用 MAD 作为需求量离散度度量不仅可以避免统计数据中正负偏差相互抵消的问题，还能够保留描述偏离均值的能力，减少异常值对统计信息的影响。

7.2.2 分布式鲁棒优化模型构建与分析

模型构建所用到的符号及说明如表 7.1 所示。

表 7.1 模型所用符号及其含义

符号	描述
集合	
I	配送中心的备选位置集合，$i \in I$
J	潜在受灾点集合，$j \in J$
L	备选配送中心开放容量集合，$l \in L$
K	应急物资类型集合，$k \in K$（水、食物、药物、帐篷）
参数	
f_l	配送中心以容量 l 开放时的开放成本
q_k	类型为 k 的单位应急物资采购成本
m	单位运输时间成本
Π_k	物资类型为 k 的单位短缺惩罚成本
d_{ij}	从配送中心 i 到受灾点 j 的运输距离
V_l	配送中心等级为 l 时的容量
$\tilde{c}_j^k$	在受灾点 j 的物资类型为 k 的不确定需求量

续表

符号	描述
决策变量	
y_{il}	如果配送中心 i 以容量等级 l 开放，等于 1；否则，等于 0
r_i^k	配送中心 i 中不同类型的应急物资库存量
x_{ij}^k	从配送中心 i 到需求点 j 运输类型为 k 的应急物资的数量

首先介绍模糊集合的构建。元素 $\tilde{c}_j^k$ 表示受灾点 j 对类型为 k 的物资的需求量,令 $\tilde{\boldsymbol{c}}$ 表示不确定需求向量。对每个 $\tilde{c}_j^k$,令 $\mu_j^k=\mathbb{E}_{\mathbb{P}}\left(\tilde{c}_j^k\right),\sigma_j^k=\mathbb{E}_{\mathbb{P}}\left(\left|\tilde{c}_j^k-\mu_j^k\right|\right),\bar{c}_j^k$, $\underline{c}_j^k$ 分别表示需求量的均值、MAD、最小值和最大值。通过分析现有需求数据，假设不确定需求 $\tilde{\boldsymbol{c}}$ 的概率分布 $\mathbb{P}$ 属于模糊集合 $\mathbb{F}$:

$$\mathbb{F}=\left\{\mathbb{P}\left|\begin{array}{l}\mathbb{E}_{\mathbb{P}}\left(\tilde{c}_j^k\right)=\mu_j^k,\forall j\in J,k\in K\\ \mathbb{E}_{\mathbb{P}}\left(\left|\tilde{c}_j^k-\mu_j^k\right|\right)\leqslant\sigma_j^k,\forall j\in J,k\in K\\ \mathbb{P}\left(\tilde{\boldsymbol{c}}\in W\right)=1\end{array}\right.\right\} \tag{7.1}$$

且 $\tilde{c}_j^k$ 的支撑集合 W 表示如下：

$$W=\left\{\boldsymbol{c}\left|c_j^k\in\left[\underline{c}_j^k,\bar{c}_j^k\right],\forall j\in J,k\in K\right.\right\} \tag{7.2}$$

根据以上不确定需求概率分布的模糊集合定义，可以建立如下应急物流网络分布式鲁棒优化模型：

$$\begin{aligned}\min Z=&\sum_{i\in I}\sum_{l\in L}f_l y_{il}+\sum_{i\in I}\sum_{k\in K}q_k r_i^k+\sum_{i\in I}\sum_{j\in J}\sum_{k\in K}md_{ij}x_{ij}^k\\&+\Pi_k\sup_{\mathbb{P}\in\mathbb{F}}\mathbb{E}_{\mathbb{P}}\left[\sum_{j\in J}\sum_{k\in K}\left(\tilde{c}_j^k-\sum_{i\in I}x_{ij}^k\right)^+\right]\end{aligned} \tag{7.3}$$

$$\text{s.t. }\sum_{l\in L}y_{il}\leqslant 1,\ \forall i\in I \tag{7.4}$$

$$\sum_{k\in K}r_i^k\leqslant\sum_{l\in L}V_l y_{il},\ \forall i\in I \tag{7.5}$$

$$\sum_{j\in J}x_{ij}^k\leqslant r_i^k,\ \forall i\in I,k\in K \tag{7.6}$$

$$y_{il}\in\{0,1\},\ \forall i\in I,l\in L \tag{7.7}$$

$$r_i^k,x_{ij}^k\geqslant 0,\ \forall i\in I,j\in J,k\in K \tag{7.8}$$

目标函数 (7.3) 表示最小化配送中心的开放成本、应急物资的采购成本、从配送中心到需求点的运输时间成本以及属于模糊集合 $\mathbb{F}$ 的最坏需求分布概率 $\mathbb{P}$ 下的物资短缺惩罚成本之和。式 (7.4) 保证配送中心只能以一个容量类型开放。式 (7.5) 表示每个配送中心采购物资数量的上限。式 (7.6) 表示每个开放的配送中心对需求点物资供应数量的上限。式 (7.7) 和式 (7.8) 为决策变量的取值范围约束。

7.2.3 模型理论目标函数上下界分析

考虑到分布式鲁棒优化模型目标函数的复杂性，首先分析其在理论上能取到目标函数值的界限。本节通过命题 7.1 推导分布式鲁棒优化模型的目标值的理论上下界。

命题 7.1 假设 z_R^* 表示分布式鲁棒优化模型的最优目标函数值且 z_D^* 表示其确定性模型的最优目标函数值，则可以得到：

$$z_D^* \leqslant z_R^* \leqslant \Pi_k \sum_{j\in J}\sum_{k\in K} \sigma_j^k + z_D^* \tag{7.9}$$

证明 7.1 假设有概率分布 $\mathbb{P}_0\left(\tilde{\boldsymbol{c}} = \boldsymbol{\mu}\right) = 1$，显然 $\mathbb{P}_0$ 属于模糊集合，则有

$$\begin{aligned}
&\sup_{\mathbb{P}\in\mathbb{F}}\mathbb{E}_{\mathbb{P}}\left[\sum_{j\in J}\sum_{k\in K}\left(\tilde{c}_j^k - \sum_{i\in I} x_{ij}^k\right)^+\right] \\
&\geqslant \mathbb{E}_{\mathbb{P}_0}\left[\sum_{j\in J}\sum_{k\in K}\left(\tilde{c}_j^k - \sum_{i\in I} x_{ij}^k\right)^+\right] \\
&= \sum_{j\in J}\sum_{k\in K}\left(\mu_j^k - \sum_{i\in I} x_{ij}^k\right)^+
\end{aligned} \tag{7.10}$$

将目标函数 (7.3) 中的 $\sup\limits_{\mathbb{P}\in\mathbb{F}}\mathbb{E}_{\mathbb{P}}\left[(\cdot)^+\right]$ 项用其下界 $\sum_{j,k}\left(\mu_j^k - \sum_i x_{ij}^k\right)^+$ 代替，则得到分布式鲁棒优化的确定性模型，因此有 $z_R^* \geqslant z_D^*$。

另外，假设确定性模型的最优解由 $y_{il}^*, r_i^{k*}, x_{ij}^{k*}$ 表示，则有

$$\begin{aligned}
z_R^* &\leqslant F^* + \Pi_k \sup_{\mathbb{P}\in\mathbb{F}}\mathbb{E}_{\mathbb{P}}\left[\sum_{j,k}\left(\tilde{c}_j^k - \sum_i x_{ij}^{k*}\right)^+\right] \\
&= F^* + \Pi_k \sup_{\mathbb{P}\in\mathbb{F}}\mathbb{E}_{\mathbb{P}}\left[\sum_{j,k}\left(\tilde{c}_j^k - \mu_j^k - \sum_i x_{ij}^{k*} + \mu_j^k\right)^+\right]
\end{aligned}$$

$$
\begin{aligned}
&\leqslant F^* + \Pi_k \sup_{\mathbb{P}\in\mathbb{F}} \mathbb{E}_{\mathbb{P}} \sum_{j,k} \left[\left|\tilde{c}_j^k - \mu_j^k\right| + \left(\mu_j^k - \sum_i x_{ij}^{k*}\right)^+ \right] \\
&\leqslant F^* + \Pi_k \sum_{j,k} \left[\sigma_j^k + \left(\mu_j^k - \sum_i x_{ij}^{k*}\right)^+ \right] \\
&= \Pi_k \sum_{j,k} \sigma_j^k + F^* + \Pi_k \sum_{j,k} \left(\mu_j^k - \sum_i x_{ij}^{k*}\right)^+ \\
&= \Pi_k \sum_{j,k} \sigma_j^k + z_D^*
\end{aligned}
$$

其中

$$
F^* = \sum_{i\in I}\sum_{l\in L} f_l y_{il}^* + \sum_{i\in I}\sum_{k\in K} q_k r_i^{k*} + \sum_{i\in I}\sum_{j\in J}\sum_{k\in K} m d_{ij} x_{ij}^{k*}
$$

最终得到式 (7.9)。 ■

命题 7.1 表明，在需求量确定的假设下，管理者可以估算出不确定性情况下救援总成本的变化范围。此外，根据式 (7.9) 中描述的上界可知，MAD 值越小，应急救援成本越低。研究结果为我们提供了一种在不确定性条件下获得更好决策方案、降低救援成本的方法：使用更先进的方法统计并分析相关历史数据，更加精确地估计 MAD 的值。

7.2.4 分布式鲁棒优化模型求解方法

正如前文提到的应急物流网络优化问题为 NP 难问题，在大规模场景下难以在可接受时间内得到满意解。另外，模型中的最小–最大化形式，会使得模型不能直接求解。因此，本节将介绍分布式鲁棒优化模型的两种求解方法。首先，基于对偶理论将模型转化后求解；在此基础上，提出一种基于线性决策法则（linear decision rule, LDR）的近似方法来进一步简化模型，降低求解大规模问题时的计算复杂度。

1. 基于对偶理论的模型转化

为了使模型能够用商业软件进行求解，需要将分布式鲁棒优化模型的目标函数中的凸分段线性项进行转化。引入辅助变量 z_j^k 来表示 $\left|\tilde{c}_j^k - \mu_j^k\right|, \forall j \in J, k \in K$，因此模糊集合可以改写成如下形式：

$$
\mathbb{F}_{\boldsymbol{c},\boldsymbol{z}} = \left\{ \mathbb{P}_{\boldsymbol{c},\boldsymbol{z}} \left| \begin{array}{l} \mathbb{E}_{\mathbb{P}}\left(\tilde{c}_k^j\right) = \mu_j^k, \forall j \in J, k \in K \\ \mathbb{E}_{\mathbb{P}}\left(\tilde{z}_k^j\right) \leqslant \delta_j^k, \forall j \in J, k \in K \\ \mathbb{P}_{\boldsymbol{c},\boldsymbol{z}}\left(\boldsymbol{c},\boldsymbol{z}\right) \in \hat{W} = 1 \end{array} \right. \right\} \tag{7.11}
$$

且支撑集合修改为

$$\hat{W}=\left\{(\boldsymbol{c},\boldsymbol{z})\left|\begin{array}{l}\tilde{c}_k^j\in\left[\underline{c}_j^k,\bar{c}_j^k\right],\forall j\in J,k\in K\\ z_j^k\geqslant c_j^k-\mu_j^k,\forall j\in J,k\in K\\ z_j^k\geqslant\mu^k-c_j^k,\forall j\in J,k\in K\end{array}\right.\right\}\tag{7.12}$$

基于修改后的模糊集合，目标函数（7.3）中包含的项：

$$\sup_{\mathbb{P}\in\mathbb{F}}\mathbb{E}_{\mathbb{P}}\left[\sum_{j\in J}\sum_{k\in K}\left(\tilde{c}_j^k-\sum_{i\in I}x_{ij}^k\right)^+\right]\tag{7.13}$$

可以写为

$$\sup\int_W\sum_{j\in J}\sum_{k\in K}\left(c_j^k-\sum_{i\in I}x_{ij}^k\right)^+\mathrm{d}F(\boldsymbol{c},\boldsymbol{z})\tag{7.14a}$$

$$\text{s.t.}\quad\int_W c_j^k\mathrm{d}F(\boldsymbol{c},\boldsymbol{z})=\mu_j^k,\ \forall j\in J,k\in K\tag{7.14b}$$

$$\int_W z_j^k\mathrm{d}F(\boldsymbol{c},\boldsymbol{z})\leqslant\delta_j^k,\ \forall j\in J,k\in K\tag{7.14c}$$

$$\int_W\mathrm{d}F(\boldsymbol{c},\boldsymbol{z})=1\tag{7.14d}$$

$$\mathrm{d}F(\boldsymbol{c},\boldsymbol{z})\geqslant 0\tag{7.14e}$$

其中，$\mathrm{d}F(\boldsymbol{c},\boldsymbol{z})$ 为决策项，约束表示不确定需求的均值和 MAD 的取值范围。为了求解此问题，提出命题 7.2 对其进行转化。

命题 7.2　分布式鲁棒优化模型的目标函数值与下列问题相等，因此可以通过求解下列问题得到原模型最优解。

$$\begin{aligned}&\min\sum_{i\in I}\sum_{l\in L}f_l y_{il}+\sum_{i\in I}\sum_{k\in K}q_k r_i^k+\sum_{i\in I}\sum_{j\in J}\sum_{k\in K}md_{ij}x_{ij}^k\\&+\Pi_k\left\{\sum_{j\in J}\sum_{k\in K}\left(\eta_j^k\mu_j^k+\sigma_j^k\varphi_j^k\right)+\theta\right\}\end{aligned}\tag{7.15}$$

约束为式 (7.4)～式 (7.8) 和

$$\theta\geqslant\sum_{j\in J}\sum_{k\in K}\bar{c}_j^k\alpha_{jk}^{'}-\underline{c}_j^k\beta_{jk}^{'}+\mu_j^k\left(\gamma_{jk}^{'}-\theta_{jk}^{'}\right)\tag{7.16}$$

$$\alpha'_{jk} - \beta'_{jk} + \gamma'_{jk} - \theta'_{jk} \geqslant -\eta_j^k - \sum_{i \in I} x_{ij}^k, \ \forall j \in J, k \in K \tag{7.17}$$

$$\gamma'_{jk} + \theta'_{jk} \leqslant \varphi_j^k, \ \forall j \in J, k \in K \tag{7.18}$$

$$\alpha'_{jk}, \beta'_{jk}, \gamma'_{jk}, \theta'_{jk} \geqslant 0, \ \forall j \in J, k \in K \tag{7.19}$$

$$\varphi_j^k \geqslant 0 \tag{7.20}$$

其中，α、β 和 γ 为辅助决策变量；η_j^k、φ_j^k 和 θ 为与模型（7.14）中的约束所对应的拉格朗日乘子。

证明 7.2 将式 (7.14) 进行对偶转换后，得到如下模型:

$$\inf \sum_{j \in J} \sum_{k \in K} \left(\eta_j^k \mu_j^k + \delta_j^k \varphi_j^k\right) + \theta \tag{7.21a}$$

$$\begin{aligned} \text{s.t.} \quad & \sum_{j \in J} \sum_{k \in K} \tilde{c}_j^k \eta_j^k + \sum_{j \in J} \sum_{k \in K} z_j^k \varphi_j^k + \theta \\ & \geqslant \sum_{j \in J} \sum_{k \in K} \left(d_j^k - \sum_{i \in I} x_{ij}^k\right)^+, \ \forall (\boldsymbol{d}, \boldsymbol{z}) \in W \end{aligned} \tag{7.21b}$$

$$\varphi_j^k \geqslant 0, \ \forall j \in J, k \in K \tag{7.21c}$$

根据强对偶理论[120]，式 (7.21) 与式 (7.14) 的目标函数相等。将分布式鲁棒优化模型中包含的项式 (7.13) 进行替换。

模型转换后分段项依然存在，且问题的求解难度随着节点数量的增加呈指数增加（如 $2^{|J|+|K|}$ 个分段项）。定义幂集 $P(J) = \{J_1, J_2, \cdots, J_{2^j}\}, P(K) = \{K_1, K_2, \cdots, K_{2^k}\}$ 来表示所有可能发生物资短缺的场景。其中的元素 J_m（$m \in M = \{1, 2, \cdots, 2^j\}$）和 K_n（$n \in N = \{1, 2, \cdots, 2^k\}$）分别为 J 和 K 的子集。函数 $\sum_{j \in J} \sum_{k \in K} \left(d_j^k - \sum_{i \in I} x_{ij}^k\right)^+$ 可以写为 $\max\limits_{m \in M, n \in N} \sum_{j \in J_m} \sum_{k \in K_n} \left(d_j^k - \sum_{i \in I} x_{ij}^k\right)$。则约束式 (7.21) 可以写为

$$\inf \sum_{j \in J} \sum_{k \in K} \left(\eta_j^k \mu_j^k + \delta_j^k \varphi_j^k\right) + \theta \tag{7.22a}$$

$$\begin{aligned} \text{s.t.} \quad \theta \geqslant & \sum_{j \in J_m} \sum_{k \in K_n} \left(-\eta_j^k - \sum_{i \in I} x_{ij}^k\right) d_j^k \\ & - \sum_{j \in J} \sum_{k \in K} z_j^k \varphi_j^k, \ \forall (\boldsymbol{d}, \boldsymbol{z}) \in W \end{aligned} \tag{7.22b}$$

$$\varphi_j^k \geqslant 0, \ \forall j \in J, k \in K \tag{7.22c}$$

对于约束式 (7.22b)，有

$$
\begin{aligned}
\theta \geqslant & \max_{(\boldsymbol{c},\boldsymbol{z})\in W} \sum_{j\in J_m}\sum_{k\in K_n}\left(-\eta_j^k - \sum_{i\in I} x_{ij}^k\right)\tilde{c}_j^k \\
& - \sum_{j\in J}\sum_{k\in K} z_j^k \varphi_j^k, \ \forall m\in M, n\in N
\end{aligned}
\tag{7.23}
$$

对于任意 $m\in M$ 和 $n\in N$，上述约束的右端可以提取并修改为

$$\max \sum_{j\in J_m}\sum_{k\in K_n}\left(-\eta_j^k - \sum_{i\in I} x_{ij}^k\right)d_j^k - \sum_{j\in J}\sum_{k\in K} z_j^k\varphi_j^k \tag{7.24a}$$

$$\text{s.t.}\ \ d_j^k \leqslant \bar{d}_j^k,\ \forall j\in J, k\in K \tag{7.24b}$$

$$-d_j^k \leqslant -\underline{d}_j^k,\ \forall j\in J, k\in K \tag{7.24c}$$

$$d_j^k - z_j^k \leqslant \mu_j^k,\ \forall j\in J, k\in K \tag{7.24d}$$

$$-d_j^k - z_j^k \leqslant -\mu_j^k,\ \forall j\in J, k\in K \tag{7.24e}$$

定义式 (7.24) 中的约束所对应的对偶乘子为 $\alpha'_{jk}, \beta'_{jk}, \gamma'_{jk}, \theta'_{jk}$，将上述模型进行对偶转化得到：

$$\min \sum_{j\in J}\sum_{k\in K} \bar{c}_j^k\alpha'_{jk} - \underline{\tilde{c}}_j^k\beta'_{jk} + \mu_j^k\left(\gamma'_{jk} - \theta'_{jk}\right) \tag{7.25}$$

$$\text{s.t.}\ \ \alpha'_{jk} - \beta'_{jk} + \gamma'_{jk} - \theta'_{jk} \geqslant -\eta_j^k - \sum_{i\in I} x_{ij}^k,\ \forall j\in J, k\in K \tag{7.26}$$

$$\gamma'_{jk} + \theta'_{jk} \leqslant \varphi_j^k,\ \forall j\in J, k\in K \tag{7.27}$$

$$\alpha'_{jk}, \beta'_{jk}, \gamma'_{jk}, \theta'_{jk} \geqslant 0,\ \forall j\in J, k\in K \tag{7.28}$$

将本结果替换到约束式 (7.23) 中，并将问题式 (7.14) 与其他部分结合，最终得到精确转化。 ■

2. 基于 LDR 的模型近似转化

由于对偶转化后依然存在分段函数，模型的复杂度将随问题规模扩大而呈指数级增加（有 $2^{|J|+|K|}$ 个分段）。为了解决该问题，引入 LDR 技术，并对分布式鲁棒优化模型进行近似转化。首先处理分布式鲁棒优化模型目标函数中的凸分段函数（7.13)，并重写如下:

$$\sup_{\mathbb{P}\in\mathbb{F}} \mathbb{E}_{\mathbb{P}} \sum_{j\in J}\sum_{k\in K} n_{jk}\left(\tilde{\boldsymbol{c}}, \tilde{\boldsymbol{z}}\right) \tag{7.29a}$$

$$\text{s.t.}\quad n_{jk}(\boldsymbol{c},\boldsymbol{z}) \geqslant \tilde{c}_j^k - \sum_{i\in I} x_{ij}^k,\quad \forall j \in J, k \in K, (\boldsymbol{c},\boldsymbol{z}) \in W \tag{7.29b}$$

$$n_{jk}(\boldsymbol{c},\boldsymbol{z}) \geqslant 0,\quad \forall j \in J, k \in K, (\boldsymbol{c},\boldsymbol{z}) \in W \tag{7.29c}$$

其中，物资短缺量 $n_{jk}(\boldsymbol{c},\boldsymbol{z})$ 为 $\tilde{c}_j^k$ 和 $\tilde{z}_j^k$ 的函数。参考 Goh 等[158] 研究中的 LDR 方法来处理 $n_{jk}(\boldsymbol{c},\boldsymbol{z})$，将物资短缺量设置为 $\tilde{c}_j^k$ 和 $\tilde{z}_j^k$ 的仿射函数，如：

$$n_{jk}(\boldsymbol{c},\boldsymbol{z}) = n_{jk}^0 + n_{jk}^1\tilde{c}_j^k + n_{jk}^2\tilde{z}_j^k,\ \forall j \in J, k \in K \tag{7.30}$$

其中，n_{jk}^0、n_{jk}^1 和 n_{jk}^2 为决策变量，目标函数（7.14a）可以用以下模型来表示：

$$\begin{aligned} &\sup \int_W n_{jk}(\boldsymbol{c},\boldsymbol{z})\mathrm{d}F(\boldsymbol{c},\boldsymbol{z}) \\ &\text{s.t. 式 (7.14b)} \sim \text{式 (7.14e)} \end{aligned} \tag{7.31}$$

对 $\mathrm{d}F(\boldsymbol{c},\boldsymbol{z})$ 进行决策，提出命题 7.3。

命题 7.3 模型（7.31）可以重写为如下形式：

$$\min \sum_{j\in J}\sum_{k\in K}\left(\eta_j^k\mu_j^k + \sigma_j^k\varphi_j^k\right) + \theta \tag{7.32a}$$

$$\text{s.t.}\quad \theta - n_{jk}^0 \geqslant \bar{c}_j^k\alpha_{jk}^0 - \underline{c}_j^k\beta_{jk}^0 + \mu_j^k\left(\gamma_{jk}^0 - \theta_{jk}^0\right),\ \forall j \in J, k \in K \tag{7.32b}$$

$$\alpha_{jk}^0 - \beta_{jk}^0 + \gamma_{jk}^0 - \theta_{jk}^0 = n_{jk}^1 - \eta_j^k,\ \forall j \in J, k \in K \tag{7.32c}$$

$$\gamma_{jk}^0 + \theta_{jk}^0 = \varphi_j^k - n_{jk}^2,\ \forall j \in J, k \in K \tag{7.32d}$$

$$\alpha_{jk}^0, \beta_{jk}^0, \gamma_{jk}^0, \theta_{jk}^0 \geqslant 0,\ \forall j \in J, k \in K \tag{7.32e}$$

$$\varphi_j^k \geqslant 0,\ \forall j \in J, k \in K \tag{7.32f}$$

$$n_{jk}^0 + \sum_{i\in I} x_{ij}^k \geqslant \bar{c}_j^k\alpha_{jk}^3 - \underline{c}_j^k\beta_{jk}^3 + \mu_j^k\left(\gamma_{jk}^3 - \theta_{jk}^3\right),\ \forall j \in J, k \in K \tag{7.33a}$$

$$\alpha_{jk}^3 - \beta_{jk}^3 + \gamma_{jk}^3 - \theta_{jk}^3 = 1 - n_{jk}^1,\ \forall j \in J, k \in K \tag{7.33b}$$

$$\gamma_{jk}^3 + \theta_{jk}^3 = n_{jk}^2,\ \forall j \in J, k \in K \tag{7.33c}$$

$$\alpha_{jk}^3, \beta_{jk}^3, \gamma_{jk}^3, \theta_{jk}^3 \geqslant 0,\ \forall j \in J, k \in K \tag{7.33d}$$

$$n_{jk}^0 \geqslant \bar{c}_j^k\alpha_{jk}^1 - \underline{c}_j^k\beta_{jk}^1 + \mu_j^k\left(\gamma_{jk}^1 - \theta_{jk}^1\right),\ \forall j \in J, k \in K \tag{7.34a}$$

$$\alpha_{jk}^1 - \beta_{jk}^1 + \gamma_{jk}^1 - \theta_{jk}^1 = -n_{jk}^1,\ \forall j \in J, k \in K \tag{7.34b}$$

$$\gamma_{jk}^1 + \theta_{jk}^1 = n_{jk}^2,\ \forall j \in J, k \in K \tag{7.34c}$$

$$\alpha_{jk}^1, \beta_{jk}^1, \gamma_{jk}^1, \theta_{jk}^1 \geqslant 0, \quad \forall j \in J, k \in K \tag{7.34d}$$

其中，$\alpha_{jk}^0, \beta_{jk}^0, \gamma_{jk}^0, \theta_{jk}^0$、$\alpha_{jk}^1, \beta_{jk}^1, \gamma_{jk}^1, \theta_{jk}^1$ 以及 $\alpha_{jk}^3, \beta_{jk}^3, \gamma_{jk}^3, \theta_{jk}^3$ 为拉格朗日乘子。

证明 7.3 将模型（7.31）进行对偶转化，可以得到：

$$\min \sum_{j \in J} \sum_{k \in K} \left(\eta_j^k \mu_j^k + \sigma_j^k \varphi_j^k\right) + \theta \tag{7.35a}$$

$$\text{s.t.} \quad c_j^k \eta_j^k + z_j^k \varphi_j^k + \theta \geqslant n_{jk}(\boldsymbol{c}, \boldsymbol{z}), \ \forall (\boldsymbol{c}, \boldsymbol{z}) \in W, j \in J, k \in K \tag{7.35b}$$

$$\varphi_j^k \geqslant 0, \ \forall j \in J, k \in K \tag{7.35c}$$

结合 LDR 约束式 (7.30)，式 (7.35b) 可转化为

$$\theta - n_{jk}^0 \geqslant c_j^k \left(n_{jk}^1 - \eta_j^k\right) + z_j^k \left(n_{jk}^2 - \varphi_j^k\right), \ \forall (\boldsymbol{c}, \boldsymbol{z}) \in W, j \in J, k \in K \tag{7.36}$$

将约束式 (7.36) 的不等号右端转化为如下形式：

$$\max \sum_{j \in J} \sum_{k \in K} c_j^k \left(n_{jk}^1 - \eta_j^k\right) + \sum_{j \in J} \sum_{k \in K} z_j^k \left(n_{jk}^2 - \varphi_j^k\right) \tag{7.37a}$$

$$\text{s.t.} \quad c_j^k \leqslant \bar{c}_j^k, \ \forall j \in J, k \in K \tag{7.37b}$$

$$-c_j^k \leqslant -\underline{c}_j^k, \ \forall j \in J, k \in K \tag{7.37c}$$

$$c_j^k - z_j^k \leqslant -\mu_j^k, \ \forall j \in J, k \in K \tag{7.37d}$$

$$-c_j^k - z_j^k \leqslant \mu_j^k, \ \forall j \in J, k \in K \tag{7.37e}$$

其对偶问题可写为如下形式：

$$\min \sum_{j \in J} \sum_{k \in K} \left[\bar{c}_j^k \alpha_{jk}^0 - \underline{c}_j^k \beta_{jk}^0 + \mu_j^k \left(\gamma_{jk}^0 - \theta_{jk}^0\right)\right] \tag{7.38}$$

$$\text{s.t.} \quad \text{式 (7.32c)} \sim \text{式 (7.32e)}$$

约束式 (7.36) 可用式 (7.32b)～式 (7.32e) 来代替。同理，根据式 (7.30)，约束式 (7.29b) 可转化为如下形式：

$$n_{jk}^0 + \sum_{i \in I} x_{ij}^k \geqslant c_j^k \left(1 - n_{jk}^1\right) - z_j^k n_{jk}^2, \ \forall j \in J, k \in K, (\boldsymbol{c}, \boldsymbol{z}) \in W$$

最终根据对偶理论得到式 (7.33)。

同理，约束式 (7.29c) 可以根据式 (7.30) 表示为如下形式：

$$n_{jk}^0 \geqslant c_j^k \left(1 - n_{jk}^1\right) - z_j^k n_{jk}^2, \ \forall j \in J, k \in K, (\boldsymbol{c}, \boldsymbol{z}) \in W$$

对偶转化后得到式 (7.34)，最终命题 7.3 得证。 ■

备注 根据命题 7.3，将分布式鲁棒优化模型中所包含的项 $\sup\limits_{\mathbb{P}\in\mathbb{F}}\mathbb{E}_{\mathbb{P}}\left[(\cdot)^{+}\right]$ 替换后得到最终基于 LDR 方法的近似模型，如下所示：

$$\begin{aligned}&\min\sum_{i\in I}\sum_{l\in L}f_l y_{il}+\sum_{i\in I}\sum_{k\in K}q_k r_i^k+\sum_{i\in I}\sum_{j\in J}\sum_{k\in K}md_{ij}x_{ij}^k\\&+\Pi_k\left[\sum_{j\in J}\sum_{k\in K}\left(\eta_j^k\mu_j^k+\sigma_j^k\varphi_j^k\right)+\theta\right]\end{aligned}\tag{7.39}$$

约束为式 (7.4)～式 (7.8)、式 (7.32b)～式 (7.32f)、式 (7.33) 及式 (7.34)。

分布式鲁棒优化模型中的项 $\sum_{j\in J}\sum_{k\in K}\left(\tilde{c}_j^k-\sum_{i\in I}x_{ij}^k\right)^{+}$ 是含有 $2^{|J|+|K|}$ 个分段的凸函数，其复杂度随着节点数量和需求类型的增加呈指数级增加。通过上述方法，近似后的模型含有 $2|I|+|I||K|+|I||L|+14|J||K|$ 个约束和 $|I||L|+|I||K|+|I||J||K|+15|J||K|+1$ 个决策变量，模型复杂度随节点数增加有明显减小的趋势，因此能够应对大规模问题。后续将通过数值实验对模型和求解方法进行验证分析。

7.2.5 考虑次生灾害的分布式鲁棒优化模型

本节将分布式鲁棒优化基础模型进行了扩展，构建三阶段分布式鲁棒优化模型以解决考虑次生灾害的单周期应急物流网络优化问题。该问题具有三阶段的性质，即在第一阶段需求未知的情况下，事先确定应急物资配送中心的位置及库存量；在第二阶段，结合第一阶段的决策和不确定需求量模糊集合找出对应的最极端需求量概率分布下的物资分配方案；第三阶段结合前两阶段的决策，根据次生灾害产生的需求量进行应急物资分配。每个阶段不同的决策会对后续阶段的决策产生影响，而每个后续阶段的成本反映了前序阶段的决策效果。

对分布式鲁棒优化模型进行修改和扩展，引入决策变量 $x_{ij}^{\prime k}$ 表示次生灾害发生后的物资运输决策，$\tilde{c}_j^{\prime k}$ 表示次生灾害下的不确定需求量，$\mathbb{P}_1$ 表示原生灾害下需求量的概率分布，$\mathbb{F}_1$ 表示 $\mathbb{P}_1$ 所属模糊集合，$\mathbb{P}_2$ 表示次生灾害下需求量的概率分布，$\mathbb{F}_2$ 表示 $\mathbb{P}_2$ 所属模糊集合，$p,p^{'}$ 分别表示原生灾害与次生灾害的灾害等级随机场景的发生概率。具体模型如下所示：

$$\min\sum_{i\in I}\sum_{l\in L}f_l y_{il}+\sum_{i\in I}\sum_{k\in K}q_k r_i^k+Q_1(\boldsymbol{r})+p^{'}Q_2(\boldsymbol{r},\boldsymbol{x})\tag{7.40}$$

其中

$$Q_1(\boldsymbol{r})=\sum_{i\in I}\sum_{j\in J}\sum_{k\in K}md_{ij}x_{ij}^k+\Pi_k\sup_{\mathbb{P}_1\in\mathbb{F}_1}\mathbb{E}_{\mathbb{P}}\left(\sum_{j\in J}\sum_{k\in K}\left(\tilde{c}_j^k-\sum_{i\in I}x_{ij}^k\right)^{+}\right)$$

表示在第一阶段的选址及库存决策的基础上，原生灾害发生后的救援成本，包括物资运输成本及物资短缺惩罚成本。

$$Q_2(\boldsymbol{r},\boldsymbol{x})=\sum_{i\in I}\sum_{j\in J}\sum_{k\in K}md_{ij}x_{ij}^{'k}+\Pi_k\sup_{\mathbb{P}_2\in\mathbb{F}_2}\mathbb{E}_{\mathbb{P}}\left(\sum_{j\in J}\sum_{k\in K}\left(\tilde{c}_j^{'k}-\sum_{i\in I}x_{ij}^{'k}\right)^+\right)$$

表示在第一阶段设施选址及库存、第二阶段原生灾害救援决策的基础上，次生灾害发生后的救援成本，包括物资从配送中心到需求点的运输成本及物资短缺惩罚成本。

在原有约束式 (7.4)、式 (7.5)，以及式 (7.7)、式 (7.8) 的基础上，增加次生灾害下可用物资数量的约束:

$$\sum_{j\in J}\sum_{k\in K}\left(x_{ij}^k+x_{ij}^{'k}\right)\leqslant r_i^k,\ \forall i\in I \tag{7.41}$$

$$x_{ij}^{'k}\geqslant 0,\ \forall i\in I,j\in J,k\in K \tag{7.42}$$

类似地，根据对基本模型的处理方法对扩展后模型中的非线性项及最小–最大目标函数进行转化处理，最终得到解决方案及结论分析将在下文进行详细描述。

7.2.6 数值实验

本数值实验以地震等灾害常发地青海省玉树为案例背景，将不同等级的配送中心的容量 (l_1,l_2,l_3) 分别设置为 $(1\times10^4,\ 2\times10^4,\ 3\times10^4)$，相应的开放成本设置为 $(5\times10^5,\ 6\times10^5,\ 7\times10^5)$（单位：元）。应急物资（食物，水，药品，帐篷）的采购成本设置为 (1, 15, 20, 230)（单位：元/份），每份占用容量为 (0.001, 0.1, 0.005, 0.2)（单位：平方米）。选择四川省易发生灾害的 23 个县市，根据地区之间的距离计算物资运输成本，根据 Ni 等[61] 的研究设置每单位的物资运输成本 m=120 元。原生灾害下的不确定需求量模糊集合的构建基于中国地震局①、国家统计局②所提供的地震灾害相关统计数据。在现有数据的基础上，次生灾害下不确定需求量的模糊集合与原生灾害类似，且次生灾害的发生概率初始值设置为 $p^{'}=0.1\%$。

7.2.7 结果分析

1. 选址及库存决策

首先分析配送中心的选址决策，如图 7.1 所示。从图 7.1 中的数据可以看出，为了及时提供救援资源，并使运输成本最小化，需要开设更多的配送中心，特别是在可能遭受更严重灾害的地区。考虑到总成本以及运输成本之间的均衡，需求

① 官网：https://www.cea.gov.cn。

② 官网：http://www.stats.gov.cn。

较少的区域从就近开放的配送中心运输物资，以使救援总成本最小化。另外，从图 7.1 中可以看出，随机优化（简记为 SP）模型下开放的配送中心数量更少，容量更小，这是因为分布式鲁棒优化方法是通过有限的不确定需求量分布信息做出的决策，而 SP 则假设需求量分布信息已知，并依据历史数据进行优化。但在随机生成的测试案例表现分析中，分布式鲁棒优化表现会优于 SP。

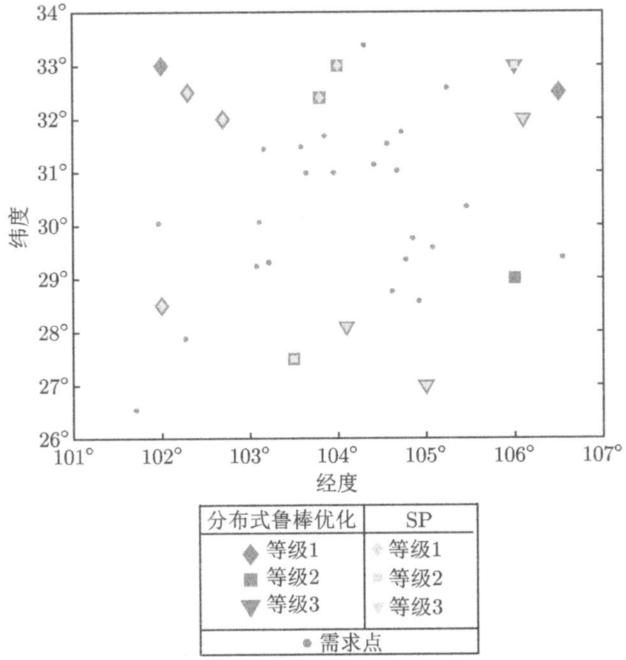

图 7.1 配送中心的选址及容量选择决策

在应急救援中，应急物资的运输时间是一项衡量救援效率的重要指标。在需求量分布信息有限的情况下，分布式鲁棒优化方法更倾向于在潜在需求更多的地区的附近建立配送中心，进而减少物资运输时间。根据选址决策，每个配送中心采购应急救援资源如表 7.2 所示。从结果中可以看出，为了加快灾后应急响应速度，迅速提供应急资源，需要在需求量较大的地区开放较多的应急设施和部署充分的应急物资。

以上结果表明在预算或者应急物资短缺的情况下，将应急物资配送中心建立在距离发生灾害较严重的地区，能够在提高应急物流网络的响应速度的同时覆盖到大多数的灾民以最大化整体救援效率，受灾较轻的地区的灾民也会被分配到较近的配送中心。另外，为了灾后的快速响应，管理者在掌握了足够的数据时，应当根据对灾情的预测，优先对可能遭受较严重灾害的地区提前进行物资储备，以缓解灾后初期由于需求量暴增导致物资短缺的情况。

表 7.2　每个配送中心的物资采购数量（单位：份）

j	$k=(1,2,3,4)$	j	$k=(1,2,3,4)$
1	(2 000,1 000,1 200,200)	13	(0,0,0,0)
2	(0,0,0,0)	14	(0,0,0,0)
3	(13 010,6 505,7 806,1 301)	15	(26 000,151 473,15 600,47 600)
4	(20 000,10 000,12 000,2 000)	16	(0,17 520,0,58 800)
5	(125 000,62 500,75 000,12 500)	17	(588 000,276 480,352 800,0)
6	(0,0,0,0)	18	(0,0,0,0)
7	(242 464,121 232,145 478,24 246)	19	(0,0,0,4 290)
8	(0,0,0,0)	20	(0,0,0,0)
9	(417 000,208 500,250 200,37 410)	21	(0,0,0,0)
10	(205 000,102 500,123 000,20 500)	22	(0,0,0,0)
11	(200 000,100 000,120 000,20 000)	23	(0,0,0,0)
12	(714 153,218 603,428 492,26 415)	—	—

2. 灾前准备成本灵敏度分析

应急物流网络优化设计中灾前的设施选址、库存等决策对灾后的响应速度、救援能力影响巨大。但考虑到成本预算以及物流网络优化决策的保守性与救援效果之间的关系，本节将通过灾前准备阶段的成本灵敏度分析惩罚成本（PCost）、救援总成本（TCost）与灾前准备成本（RCost）的变化趋势。如图 7.2 所示，当灾前准备成本较低时，开放的设施数量少以及应急物资采购不足等造成的物资短缺惩罚成本在总成本中占比较大，这突显了灾前准备决策对救援效果的重要性。但是灾前准备成本的增加并不总是能够减少总救援成本。从图 7.2 中可以看出，当灾前准备成本为 8.55×10^7 元时，惩罚成本减少为 0，即此时的准备成本足以应对最

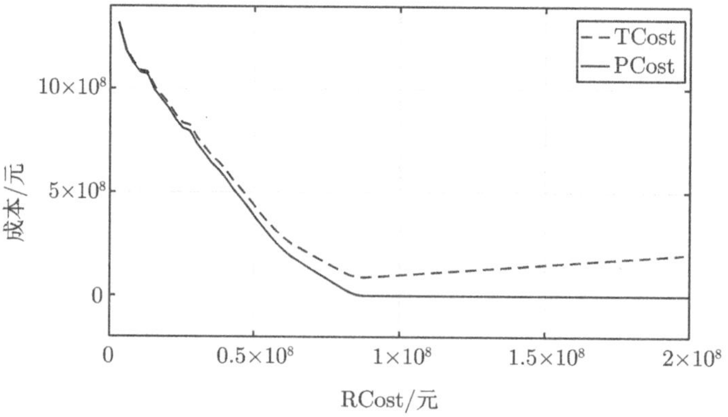

图 7.2　灾前准备成本灵敏度分析

坏情况下的物资需求。这也说明了总救援成本不总是随着灾前准备成本的增加而减少，而是存在转折点（灾前准备成本为 8.55×10^7 元, 救援总成本为 3.53×10^6 元），即此时需求已经全部得到满足，而此后灾前准备成本的增加不会改善救援效果。因此，盲目地增加灾前准备预算来提高灾后救援的效率与效果是不现实和不明智的，决策者应根据现有数据和他们的决策态度制订合理的灾前准备计划，以减少资源浪费。

3. 短缺成本灵敏度分析

不同的物资短缺惩罚成本对模型决策有不同的影响。如图 7.3所示，当惩罚因子 Π_k 较小时，准备成本会有所减少，但灾前的准备不足会导致灾后物资的大量短缺。而当增加 Π_k 时，模型会增加灾前准备成本，尽可能减少灾后物资短缺造成巨大的惩罚成本。

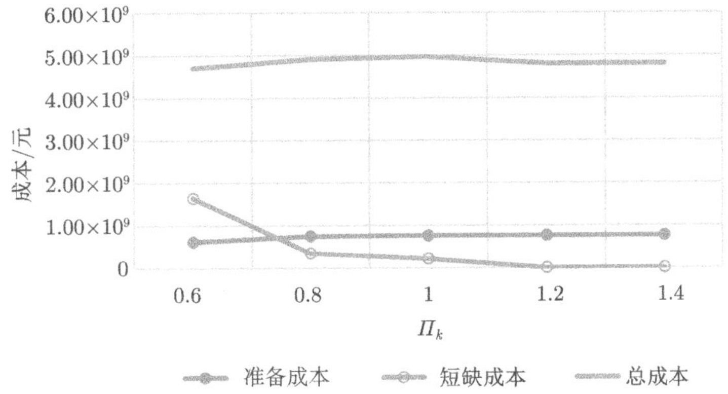

图 7.3 物资短缺惩罚成本的影响

4. 模型理论上下界验证

根据前文对所建立分布式鲁棒优化模型的上下界分析，本节将通过调节与不确定需求相关的数据量对比分布式鲁棒优化的目标函数值及其上下界。如图 7.4 所示，分布式鲁棒优化模型下总救援成本与理论分析的上界之间的差距最小达到 2.6%，与下界之间的最小差距达到 5.73%。因此根据已掌握的相关数据，通过计算目标函数的理论上下界，能够为成本预算等方面的决策提供参考依据。

5. 不同模型求解方法的表现

正如前文所述，分布式鲁棒优化模型经过精确转化后由于含有分段函数，因此当问题规模扩大时会增加求解时间，而提出的近似转化方法则能够减小模型的复杂度，本节将通过求解不同规模的问题来比较两种方法在计算性能上的表现，如

表 7.3 所示。其中“—”表示在 3600 秒的计算时间限制内无法得到可行解。可以看出，精确转化的方法在计算小规模算例时的解的质量高于近似转化的方法，但随着问题规模的增加，近似转化方法的优势逐渐突显，如当节点数量达到 40 个时，近似转化方法的计算时间远远小于精确转化方法，并且与精确转化得到解的质量相差较小，而当节点数量增加时，近似转化方法仍能在较短时间内计算出结果，而精确转化方法此时无法在规定的时间内得到可行解。

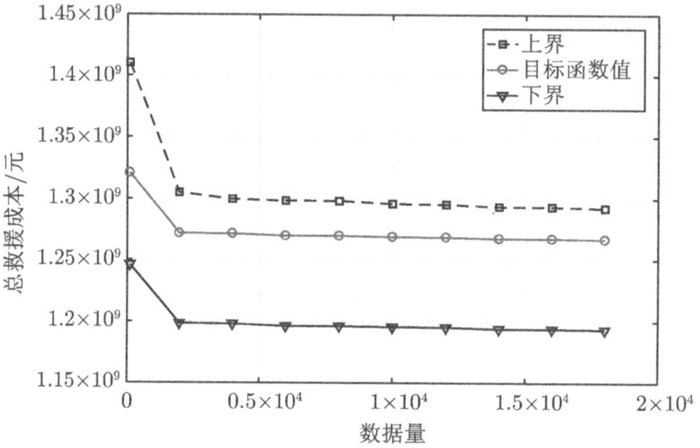

图 7.4 不同可用数据量下的目标函数值及其上下界

表 7.3 精确转化与近似转化在模型计算上的对比分析

$\|J\|$	精确转化		近似转化	
	求解时间/秒	目标函数值	求解时间/秒	目标函数值
10	129.24	9.96×10^7	2.34	9.96×10^7
20	968.23	1.44×10^8	4.11	1.44×10^8
30	2121.84	2.10×10^8	129.32	2.11×10^8
40	3567.32	3.21×10^8	232.42	3.23×10^8
50	—	—	321.23	2.09×10^8
100	—	—	489.31	1.23×10^8

6. 测试案例下的模型表现

本节首先根据历史数据的分布信息生成样本外的数据，通过解决不同的测试案例来分析通过样本内数据得到的最优解的表现。样本内案例用标号 0 来表示，结果如图 7.5所示，获得的解决方案在处理不同的测试案例时表现良好。具体来说，样本内不同指标的平均偏差为负值 [如短缺成本 (−37.06%)、总成本 (−0.17%)]，说明测试方案足以处理不同的样本外测试案例。

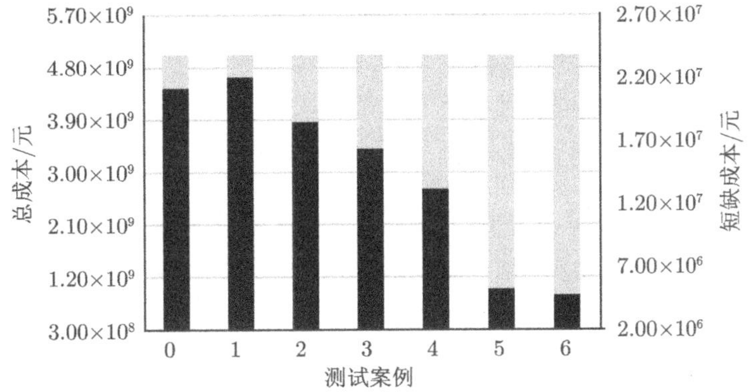

图 7.5 不同测试案例下决策的表现

灰色柱表示总成本，黑色柱表示短缺成本

7. 分布式鲁棒优化模型表现分析

为了验证分布式鲁棒优化模型的表现，通过生成 100 个样本外测试案例，分别对确定性模型（简记为 DET 模型，$\tilde{c}_j^k=\mu_j^k$）、SP 模型（计算 100 个随机场景得到的决策）以及分布式鲁棒优化模型得出的灾前准备决策进行验证。总救援成本如表 7.4 所示，可以看出，从所有测试案例的平均表现情况来看，SP 模型分别比 DET 模型、分布式鲁棒优化模型救援成本低 3.38%、2.19%，这是因为随机优化为风险中性决策方法，其平均救援成本会低于其他建模方法的平均救援成本。对于最坏情况下的测试案例来说，DET 模型、SP 模型比分布式鲁棒优化模型的目标函数值分别高出 10.51%、6.47%。由于分布式鲁棒优化模型是通过优化最坏情况得到解，因此 SP 模型和鲁棒优化模型的平均总成本相差较小，这也证明了在极端情况下考虑最坏情况所得到解的可行性。如果排除掉救援成本在前 20%的测试案例，分布式鲁棒优化模型表现分别优于 SP 模型和 DET 模型达 1.35%、3.94%。对于开放的配送中心数量，DET 模型开放的数量最少，但是由于较高的物资短缺成本，分布式鲁棒优化模型开放了较多的配送中心以满足不同情况下的需求量，减少了物资短缺惩罚成本。总体来说，分布式鲁棒优化模型所得到的

表 7.4 DET、SP、分布式鲁棒优化模型表现分析

项目		DET	SP	分布式鲁棒优化
总成本/元	平均	7.39×10^9	7.14×10^9	7.30×10^9
	后 80%	7.61×10^9	7.41×10^9	7.31×10^9
	最坏	8.20×10^9	7.90×10^9	7.42×10^9
开放的配送中心数		(4,1,1)[a]	(5,2,3)	(5,4,4)
物资短缺惩罚成本/元		1.49×10^9	1.00×10^8	0

a （a,b,c）分别表示开放等级 1、等级 2、等级 3 级别的配送中心的数量

解决方案在大多数情况下具有一定的保守性，但在数据缺乏的情况下，分布式鲁棒优化模型得到了合理的解，因此对于那些关注极端情况下灾民的生命财产安全的管理者来说是有参考价值的。

8. 不同 MAD 值下的模型表现

我们还分析了不同 MAD 值下的配送中心选址决策是如何变化的。由图 7.6 可以看出，由于 MAD 值越小，模糊集合越小，因此通过分布式鲁棒优化开放的配送中心的数量越少、容量越小，说明制定的决策是随着需求量分布信息的准确度的提高而增加的。另外，MAD 值越大，说明数据集的偏差越大，从而构造的模糊集合范围越大，因此需要开放更多、容量更大的配送中心来应对不确定的灾后需求量。

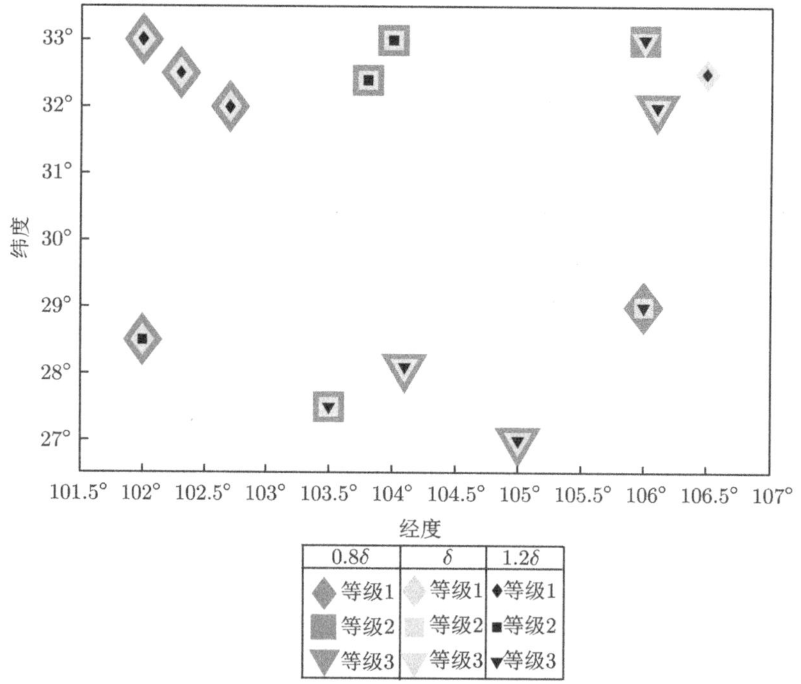

图 7.6　不同 MAD 取值下的选址决策

δ 表示 MAD 值

9. 是否考虑次生灾害对配送中心选址的影响

首先比较是否考虑次生灾害对应急物资配送中心选址决策的影响，如图 7.7 所示，不考虑次生灾害所产生的需求量、选取开放的配送中心的数量较少，以及容量较小，相反地，由于考虑到了潜在的次生灾害，在原有的选址决策基础上，将会开放更多数量、更大容量且地理分布更广的配送中心以满足所产生的需求量。

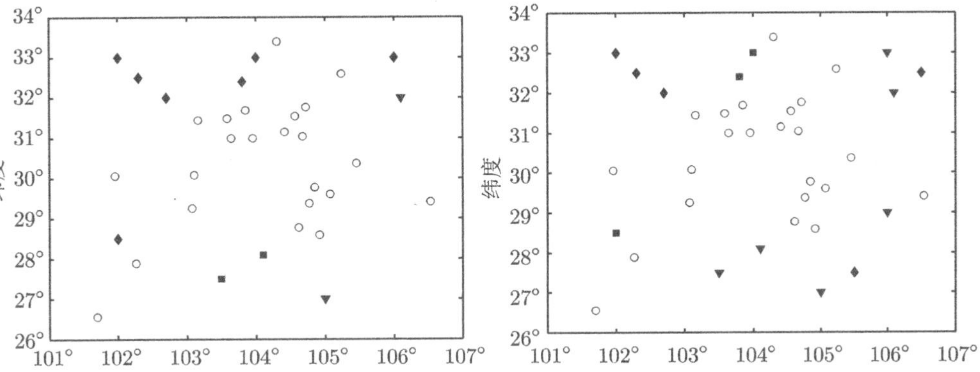

(a) 不考虑次生灾害 (b) 考虑次生灾害

图 7.7 是否考虑次生灾害时配送中心的选址决策

10. 是否考虑次生灾害对救援效果的影响

为了进一步验证考虑次生灾害对提高应急物流网络持续救援能力的影响，以库存量决策以及需求满足率作为衡量指标，对比分析了是否考虑次生灾害时应急物流网络的表现，结果如表 7.5 所示。从表 7.5 中可以看出，当考虑次生灾害时，各种类型的物资库存量均大于不考虑次生灾害的情形（平均高出约 48.33%），当次生灾害发生后会有较为充足的物资，因此提高了应对次生灾害时的物资需求满足率（平均高出约 38.72%），进而减小了由物资短缺造成的惩罚成本。

表 7.5 是否考虑次生灾害对库存量和需求满足率的影响

对比指标	考虑次生灾害 (k =1, 2, 3, 4)	不考虑次生灾害 (k =1, 2, 3, 4)
库存量/个单位	(32.60×10^6, 15.90×10^6, 20.20×10^6, 3.14×10^6)	(16.30×10^6, 8.68×10^6, 10.40×10^6, 1.74×10^6)
需求满足率	(96.75%, 100%, 100%, 100%)	(36.90%, 54.59%, 51.61%, 100%)

7.3 多周期应急物流网络分布式鲁棒优化模型构建及求解

7.3.1 问题描述

在现实案例中，持续性灾害的相关信息是逐渐披露的，因此该情形下的决策问题是动态的[159]。单周期决策由于无法根据灾害的时变性对决策进行相应的调整，因此可能会出现解决方案表现差甚至不可行的情况，本节将考虑持续性灾害下的应急物流网络多周期分布式鲁棒优化。

正如前文所提到的，基于鲁棒优化思想的多周期分布式鲁棒优化建模的首要问题是如何定义模糊集合，然后根据模糊集合优化得到能够对抗模糊集合中最坏情况的解决方案。基于前文对模糊集合的构建，假设在周期 $t=2,\cdots,T$ 的随机向量用 $\boldsymbol{\xi}_t$ 表示。考虑到模糊集合是由每个周期观测到的需求量数据构建得到的，求解过程为滚动向前的形式，本节在需求量矩信息及 MAD 的基础上，根据所收集到的需求量数据，通过更新的 μ_{jk}^t 和 σ_{jk}^t 的值，动态修正模糊集合。在周期 t 时的需求量概率分布用 $\mathbb{P}_t$ 表示，属于模糊集合 $\mathbb{F}_t$。

在 7.2 节符号说明的基础上，将单周期决策变量加入时间维度（如在周期 t 开始时是否开放应急设施决策 $y_{il}^t\in\{0,1\}$、在周期 t 各配送中心的库存决策 r_{ik}^t，以及周期 t 不同类型物资的分配决策 x_{ijk}^t 等)，同时引入新的参数如设施在不同容量等级下的单位时间运营成本 f_l'，引入新变量如设施 i 在周期 t 内是否以容量 l 运行的决策变量 $z_{il}^t\in\{0,1\}$，以及设施 i 是否在周期 t 结束时关闭的决策变量 $w_{il}^t\in\{0,1\}$，在时刻 t 配送中心的可用物资数量 A_{ik}^t。为了简便表示，以下将用粗体如 $\boldsymbol{y}^t,\boldsymbol{r}^t,\boldsymbol{x}^t$ 来表示决策向量。

多周期分布式鲁棒优化的决策制定过程如下所示：

$$\underbrace{\text{决策}\left(\boldsymbol{y}^1,\boldsymbol{r}^1,\boldsymbol{x}^1\right)}_{\text{阶段 }1}\rightarrow\cdots\rightarrow\underbrace{\text{最坏概率分布}\left(\mathbb{P}_t\right)\rightarrow\text{已知}\left(\boldsymbol{\xi}_t\right)\rightarrow\text{决策}\left(\boldsymbol{y}^t,\boldsymbol{r}^t,\boldsymbol{x}^t\right)}_{\text{阶段 }t}$$

$$\rightarrow\cdots\rightarrow\underbrace{\text{最坏概率分布}\left(\mathbb{P}_T\right)\rightarrow\text{已知}\left(\boldsymbol{\xi}_T\right)\rightarrow\text{决策}\left(\boldsymbol{y}^T,\boldsymbol{r}^T,\boldsymbol{x}^T\right)}_{\text{阶段 }T}$$

在第一阶段，根据现有数据构建模糊集合，并制定决策 $\boldsymbol{y}^1,\boldsymbol{r}^1,\boldsymbol{x}^1$；当第二阶段随机变量 $\boldsymbol{\xi}_2$ 变为已知且收集到更多相关数据后，首先对模糊集合中的参数进行更新，然后通过求解最坏的概率分布 $\mathbb{P}_2\in\mathbb{F}_2$ 得到该阶段的决策 $\boldsymbol{y}^2,\boldsymbol{r}^2,\boldsymbol{x}^2$。此过程一直持续到周期结束（$t=T$）。

7.3.2 多周期分布式鲁棒优化模型

基于前文所构建的模糊集合，本节引入均值和 MAD 的时变参数 μ_{jk}^t,σ_{jk}^t，根据所得到的需求量相关数据对原模糊集合进行修正，进而得到模糊集合 $\mathbb{F}_t$ 和支撑集合 W_t，如下所示。

$$\mathbb{F}_t=\left\{\mathbb{P}_t\left|\begin{array}{l}\mathbb{E}_{\mathbb{P}_t}\left(\tilde{c}_{jk}^t\right)=\mu_{jk}^t,\forall j\in J,k\in K,t\in\{1,\cdots,T\}\\ \mathbb{E}_{\mathbb{P}_t}\left(\left|\tilde{c}_{jk}^t-\mu_{jk}^t\right|\right)\leqslant\sigma_{jk}^t,\forall j\in J,k\in K,t\in\{1,\cdots,T\}\\ \mathbb{P}_t\left(\tilde{\boldsymbol{c}}\in W_t\right)=1,\forall t\in\{1,\cdots,T\}\end{array}\right.\right\}$$

$\tilde{c}_{jk}^{t}$ 的支撑集合：

$$W_t = \left\{ \boldsymbol{c} \left| c_{jk}^{t} \in \left[\underline{c}_{jk}^{t}, \bar{c}_{jk}^{t} \right] \right., \forall j \in J, k \in K, t \in \{1, \cdots, T\} \right\}$$

基于此，下面将以最小化总救援成本为优化目标，建立多周期应急物流网络优化的贝尔曼方程。处于初始时刻（$t=1$）时的目标函数为

$$Q_1 = \min_{\boldsymbol{r}^1, \boldsymbol{x}^1} \left\{ g_1\left(\boldsymbol{y}^1, \boldsymbol{r}^1, \boldsymbol{x}^1\right) + \max_{\mathbb{P}_2 \in \mathbb{F}_2} \mathbb{E}_{\mathbb{P}_2}\left[Q_2\left(\boldsymbol{r}^1, \boldsymbol{x}^1, \boldsymbol{\xi}_2\right) \right] \right\} \tag{7.43}$$

当 $t = 2, \cdots, T-1$ 时，目标函数为

$$\begin{aligned} Q_t\left(\boldsymbol{r}^{t-1}, \boldsymbol{x}^{t-1}, \boldsymbol{\xi}_t\right) = \min_{\boldsymbol{y}^t, \boldsymbol{r}^t, \boldsymbol{x}^t} \Bigg\{ & g_t\left(\boldsymbol{y}^t, \boldsymbol{r}^t, \boldsymbol{x}^t\right) \\ & + \max_{\mathbb{P}_{t+1} \in \mathbb{F}_{t+1}} \mathbb{E}_{\mathbb{P}_{t+1}}\left[Q_2\left(\boldsymbol{r}^t, \boldsymbol{x}^t, \boldsymbol{\xi}_{t+1}\right) \right] \Bigg\} \end{aligned} \tag{7.44}$$

在最后一个决策周期 $t = T$ 时，目标函数为

$$Q_T\left(\boldsymbol{r}^{T-1}, \boldsymbol{x}^{T-1}, \xi_T\right) = \min_{\boldsymbol{y}^T, \boldsymbol{r}^T, \boldsymbol{x}^T} \left\{ g_T\left(\boldsymbol{y}^T, \boldsymbol{r}^T, \boldsymbol{x}^T\right) \right\} \tag{7.45}$$

其中

$$\begin{aligned} g_t = & \sum_{i,l,t} f_l y_{il}^t + \sum_{i,k,t} q_k r_{ik}^t + \sum_{i,l,t} f_l^{'} z_{il}^t + \sum_{i,j,k,t} m d_{ij} x_{ijk}^t \\ & + \Pi_k \sup_{\mathbb{P}_t \in \mathbb{F}_t} \mathbb{E}_{\mathbb{P}} \left[\sum_{j,k,t} \left(\tilde{c}_{jk}^t - \sum_{i \in I} x_{ijk}^t \right)^+ \right] \end{aligned}$$

约束条件如下：

$$\sum_{l \in L} y_{il}^t \leqslant 1, \ \forall i \in I, t \in \{1, \cdots, T\} \tag{7.46}$$

$$\sum_{l \in L} z_{il}^t \leqslant 1, \ \forall i \in I, t \in \{1, \cdots, T\} \tag{7.47}$$

$$\sum_{k \in K} \left(r_{ik}^t + A_{ik}^t \right) \leqslant \sum_{l \in L} V_l z_{il}^t, \ \forall i \in I, t \in \{1, \cdots, T\} \tag{7.48}$$

$$\sum_{j \in J} x_{ijk}^t \leqslant A_{ik}^t, \ \forall i \in I, k \in K, t \in \{1, \cdots, T\} \tag{7.49}$$

$$A_{ik}^t \leqslant \sum_{t \in T} r_{ik}^t - \sum_{j \in J} \sum_{\tau=1}^{t-1} x_{ijk}^{\tau}, \ \forall i \in I, k \in K \tag{7.50}$$

$$y_{il}^t \geqslant z_{il}^t - z_{il}^{(t-1)}, \ \forall i \in I, l \in L, t \in \{1, \cdots, T\} \tag{7.51}$$

$$w_{il}^t \geqslant z_{il}^t - z_{il}^{(t+1)}, \ \forall i \in I, l \in L, t \in \{1, \cdots, T\} \tag{7.52}$$

$$\sum_{l \in L} z_{il}^{(0)} = 0, \ \forall i \in I \tag{7.53}$$

$$\sum_{l \in L} z_{il}^{(T+1)} = 0, \ \forall i \in I \tag{7.54}$$

$$y_{il}^t \in \{0,1\}, \ \forall i \in I, l \in L, t \in \{1, \cdots, T\} \tag{7.55}$$

$$z_{il}^t \in \{0,1\}, \ \forall i \in I, l \in L, t \in \{1, \cdots, T\} \tag{7.56}$$

$$A_{ik}^t, r_{ik}^t, x_{ijk}^t \geqslant 0, \ \forall i \in I, j \in J, k \in K, t \in \{1, \cdots, T\} \tag{7.57}$$

目标函数（7.43）～函数（7.45）表示所有周期内配送中心的开放成本、运营成本、物资采购成本、运输成本以及需求未满足的惩罚成本的总和。式 (7.46) 表示在每个决策周期内，每个配送中心只能选择一个容量等级开放。式 (7.47) 表示在每个决策周期内，每个配送中心开放运营的容量等级约束。式 (7.48) 表示任何时刻配送中心的容量限制。式 (7.49) 表示从配送中心运往受灾点的物资数量受限于每个配送中心当前可用物资量。式 (7.50) 表示每个配送中心在每个决策周期时的剩余可用物资数量约束。式 (7.51)～式 (7.54) 表示每个决策周期配送中心的开放决策和运营决策之间的关系。式 (7.55)～式 (7.57) 为决策变量的取值范围约束。

7.3.3　模型求解方法

基于前文对模型求解算法的描述，本节所建立的多周期分布式鲁棒优化模型首先根据本章所述的 LDR 方法，将其转化为近似形式。由于与单周期决策模型目标函数中的凸分段函数 $\sup\limits_{\mathbb{P} \in \mathbb{F}} \mathbb{E}_{\mathbb{P}} \left[(\cdot)^+ \right]$ 一致，因此其转化方法和近似方法相同，并可直接代入本节所建立的模型中以降低求解难度。在此基础上，结合前文所介绍的 RH 求解方法，根据信息的更新动态制定应急物流网络优化决策。在 RH 求解过程中，由于周期 1 到 $t-1$ 的决策已经得出并实施，因此可将所得解作为已知项输入到决策周期 t 的优化模型中，以此来降低模型求解难度。因此只关注决策时间点 t 时的决策变量的优化，最终得出在决策周期 t 时的优化模型为

$$
\begin{aligned}
\text{AMDRO} = \min & \sum_{i,l,t} f_l y_{il}^t + \sum_{i,k,t} q_k r_{ik}^t + \sum_{i,l,t} f_l' z_{il}^t + \sum_{i,j,k,t} m d_{ij} x_{ijk}^t \\
& + \varPi_k \left[\sum_{j \in J} \sum_{k \in K} \left(\eta_j^k \mu_j^k + \sigma_j^k \varphi_j^k \right) + \theta \right]
\end{aligned} \tag{7.58}
$$

s.t. 式 (7.32b) ~ 式 (7.32f)、式(7.33)、式(7.34)、式(7.46) ~ 式(7.57)

针对此问题，RH 方法如算法 4 所示。

算法 4 多周期分布式鲁棒优化 RH 求解方法

输入： $t=1$，周期 t 时需求量相关数据，是否停止 = 否；

输出： 每个周期的应急物流优化设计决策方案；

while 是否停止 = **否 do**
  根据现有数据构建和修正不确定需求量的模糊集合；
  根据所建立的模糊集合优化模型（7.58）在周期 t 时的应急物流网络；
  if $t > T$ **then**
    是否停止 = **是**；
  else
    实施周期 t 的决策；
    更新决策周期计数 $t = t + 1$；
  end if
end while

7.4 联合优化模型扩展

在前文的基础上，考虑到灾害发生后对伤员疏散的需求，为了突出本章建立模型的可拓展性，本节将上述模型修改为同时考虑人员疏散和物资分配的联合优化模型。首先引入新的决策变量和参数如表 7.6 所示。

与构建不确定需求量的模糊集合相同，通过伤员数的均值、上下界以及 MAD 构建模糊集合。如 $\mathbb{F}_1'$ 表示原生灾害下不确定伤员数的模糊集合，$\mathbb{F}_2'$ 为次生灾害下不确定伤员数的模糊集合。根据以上符号表示，目标函数包括灾前分配中心的开放成本以及预置库存的采购成本、庇护所的开放成本，如下所示：

$$
\min \sum_{i,l} f_l y_{il} + \sum_{g} f_g' w_g + \sum_{i,k} q_k r_i^k + p Q_1(\boldsymbol{r}) + p' Q_2(\boldsymbol{r}, \boldsymbol{x})
$$

其中

$$
Q_1(\boldsymbol{r}) = \sum_{i,j,k} m d_{ij} x_{ij}^k + \pi m' \sum_{j,g} d_{jg} z_{jg}' + \sum_{j} u_j' + \varPi_k \sup_{\mathbb{P}_1 \in \mathbb{F}_1} \mathbb{E}_{\mathbb{P}} \left[\sum_{j,k} \left(\tilde{c}_j^k - \sum_{i \in I} x_{ij}^k \right)^+ \right]
$$

表示原生灾害下的救援成本、未疏散伤员惩罚成本以及物资短缺惩罚成本。

$$Q_2(\boldsymbol{r},\boldsymbol{x}) = \sum_{i,j,k} md_{ij}x_{ij}^{'k} + \pi m^{'} d_{ig} \sum_{j,g} z_{jg}^{''} + \sum_{j} u_{j}^{''} + \Pi_k \sup_{\mathbb{P}_2 \in \mathbb{F}_2} \mathbb{E}_{\mathbb{P}} \left[\sum_{j,k} \left(\tilde{c}_j^{'k} - \sum_{i \in I} x_{ij}^{'k} \right)^{+} \right]$$

表示次生灾害下的救援成本、物资和伤员运输成本、未疏散伤员惩罚成本以及物资短缺惩罚成本。

表 7.6 模型所用符号及其含义

符号	描述
集合	
G	庇护所集合，$g \in G$
参数	
$f_g^{'}$	庇护所 g 的开放成本
$m^{'}$	运输伤员的单位成本
$\tilde{n}_j^{'}$	原生灾害发生后伤员的不确定人数
$\tilde{n}_j^{''}$	次生灾害发生后伤员的不确定人数
π	未疏散伤员的惩罚成本
d_{jg}	从受灾点 j 运往庇护所 g 的距离
决策变量	
w_g	如果庇护所 g 开放，等于 1；否则，等于 0
$u_j^{'}$	原生灾害下受灾点 j 的未疏散人数
$u_j^{''}$	次生灾害下受灾点 j 的未疏散人数
$z_{jg}^{'}$	原生灾害下从受灾点运往庇护所的人数
$z_{jg}^{''}$	次生灾害下从受灾点运往庇护所的人数

约束部分，在原有约束式 (7.4)、式 (7.5)，以及式 (7.7)、式 (7.8)、式 (7.41)、式 (7.42) 的基础上，增加原生灾害和次生灾害下，每个受灾点的伤员人数平衡约束：

$$\sum_{g} z_{jg}^{'} \geqslant \tilde{n}_j^{'} - u_j^{'},\ \forall j \in J, \tilde{n}_j^{'} \in \mathbb{F}_1^{'}$$

$$\sum_{g} z_{jg}^{''} \geqslant \tilde{n}_j^{''} - u_j^{''},\ \forall j \in J, \tilde{n}_j^{''} \in \mathbb{F}_2^{'}$$

基于以上扩展模型，可将设施选址、原生灾害及次生灾害发生后的物资分配及人员疏散等决策进行联合优化，提高应急物流网络的整体效率。同样地，在多周期应急物流网络分布式鲁棒优化中，可基于所构建的伤员数量模糊集合，引入基于时间 t 的决策变量，将该扩展模型修改为多周期的物资分配和人员疏散联合优化模型，感兴趣的读者可进行更深入的探究。

7.4.1 数值实验

基于本章对数值实验背景和相关参数的设置，为了验证多周期分布式鲁棒优化解决持续性灾害的表现，本节在原有算例的基础上进行了改进。首先根据决策周期数（设置为 6 个周期）在每个需求点随机生成不同规模大小的需求量表示累积更新的需求相关数据。基于所生成的数据，得到每个决策周期内需求量的均值、MAD、最大值及最小值以构建模糊集合。

在多周期分布式鲁棒优化（multi-period distributionally robust optimization, MDRO）与单周期分布式鲁棒优化（single-period distributionally robust optimization, SDRO）对比分析部分，按照以下步骤进行实验设置。

步骤 1：生成测试案例。

（1）对于 MDRO 方法，将随机生成一个多周期的测试案例，并根据累积更新的数据求解模型，得到每个决策周期的应急物流网络优化决策及其目标函数值。

（2）对于 SDRO 方法，在面对持续性灾害时，由于其单周期决策的特性，将不会针对更新的数据对决策进行修正，因此每个周期都采取相同的决策方案，最终得到每个周期的决策及目标函数值。

步骤 2：通过对比总救援成本、应急物资采购量等指标来验证应急物流网络在面对持续性灾害时两种方法的表现。

7.4.2 结果分析

1. 配送中心多周期运营决策

根据本章提到的求解算法对模型进行求解，每个决策周期内配送中心的运营状态以及运营的容量等级如图 7.8 所示，可以看出，当考虑配送中心在每个周期内的开放成本以及运营成本时，能够在减少不必要成本支出的同时，通过动态调整设施容量和运行状态来适应动态的需求量，提高应急物流网络的响应速度和救援能力。

2. MDRO 有效性分析

针对持续性灾害，本章验证了相比于 SDRO 方法，MDRO 方法在解决多周期应急物流网络优化时的表现。本章对累计库存量和救援成本两方面进行了比较，如表 7.7 所示。从表 7.7 中可以看出，在所有决策周期内，MDRO 的应急物资累计库存量明显高于 SDRO，这是由于随着不确定需求量相关数据的积累更新，不断修正模糊集合使得 MDRO 能够动态调整物流网络优化方案，在每个周期储备合理的应急物资数量以应对不确定的需求量。SDRO 固定的模糊集合致使开放的应急设施以及采购的应急物资量不能够随需求量动态调整而可能造成物资短缺，进而导致较大的惩罚成本。

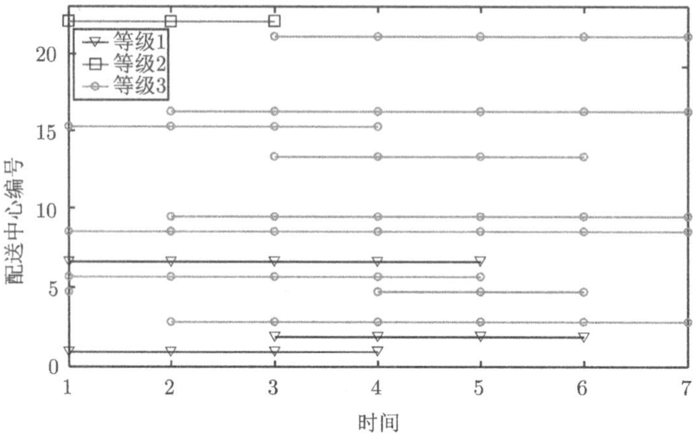

图 7.8 配送中心运营决策

表 7.7 MDRO 与 SDRO 表现对比

决策周期	MDRO		SDRO	
	累计库存量/个单位	救援总成本/元	累计库存量/个单位	救援总成本/元
1	2.77×10^5	9.68×10^7	1.52×10^5	1.07×10^8
2	5.53×10^5	8.49×10^7	3.05×10^5	9.97×10^7
3	8.28×10^5	8.36×10^7	4.57×10^5	9.83×10^7
4	1.10×10^6	8.28×10^7	6.10×10^5	9.75×10^7
5	1.38×10^6	8.22×10^7	7.62×10^5	9.70×10^7
6	1.65×10^6	8.21×10^7	9.15×10^5	9.68×10^7

MDRO 与 SDRO 两种方法求解多周期应急物流网络优化问题时，不同时间下的设施选址方案如图 7.9 所示。从图 7.9 中可以看出，SDRO 由于所制定决策的静态性，并没有跟随需求量的变化而在设施选址上做出相应的调整，导致应对灾害所开放的设施数量较少，结合表 7.7 可知，相应的应急物资库存量明显少于 MDRO，因此灾后会导致物资短缺。由于 SDRO 决策的静态性，其设施选址决策不随时间变化，而 MDRO 会随受灾点及其需求量的变化而动态调整设施的选址及容量选择决策，进而在提高资源利用率的同时，提高需求满足率，降低总救援成本。

3. 不确定参数相关数据量对决策的影响

分布式鲁棒优化的重点在于模糊集合的构建，而不确定需求量的相关数据和信息量对模糊集合的构建影响巨大。本节将分析不同需求量相关数据对结果的影响。从图 7.10 可知，对于 SDRO，随着数据规模的增加，弱化了异常数据所导致的不确定需求量的波动，进而减小了模糊集合中 MAD（σ_{jk}^t）的值，使得所构建的模糊集合能更准确地描述需求量，进而降低了决策的保守性，减少了总救援成本。但从图 7.10 中可以看出，随着数据量的增加，救援成本降幅逐渐减小，这是因为随着不确定参数的分布信息逐渐清晰，调整后的模糊集合更接近真实情况，进而逼近总救援成本的下限即确定需求条件下的总救援成本。

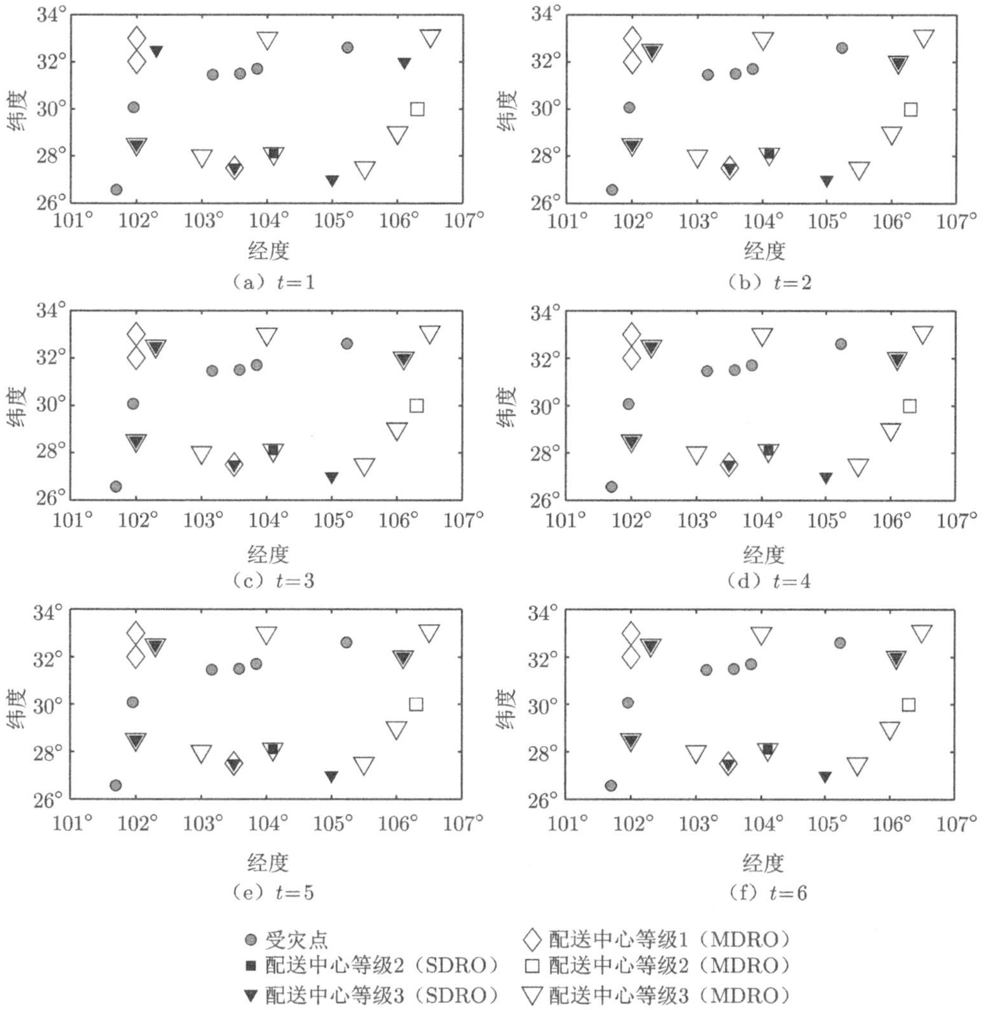

图 7.9 MDRO 与 SDRO 不同周期内的选址决策

4. 模型求解表现分析

从图 7.11(a) 可知，随着决策周期数量增加，模型求解时间与决策周期数呈线性相关；另外，通过变化节点数量来验证 MDRO 方法在 RH 算法下的求解时间的变化趋势，如图 7.11(b) 所示，求解时间与节点数量呈线性相关，且在可接受范围之内。因此，不论是决策周期数量还是备选设施节点数量的增加，RH 方法都能保证在可接受范围内完成多周期模型的求解。

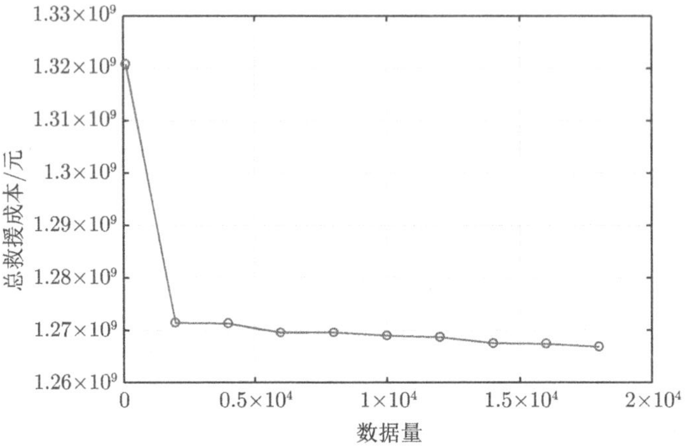

图 7.10 数据量对 SDRO 目标函数值的影响

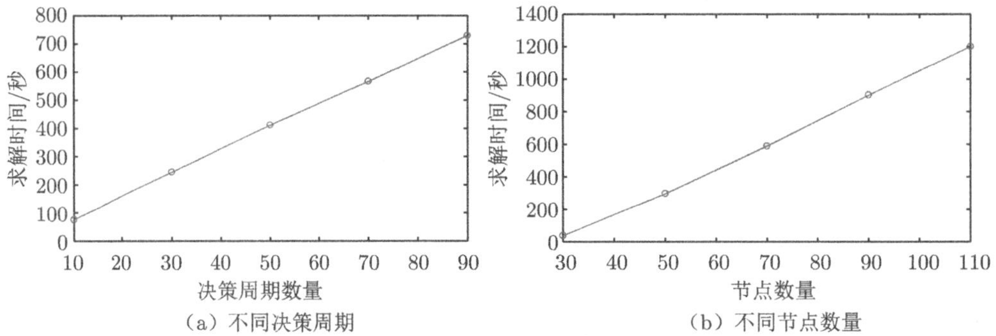

图 7.11 不同问题规模对求解时间的影响

7.5 本章小结与管理启示

本章研究了考虑次生灾害的应急物流网络分布式鲁棒优化问题。首先提出了考虑次生灾害的单周期分布式鲁棒优化方法。假设从现有需求相关数据中能提取出需求量的均值、MAD 值及最大值、最小值，通过构建易处理、易分析的模糊集合，建立应急物流网络分布式鲁棒优化模型，并分析了其目标函数的理论上下界。在模型求解方面，提出了基于对偶理论和 LDR 技术的模型近似方法来提高模型的可处理性。在此研究基础上将模型扩展到多周期应急物流网络优化，通过更新的需求数据动态修正模糊集合，进而制订出多周期物流网络模型优化方案。通过算例分析验证了所提出模型和求解方法的有效性和高效率。通过本章的研究，可以得出以下管理学启示。

（1）研究结论强调了不确定参数的相关数据在决策中的重要性。因此，随着信息收集和分析技术的发展，可以充分利用如地震、飓风等灾害的历史数据，从中提取出有价值的信息来弱化不确定因素对决策制定的影响，针对应急管理领域，这有利于提高决策的质量，减轻灾民的痛苦。

（2）在现实案例中，根据已有的数据，可以估计需求量等不确定性参数的矩信息，以辅助决策者优化灾后救援决策。另外，由于应急决策要求时间紧，因此本章所提出的利用不确定参数的 MAD 值、均值及最大值、最小值构建模糊集合的方法，不仅充分利用了不确定参数的概率分布信息，还考虑到了模糊集合对简化模型、降低其求解难度的影响，且能在短时间内做出应急物流网络优化决策。

（3）由于分布式鲁棒优化针对概率分布的最坏情况制定决策，因此在实际应急物流网络优化中会导致较高的灾前准备成本（如开放更多的配送中心和储存更多的应急物资），但当现实中不确定参数分布信息不完全已知时，数值实验证明相比于确定性优化、随机优化，分布式鲁棒优化能够在提高应急物流网络的救援能力的同时，提高优化方案的经济性。

第 8 章　总结与展望

8.1　总　　结

合理的应急物流网络能够加速应急物资交付、伤员疏散过程进而减轻灾民痛苦，是提高灾后救援工作的关键。而救援过程中的不确定性是影响应急物流网络优化决策的重要因素，且现实中次生灾害对应急物流网络的影响不容忽视，因此，考虑次生灾害来优化应急物流网络以提高其响应速度和救援能力是本书研究的重点，主要结论如下。

（1）在实际中潜在的次生灾害会影响原有的应急物流网络设计决策，因此，通过考虑次生灾害对受灾点位置、需求量等的影响来优化应急物流网络，能够缩短应急物资的交付时间，降低灾害发生后灾民遭受的损失。在模型求解方面，针对多源点、多资源类型、多出救点的应急物流网络优化问题，本书设计了基于线性规划和图论中网络优化思想的启发式算法；针对考虑影响救援效率的多个因素建立多目标随机优化模型，运用模糊多目标线性规划法将其转化为单目标函数进行求解，并在此基础上提出两阶段近似的方法进一步提高求解效率。数值实验验证了该模型及求解方法的有效性，也证明了考虑次生灾害能够提高应急物流网络持续救援的能力。

（2）针对不确定参数分布信息已知的情况，构建了考虑次生灾害的应急物流网络随机优化模型。首先通过提出条件概率场景树来描述不确定参数以及原生灾害与次生灾害之间的关系，并以最小化期望救援成本为目标建立随机优化模型。在此基础上，扩展到了多周期应急物流网络优化决策问题，根据动态更新的不确定参数相关信息，分阶段制订设施的选址、物资库存及分配计划。数值实验表明，考虑次生灾害能够有效提高灾后的需求满足率，且多周期随机优化方法能够提高网络的响应速度和救援能力。在模型求解方面，基于 BD 算法，根据模型特点提出了添加有效不等式、向 BD 主问题添加割平面组和帕累托最优割平面等，加速求解策略，提高大规模问题下模型的求解效率。数值实验也证明在求解大规模问题时改进的 BD 算法明显优于经典 BD 算法和直接求解的方法。

（3）针对不确定参数相关信息不完备的情况，构建了考虑次生灾害的应急物流网络鲁棒优化模型。首先提出基于范围估计的条件概率场景树，利用随机场景来描述灾害严重程度，用鲁棒优化中的不确定集合来描述不同灾害等级下的物资需求量、运输时间等不确定参数，建立基于随机场景的鲁棒优化模型，并运用改进的 PH 算法对模型进行求解。针对不确定参数动态更新的灾害如新冠肺炎疫情等，提出了预测—物流网络优化—计划动态调整的应急物流网络鲁棒优化模型，并运用 RH 方法动态制定优化决策。数值实验表明，基于随机场景的鲁棒优化模型相比于随机优化、鲁棒优化，在灾后救援人数、总救援成本方面有明显优势。不确定预算动态调整策略能够明显降低可用库存的波动，有利于应急物流网络的稳定运行。所提出的多周期决策模型能够根据疫情确诊病例数，通过调整设施的开放策略及时释放医疗资源。在模型求解方面，在大规模问题下改进的 PH 算法相比于直接求解的方法能够在保证求解质量的同时明显减少求解时间。基于动态规划的 RH 求解方法在问题规模扩大时，求解时间呈线性增加，在大规模问题的求解上明显优于直接求解的方法。

（4）针对不确定参数分布相关信息如均值、MAD 等，构建了应急物流网络分布式鲁棒优化模型。从不确定参数的现有数据中提取出与概率分布相关的信息，构建易处理的概率分布模糊集合，并建立分布式鲁棒优化模型，基于对偶理论和 LDR 近似方法对模型进行近似转化并求解。在此基础上，扩展到多周期分布式鲁棒优化模型，通过累积更新的不确定参数相关数据修正模糊集合，进而制定出每个周期下的应急物流网络优化决策。数值实验表明，分布式鲁棒优化模型在最坏情况下的表现优于随机优化模型和确定性模型。近似转化后的模型相比于精确转化模型会随着问题规模的扩大逐渐突显出其优越性。随着不确定参数相关数据量的增加，模糊集合能够更加准确地描述模糊的分布概率信息，减小制定决策的保守性，进而降低救援成本。测试案例结果表明，面对持续性灾害时，多周期分布式鲁棒优化模型在需求满足率、总救援成本等方面优于单周期决策模型。

总之，结合我国“十三五”期间提出的防震减灾中灾害预防、应急救援的指导思想，本书以灾后应急救援中的重要环节——应急物流网络设计与优化问题为主要研究内容，基于运筹学、数学、网络科学等学科，综合考虑了应急救援的响应速度、需求满足率与救援成本，有针对性地建立灾前预防–灾后响应的应急物流网络优化研究框架。较为系统地对应急物流网络优化问题进行了研究，提出了一套能够有效提高灾后应急响应速度和救援能力的管理实践方法，为相关部门在应急管理方面进行决策提供了有力支撑。

8.2 展　望

应急物流网络是灾后应急响应的基础，设计和优化应急物流网络是一个复杂的决策问题，还受到天气状况、道路交通拥堵情况以及人的行为等多种外在条件的影响。本书虽然基于现有文献研究了提高应急响应速度及救援能力等问题，但考虑到现实状况，还有若干问题需要解决，主要分为以下几个方面。

（1）当灾害发生后，所有的应急设施及运输道路都存在一定概率的失效风险，因此当出现部分应急设施、运输道路受损导致失效的情况时，如何根据应急设施、道路交通状况进行实时运输路线决策，以及通过不同的运输方式（如水路、空运等）将应急物资运输到需求点，可能是将来的一个研究重点。

（2）在建立模型时没有充分考虑到人的行为，如不服从决策计划自行前往就近医疗地点而扰乱正常应急物流网络优化决策的实施，并且构建目标函数时没有量化由货物的短缺或者延迟交付对伤者心理上造成的伤害（心理剥夺成本）。因此，在建立模型时如何将人的因素考虑在内是需要进一步研究的问题。

（3）实际灾后救援工作中，大多是基于有限数据进行预测分析，通过构建随机场景或者不确定集合等方式来描述参数，并进行优化决策。借助于当前先进的大数据收集及分析处理技术，如机器学习等方法进一步提高不确定参数的预测水平，制定更有针对性的应急物流网络优化决策以提高应急响应速度也是需要进一步研究的方面。

参考文献

[1] 徐梦珍, 王兆印, 漆力健. 汶川地震引发的次生灾害链[J]. 山地学报, 2012, 30(4):502-512.

[2] 唐晓春. 汶川大地震・次生灾害[J]. 大自然探索, 2008, (7):24-25.

[3] Onishi N. Seawalls offered little protection against tsunami's crushing waves[N]. New York Times, 2011-03-13.

[4] Trunick P A. Special report: delivering relief to tsunami victims[J]. Logistics Today, 2005, 46(2):1-3.

[5] Haeri A, Hosseini-Motlagh S M, Samani M R G, et al. A bi-level programming approach for improving relief logistics operations: a real case in Kermanshah earthquake[J]. Computers & Industrial Engineering, 2020, 145:106532.

[6] Wang X J, Paul J A. Robust optimization for hurricane preparedness[J]. International Journal of Production Economics, 2020, 221:107464.

[7] 韩金良, 吴树仁, 汪华斌. 地质灾害链 [J]. 地学前缘, 2007, (6): 11-23.

[8] Bakker H, Dunke F, Nickel S. A structuring review on multi-stage optimization under uncertainty: aligning concepts from theory and practice[J]. Omega, 2020, 96:102080.

[9] Singh K J, Philpott A B, Wood R K. Dantzig-Wolfe decomposition for solving multistage stochastic capacity-planning problems[J]. Operations Research, 2009, 57(5): 1271-1286.

[10] Rawls C G, Turnquist M A. Pre-positioning of emergency supplies for disaster response[J]. Transportation Research Part B: Methodological, 2010, 44(4):521-534.

[11] Krasko V, Rebennack S. Two-stage stochastic mixed-integer nonlinear programming model for post-wildfire debris flow hazard management: mitigation and emergency evacuation[J]. European Journal of Operational Research, 2017, 263(1):265-282.

[12] Kınay Ö B, Kara B Y, Saldanha-da-Gama F, et al. Modeling the shelter site location problem using chance constraints: a case study for Istanbul[J]. European Journal of Operational Research, 2018, 270(1):132-145.

[13] Bieniek M. A note on the facility location problem with stochastic demands[J]. Omega, 2015, 55:53-60.

[14] Barbarosoğlu G, Arda Y. A two-stage stochastic programming framework for transportation planning in disaster response[J]. Journal of the Operational Research Society, 2004, 55(1):43-53.

[15] Ahmadi M, Seifi A, Tootooni B. A humanitarian logistics model for disaster relief operation considering network failure and standard relief time: a case study on San

Francisco district[J]. Transportation Research Part E: Logistics and Transportation Review, 2015, 75:145-163.

[16] Alem D, Clark A, Moreno A. Stochastic network models for logistics planning in disaster relief[J]. European Journal of Operational Research, 2016, 255(1):187-206.

[17] Paul J A, MacDonald L. Location and capacity allocations decisions to mitigate the impacts of unexpected disasters[J]. European Journal of Operational Research, 2016, 251(1):252-263.

[18] Bayram V, Yaman H. Shelter location and evacuation route assignment under uncertainty: a Benders decomposition approach[J]. Transportation Science, 2018, 52(2): 416-436.

[19] Grass E, Fischer K, Rams A. An accelerated L-shaped method for solving two-stage stochastic programs in disaster management[J]. Annals of Operations Research, 2020, 284:557-582.

[20] Noyan N, Balcik B, Atakan S. A stochastic optimization model for designing last mile relief networks[J]. Transportation Science, 2016, 50(3):1092-1113.

[21] Mahootchi M, Golmohammadi S. Developing a new stochastic model considering bi-directional relations in a natural disaster: a possible earthquake in Tehran (the capital of Islamic Republic of Iran)[J]. Annals of Operations Research, 2018, 269: 439-473.

[22] Elçi Ö, Noyan N. A chance-constrained two-stage stochastic programming model for humanitarian relief network design[J]. Transportation Research Part B: Methodological, 2018, 108:55-83.

[23] Hu S L, Han C F, Meng L P. A scenario planning approach for propositioning rescue centers for urban waterlog disasters[J]. Computers & Industrial Engineering, 2015, 87:425-435.

[24] Manopiniwes W, Irohara T. Stochastic optimisation model for integrated decisions on relief supply chains: preparedness for disaster response[J]. International Journal of Production Research, 2017, 55(4):979-996.

[25] Salmerón J, Apte A. Stochastic optimization for natural disaster asset prepositioning[J]. Production and Operations Management, 2010, 19(5):561-574.

[26] Rennemo S J, Rø K F, Hvattum L M, et al. A three-stage stochastic facility routing model for disaster response planning[J]. Transportation Research Part E: Logistics and Transportation Review, 2014, 62:116-135.

[27] Garrido R A, Lamas P, Pino F J. A stochastic programming approach for floods emergency logistics[J]. Transportation Research Part E: Logistics and Transportation Review, 2015, 75:18-31.

[28] Sheu J B, Pan C. A method for designing centralized emergency supply network to respond to large-scale natural disasters[J]. Transportation Research Part B: Methodological, 2014, 67:284-305.

[29] Wang Q Y, Nie X F. A stochastic programming model for emergency supply planning considering traffic congestion[J]. IISE Transactions, 2019, 51(8):910-920.

[30] Zhang J H, Liu H Y, Yu G D, et al. A three-stage and multi-objective stochastic programming model to improve the sustainable rescue ability by considering secondary disasters in emergency logistics[J]. Computers & Industrial Engineering, 2019, 135: 1145-1154.

[31] Caunhye A M, Nie X F. A stochastic programming model for casualty response planning during catastrophic health events[J]. Transportation Science, 2018, 52(2): 437-453.

[32] Hu S L, Han C F, Dong Z S, et al. A multi-stage stochastic programming model for relief distribution considering the state of road network[J]. Transportation Research Part B: Methodological, 2019, 123:64-87.

[33] Li Y C, Zhang J H, Yu G D. A scenario-based hybrid robust and stochastic approach for joint planning of relief logistics and casualty distribution considering secondary disasters[J]. Transportation Research Part E: Logistics and Transportation Review, 2020, 141:102029.

[34] Zhong S P, Cheng R, Jiang Y, et al. Risk-averse optimization of disaster relief facility location and vehicle routing under stochastic demand[J]. Transportation Research Part E: Logistics and Transportation Review, 2020, 141:102015.

[35] 詹沙磊, 刘南. 基于灾情信息更新的应急物资配送多目标随机规划模型[J]. 系统工程理论与实践, 2013, 33(1):159-166.

[36] 葛洪磊, 刘南. 复杂灾害情景下应急资源配置的随机规划模型[J]. 系统工程理论与实践, 2014, 34(12):3034-3042.

[37] Yu G D, Haskell W B, Liu Y. Resilient facility location against the risk of disruptions[J]. Transportation Research Part B: Methodological, 2017, 104:82-105.

[38] Yu G D, Zhang J. Multi-dual decomposition solution for risk-averse facility location problem[J]. Transportation Research Part E: Logistics and Transportation Review, 2018, 116:70-89.

[39] Akbarpour M, Torabi S A, Ghavamifar A. Designing an integrated pharmaceutical relief chain network under demand uncertainty[J]. Transportation Research Part E: Logistics and Transportation Review, 2020, 136:101867.

[40] O'Hanley J R, Church R L. Designing robust coverage networks to hedge against worst-case facility losses[J]. European Journal of Operational Research, 2011, 209(1): 23-36.

[41] Najafi M, Eshghi K, Dullaert W. A multi-objective robust optimization model for logistics planning in the earthquake response phase[J]. Transportation Research Part E: Logistics and Transportation Review, 2013, 49(1):217-249.

[42] Marufuzzaman M, Gedik R, Roni M S. A Benders based rolling horizon algorithm for a dynamic facility location problem[J]. Computers & Industrial Engineering, 2016,

98:462-469.

[43] 彭春, 李金林, 王珊珊, 等. 多类应急资源配置的鲁棒选址–路径优化[J]. 中国管理科学, 2017, 25(6):143-150.

[44] 范厚明, 李彩云, 蒋晓丹, 等. 不确定需求下考虑路径可靠性的内陆港选址问题[J]. 管理学报, 2018, 15(8):1256-1264.

[45] Li Y L, Chung S H. Disaster relief routing under uncertainty: a robust optimization approach[J]. IISE Transactions, 2019, 51(8):869-886.

[46] Natarajan K, Pachamanova D, Sim M. Constructing risk measures from uncertainty sets[J]. Operations Research, 2009, 57(5):1129-1141.

[47] Erera A L, Morales J C, Savelsbergh M. Global intermodal tank container management for the chemical industry[J]. Transportation Research Part E: Logistics and Transportation Review, 2005, 41(6):551-566.

[48] Atamtürk A, Zhang M H. Two-stage robust network flow and design under demand uncertainty[J]. Operations Research, 2007, 55(4):662-673.

[49] Keyvanshokooh E, Ryan S M, Kabir E. Hybrid robust and stochastic optimization for closed-loop supply chain network design using accelerated Benders decomposition[J]. European Journal of Operational Research, 2016, 249(1):76-92.

[50] Alizadeh M, Amiri-Aref M, Mustafee N, et al. A robust stochastic casualty collection points location problem[J]. European Journal of Operational Research, 2019, 279(3): 965-983.

[51] Paul J A, Wang X J. Robust location-allocation network design for earthquake preparedness[J]. Transportation Research Part B: Methodological, 2019, 119:139-155.

[52] Wang C J, Chen S T. A distributionally robust optimization for blood supply network considering disasters[J]. Transportation Research Part E: Logistics and Transportation Review, 2020, 134:101840.

[53] Zhang Y L, Jiang R W, Shen S Q. Ambiguous chance-constrained binary programs under mean-covariance information[J]. SIAM Journal on Optimization, 2018, 28(4): 2922-2944.

[54] Xu G L, Burer S. A data-driven distributionally robust bound on the expected optimal value of uncertain mixed 0-1 linear programming[J]. Computational Management Science, 2018, 15(1):111-134.

[55] Liu K L, Li Q F, Zhang Z H. Distributionally robust optimization of an emergency medical service station location and sizing problem with joint chance constraints[J]. Transportation Research Part B: Methodological, 2019, 119:79-101.

[56] 冉伦, 吴东来, 焦子豪, 等. 不确定需求下基于分布式鲁棒机会约束的车辆调度问题研究[J]. 系统工程理论与实践, 2018, 38(7):1792-1801.

[57] 陈刚, 付江月. 灾后不确定需求下应急医疗移动医院鲁棒选址问题研究[J]. 中国管理科学, 2021, (9): 213-223.

[58] Ben-Tal A, Chung B D, Mandala S R, et al. Robust optimization for emergency logistics planning: risk mitigation in humanitarian relief supply chains[J]. Transportation Research Part B: Methodological, 2011, 45(8):1177-1189.

[59] 张玲, 王晶, 张敏. 基于不确定需求的灾后应急救灾网络规划模型与算法[J]. 运筹与管理, 2014, 23(3):49-55.

[60] 陈涛, 黄钧, 朱建明. 基于信息更新的两阶段鲁棒–随机优化调配模型研究[J]. 中国管理科学, 2015, 23(10):67-77.

[61] Ni W J, Shu J, Song M. Location and emergency inventory pre-positioning for disaster response operations: min-max robust model and a case study of Yushu earthquake[J]. Production and Operations Management, 2018, 27(1):160-183.

[62] Yahyaei M, Bozorgi-Amiri A. Robust reliable humanitarian relief network design: an integration of shelter and supply facility location[J]. Annals of Operations Research, 2019, 283:897-916.

[63] 钟慧玲, 庄楠, 张冠湘, 等. α-鲁棒的危险品道路运输应急设施选址问题[J]. 系统工程理论与实践, 2013, 33(5):1262-1268.

[64] Jabbarzadeh A, Fahimnia B, Seuring S. Dynamic supply chain network design for the supply of blood in disasters: a robust model with real world application[J]. Transportation Research Part E: Logistics and Transportation Review, 2014, 70:225-244.

[65] 周愉峰, 李志, 刘思峰. 基于随机 p-鲁棒优化的国家血液战略储备库选址–库存模型[J]. 中国管理科学, 2018, 26(10):52-63.

[66] 彭春, 李金林, 冉伦, 等. 基于两个不确定参数乘积的鲁棒设施选址模型[J]. 系统工程理论与实践, 2017, 37(12):3170-3181.

[67] Salehi F, Mahootchi M, Husseini S M M. Developing a robust stochastic model for designing a blood supply chain network in a crisis: a possible earthquake in Tehran[J]. Annals of Operations Research, 2019, 283:679-703.

[68] 孙华丽, 项美康. 设施失灵风险下不确定需求应急定位–路径鲁棒优化研究[J]. 中国管理科学, 2020, 28(2):199-207.

[69] 张梦玲, 王晶, 黄钧. 不确定需求下考虑供应商参与机制的应急资源配置鲁棒优化研究[J]. 中国管理科学, 2020, (7):102-111.

[70] Shang C, You F Q. Distributionally robust optimization for planning and scheduling under uncertainty[J]. Computers & Chemical Engineering, 2018, 110:53-68.

[71] 王永明. 基于情景构建的应急预案体系优化策略及方法[J]. 中国安全生产科学技术, 2019, (8):38-43.

[72] 王绍仁, 马祖军. 震害紧急响应阶段应急物流系统中的 LRP[J]. 系统工程理论与实践, 2011, 31(8):1497-1507.

[73] 王铮, 廖悲雨, 隋文娟. 层次型应急设施布局模型及其应用[J]. 中国管理科学, 2011, 19(6):88-91.

[74] Dalal J, Üster H. Combining worst case and average case considerations in an inte-

grated emergency response network design problem[J]. Transportation Science, 2018, 52(1):171-188.

[75] 苑盛成, 王刚桥, 马晔风, 等. 基于实时数据的应急交通疏散仿真方法研究[J]. 系统工程理论与实践, 2015, 35(10):2484-2489.

[76] 阮俊虎, 王旭坪, 杨挺. 大规模灾害中基于聚类的医疗物资联合运送优化[J]. 中国管理科学, 2014, 22(10):80-89.

[77] Boutilier J J, Chan T C Y. Ambulance emergency response optimization in developing countries[J]. Operations Research, 2020, 68(5):1315-1334.

[78] Wang H J, Du L J, Ma S H. Multi-objective open location-routing model with split delivery for optimized relief distribution in post-earthquake[J]. Transportation Research Part E: Logistics and Transportation Review, 2014, 69:160-179.

[79] Pérez-Rodríguez N, Holguín-Veras J. Inventory-allocation distribution models for postdisaster humanitarian logistics with explicit consideration of deprivation costs[J]. Transportation Science, 2016, 50(4):1261-1285.

[80] Hu Z H, Sheu J B. Post-disaster debris reverse logistics management under psychological cost minimization[J]. Transportation Research Part B: Methodological, 2013, 55:118-141.

[81] 张晨晓, 祝蕊, 刘海月, 等. 考虑伤员心理状况的应急医疗救护问题研究[J]. 中国管理科学, 2017, 25(10):187-196.

[82] 孙华丽, 柴丽萍, 张玲, 等. 震后多目标动态应急医疗设施选址–伤员转运问题研究[J]. 中国管理科学, 2020, 28(3):103-112.

[83] 孙晓宇, 周成虎, 郭兆成, 等. 汶川 5 • 12 大地震地表次生灾害评价与分析[J]. 地质学报, 2010, 84(9):1283-1291.

[84] 马祖军, 谢自莉. 基于贝叶斯网络的城市地震次生灾害演化机理分析[J]. 灾害学, 2012, (4):1-5, 24.

[85] 王循庆, 李勇建, 孙华丽. 基于随机 Petri 网的群体性突发事件情景演变模型[J]. 管理评论, 2014, 26(8):53-62, 116.

[86] 姜云昭, 朱万红, 邱国庆, 等. 地震次生灾害影响条件下人员疏散问题的研究[J]. 中国安全生产科学技术, 2008, 4(1):38-41.

[87] Zhang J H, Li J, Liu Z P. Multiple-resource and multiple-depot emergency response problem considering secondary disasters[J]. Expert Systems with Applications, 2012, 39(12):11066-11071.

[88] Zhang H P, Liao Y, Luo H X. Two-echelon emergency response problem and simulation considering secondary disasters[J]. Frontiers of Engineering Management, 2014, 1(3):318-321.

[89] Sheu J B. An emergency logistics distribution approach for quick response to urgent relief demand in disasters[J]. Transportation Research Part E: Logistics and Transportation Review, 2007, 43(6):687-709.

[90] Ekici A, Keskinocak P, Swann J L. Modeling influenza pandemic and planning food distribution[J]. Manufacturing & Service Operations Management, 2014, 16(1):11-27.

[91] 刘明, 曹杰, 章定. 数据驱动的疫情应急物流网络动态调整优化[J]. 系统工程理论与实践, 2020, 40(2):437-448.

[92] 王海军, 王婧, 马士华, 等. 模糊供求条件下应急物资动态调度决策研究[J]. 中国管理科学, 2014, 22(1):55-64.

[93] 刘舒悦, 朱建明, 黄钧, 等. 地震救援中基于信息实时更新的两阶段应急物资调配模型[J]. 中国管理科学, 2016, 24(9):124-132.

[94] 刘长石, 寇纲, 刘导波. 震后应急物资多方式供应的模糊动态LRP[J]. 管理科学学报, 2016, 19(10):61-72.

[95] 曲冲冲, 王晶, 黄钧, 等. 考虑时效与公平性的震后应急物资动态配送优化研究[J]. 中国管理科学, 2018, 26(6):178-187.

[96] Lu C C, Ying K C, Chen H J. Real-time relief distribution in the aftermath of disasters–a rolling horizon approach[J]. Transportation Research Part E: Logistics and Transportation Review, 2016, 93:1-20.

[97] van Slyke R M, Wets R. L-shaped linear programs with applications to optimal control and stochastic programming[J]. SIAM Journal on Applied Mathematics, 1969, 17(4): 638-663.

[98] Geoffrion A M. Generalized Benders decomposition[J]. Journal of Optimization Theory and Applications, 1972, 10(4):237-260.

[99] Benders J F. Partitioning procedures for solving mixed-variables programming problems[J]. Numerische Mathematik, 1962, 4(1):238-252.

[100] Contreras I, Cordeau J F, Laporte G. Benders decomposition for large-scale uncapacitated hub location[J]. Operations Research, 2011, 59(6):1477-1490.

[101] Sherali H D, Bae K H, Haouari M. An integrated approach for airline flight selection and timing, fleet assignment, and aircraft routing[J]. Transportation Science, 2013, 47(4):455-476.

[102] Álvarez-Miranda E, Fernández E, Ljubić I. The recoverable robust facility location problem[J]. Transportation Research Part B: Methodological, 2015, 79:93-120.

[103] Oğuz M, Bektaş T, Bennell J A. Multicommodity flows and Benders decomposition for restricted continuous location problems[J]. European Journal of Operational Research, 2018, 266(3):851-863.

[104] Pearce R H, Forbes M. Disaggregated Benders decomposition and branch-and-cut for solving the budget-constrained dynamic uncapacitated facility location and network design problem[J]. European Journal of Operational Research, 2018, 270(1):78-88.

[105] Rahmaniani R, Crainic T G, Gendreau M, et al. Accelerating the Benders decomposition method: application to stochastic network design problems[J]. SIAM Journal on Optimization, 2018, 28(1):875-903.

[106] Muter I, Birbil Ş İ, Bülbül K. Benders decomposition and column-and-row generation for solving large-scale linear programs with column-dependent-rows[J]. European Journal of Operational Research, 2018, 264(1):29-45.

[107] Adulyasak Y, Cordeau J F, Jans R. Benders decomposition for production routing under demand uncertainty[J]. Operations Research, 2015, 63(4):851-867.

[108] Chouman M, Crainic T G, Gendron B. Commodity representations and cut-set-based inequalities for multicommodity capacitated fixed-charge network design[J]. Transportation Science, 2017, 51(2):650-667.

[109] Üster H, Dalal J. Strategic emergency preparedness network design integrating supply and demand sides in a multi-objective approach[J]. IISE Transactions, 2017, 49(4): 395-413.

[110] Tang L X, Jiang W, Saharidis G K D. An improved Benders decomposition algorithm for the logistics facility location problem with capacity expansions[J]. Annals of Operations Research, 2013, 210(1):165-190.

[111] Rahmaniani R, Crainic T G, Gendreau M, et al. The Benders decomposition algorithm: a literature review[J]. European Journal of Operational Research, 2017, 259(3):801-817.

[112] Rockafellar R T, Wets R J B. Scenarios and policy aggregation in optimization under uncertainty[J]. Mathematics of Operations Research, 1991, 16(1):119-147.

[113] Poudel S R, Quddus M A, Marufuzzaman M, et al. Managing congestion in a multimodal transportation network under biomass supply uncertainty[J]. Annals of Operations Research, 2019, 273:739-781.

[114] Sethi S, Sorger G. A theory of rolling horizon decision making[J]. Annals of Operations Research, 1991, 29(1):387-415.

[115] Hassan L A H, Mahmassani H S, Chen Y. Reinforcement learning framework for freight demand forecasting to support operational planning decisions[J]. Transportation Research Part E: Logistics and Transportation Review, 2020, 137:101926.

[116] Fattahi M, Govindan K. Data-driven rolling horizon approach for dynamic design of supply chain distribution networks under disruption and demand uncertainty[J]. Decision Sciences, 2022, 53(1): 150-180.

[117] Kabli M, Quddus M A, Nurre S G, et al. A stochastic programming approach for electric vehicle charging station expansion plans[J]. International Journal of Production Economics, 2020, 220:107461.

[118] Lei C, Lin W H, Miao L X. A multicut L-shaped based algorithm to solve a stochastic programming model for the mobile facility routing and scheduling problem[J]. European Journal of Operational Research, 2014, 238(3):699-710.

[119] Dantzig G B. Linear programming under uncertainty[J]. Management Science, 1955, 1(3/4):197-206.

[120] Bertsimas D, Sim M. The price of robustness[J]. Operations Research, 2004, 52(1):

35-53.

[121] Paul J A, Zhang M J. Supply location and transportation planning for hurricanes: a two-stage stochastic programming framework[J]. European Journal of Operational Research, 2019, 274(1):108-125.

[122] Birge J R, Louveaux F. Introduction to Stochastic Programming[M]. 2nd ed. New York: Springer Science & Business Media, 2011.

[123] Santoso T, Ahmed S, Goetschalckx M, et al. A stochastic programming approach for supply chain network design under uncertainty[J]. European Journal of Operational Research, 2005, 167(1):96-115.

[124] Zarrinpoor N, Fallahnezhad M S, Pishvaee M S. The design of a reliable and robust hierarchical health service network using an accelerated Benders decomposition algorithm[J]. European Journal of Operational Research, 2018, 265(3):1013-1032.

[125] Magnanti T L, Wong R T. Accelerating Benders decomposition: algorithmic enhancement and model selection criteria[J]. Operations Research, 1981, 29(3):464-484.

[126] Papadakos N. Practical enhancements to the Magnanti-Wong method[J]. Operations Research Letters, 2008, 36(4):444-449.

[127] Vanajakumari M, Kumar S, Gupta S. An integrated logistic model for predictable disasters[J]. Production and Operations Management, 2016, 25(5):791-811.

[128] Sherali H D, Nordai F L. Np-hard, capacitated, balanced p-median problems on a chain graph with a continuum of link demands[J]. Mathematics of Operations Research, 1988, 13(1):32-49.

[129] Lin Y H, Batta R, Rogerson P A, et al. A logistics model for emergency supply of critical items in the aftermath of a disaster[J]. Socio-Economic Planning Sciences, 2011, 45(4):132-145.

[130] Tzeng G H, Cheng H J, Huang T D. Multi-objective optimal planning for designing relief delivery systems[J]. Transportation Research Part E: Logistics and Transportation Review, 2007, 43(6):673-686.

[131] Lei S B, Chen C, Li Y P, et al. Resilient disaster recovery logistics of distribution systems: co-optimize service restoration with repair crew and mobile power source dispatch[J]. IEEE Transactions on Smart Grid, 2019, 10(6):6187-6202.

[132] Tseng C H, Lu T W. Minimax multiobjective optimization in structural design[J]. International Journal for Numerical Methods in Engineering, 1990, 30(6):1213-1228.

[133] Barzinpour F, Esmaeili V. A multi-objective relief chain location distribution model for urban disaster management[J]. The International Journal of Advanced Manufacturing Technology, 2014, 70:1291-1302.

[134] Ransikarbum K, Mason S J. Multiple-objective analysis of integrated relief supply and network restoration in humanitarian logistics operations[J]. International Journal of Production Research, 2016, 54(1):49-68.

[135] Sakawa M, Kato K, Sunada H, et al. Fuzzy programming for multiobjective 0-1

programming problems through revised genetic algorithms[J]. European Journal of Operational Research, 1997, 97(1):149-158.

[136] Cui P, Chen X Q, Zhu Y Y, et al. The Wenchuan earthquake (May 12, 2008), Sichuan province, China, and resulting geohazards[J]. Natural Hazards, 2011, 56:19-36.

[137] Hillier F S, Lieberman G J. Introduction to Stochastic Models in Operations Research[M]. New York: McGraw-Hill Companies, 1990.

[138] Lin Y C, Hwang K S, Wang F S. A mixed-coding scheme of evolutionary algorithms to solve mixed-integer nonlinear programming problems[J]. Computers & Mathematics with Applications, 2004, 47:1295-1307.

[139] Karabuk S, Manzour H. A multi-stage stochastic program for evacuation management under tornado track uncertainty[J]. Transportation Research Part E: Logistics and Transportation Review, 2019, 124:128-151.

[140] Sun H, Yang J, Yang C. A robust optimization approach to multi-interval location-inventory and recharging planning for electric vehicles[J]. Omega, 2019, 86:59-75.

[141] Zokaee S, Jabbarzadeh A, Fahimnia B, et al. Robust supply chain network design: an optimization model with real world application[J]. Annals of Operations Research, 2017, 257:15-44.

[142] Gade D, Hackebeil G, Ryan S M, et al. Obtaining lower bounds from the progressive hedging algorithm for stochastic mixed-integer programs[J]. Mathematical Programming, 2016, 157(1):47-67.

[143] Gul S, Denton B T, Fowler J W. A progressive hedging approach for surgery planning under uncertainty[J]. INFORMS Journal on Computing, 2015, 27(4):755-772.

[144] Fadda E, Perboli G, Tadei R. A progressive hedging method for the optimization of social engagement and opportunistic IoT problems[J]. European Journal of Operational Research, 2019, 277(2):643-652.

[145] Barnett J, Watson J P, Woodruff D L. BBPH: using progressive hedging within branch and bound to solve multi-stage stochastic mixed integer programs[J]. Operations Research Letters, 2017, 45(1):34-39.

[146] Boland N, Christiansen J, Dandurand B, et al. Combining progressive hedging with a Frank-Wolfe method to compute lagrangian dual bounds in stochastic mixed-integer programming[J]. SIAM Journal on Optimization, 2018, 28(2):1312-1336.

[147] Wu D X, Wu D D. A decision support approach for two-stage multi-objective index tracking using improved Lagrangian decomposition[J]. Omega, 2020, 91:102017.

[148] Wu J T, Leung K, Leung G M. Nowcasting and forecasting the potential domestic and international spread of the 2019-nCoV outbreak originating in Wuhan, China: a modelling study[J]. Lancet, 2020, 395(10225):689-697.

[149] Sahin F, Narayanan A, Robinson E P. Rolling horizon planning in supply chains: review, implications and directions for future research[J]. International Journal of Production Research, 2013, 51(18):5413-5436.

[150] He S B, Peng Y X, Sun K H. SEIR modeling of the COVID-19 and its dynamics[J]. Nonlinear Dynamics, 2020, 101(3):1667-1680.

[151] Wang K J, Makond B, Liu S Y. Location and allocation decisions in a two-echelon supply chain with stochastic demand–a genetic-algorithm based solution[J]. Expert Systems with Applications, 2011, 38(5):6125-6131.

[152] Ardjmand E, Young W A, Weckman G R, et al. Applying genetic algorithm to a new bi-objective stochastic model for transportation, location, and allocation of hazardous materials[J]. Expert Systems with Applications, 2016, 51:49-58.

[153] Cheng C, Qi M Y, Zhang Y, et al. A two-stage robust approach for the reliable logistics network design problem[J]. Transportation Research Part B: Methodological, 2018, 111:185-202.

[154] Setiawan E, Liu J, French A. Resource location for relief distribution and victim evacuation after a sudden-onset disaster[J]. IISE Transactions, 2019, 51(8):830-846.

[155] Li Y C, Yu G D, Zhang J H. A three-stage stochastic model for emergency relief planning considering secondary disasters[J]. Engineering Optimization, 2021, 53(4): 551-575.

[156] Xie W J, Ahmed S. Distributionally robust simple integer recourse[J]. Computational Management Science, 2018, 15(3):351-367.

[157] Wang Y, Zhang Y, Tang J F. A distributionally robust optimization approach for surgery block allocation[J]. European Journal of Operational Research, 2019, 273(2): 740-753.

[158] Goh J, Sim M. Distributionally robust optimization and its tractable approximations[J]. Operations Research, 2010, 58:902-917.

[159] Xin L W, Goldberg D A. Time (in)consistency of multistage distributionally robust inventory models with moment constraints[J]. European Journal of Operational Research, 2021, 289(3):1127-1141.